IT's my
turning
point.

# 코틀린
# 프로그래밍
# 쿡북

아난드 셰카르 로이,
라시 카란푸리아 지음
이현석 옮김

터닝
포인트

KOTLIN PROGRAMMING COOKBOOK by Aanand Shekhar Roy, Rashi Karanpuria

# 코틀린 프로그래밍 쿡북

Kotlin, Spring Boot 및 Android로 강력한 모바일 및 웹 애플리케이션을 개발하는 방법을 보여주는 100가지이상의 레시피

2018년 12월 17일 초판 1쇄 인쇄
2018년 12월 24일 초판 1쇄 발행

**지은이** 아난드 셰카르 로이, 라시 카란푸리아
**옮긴이** 이현석

**펴낸이** 정상석
**책임 편집** 엄진영
**마케팅** 이병진
**본문편집** 이경숙
**표지디자인** 김보라
**펴낸 곳** 터닝포인트(www.diytp.com)
**등록번호** 제2005-000285호

**주소** (03991) 서울시 마포구 동교로27길 53 지남빌딩 308호
**대표 전화** (02)332-7646
**팩스** (02)3142-7646
**ISBN** 979-11-6134-036-4 (13000)

**정가** 23,000원

**내용 및 집필 문의** diamat@naver.com
터닝포인트는 삶에 긍정적 변화를 가져오는 좋은 원고를 환영합니다.

이 도서의 국립중앙도서관 출판예정도서목록(CIP)은 서지정보유통지원시스템 홈페이지(http://seoji.nl.go.kr)와
국가자료공동목록시스템(http://www.nl.go.kr/kolisnet)에서 이용하실 수 있습니다.
(CIP제어번호: CIP2018037905)

# 저자 소개

**아난드 셰카르 로이**는 프리랜서 안드로이드 개발자이다. 네덜란드의 ConceptOffice, 미국의 스타트업인 Conconiously.Life, NextFan-FantasyIndyCar 등의 기업에서 일했다. 또한 Udacity에서 구글의 Associate Android Developer Fast Track 프로그램의 멘토이며 20 명의 소프트웨어 개발자 팀을 멘토링하고 있다. AndroidPub에서 글을 쓰기도 한다.

*감사의 말은 아마 책을 읽을 때 관심을 적게 가지게 될 부분일 것이다. 여러분들이 잘 알지 못하는 불특정 다수를 향해 감사하고있기 때문이다. 이 책은 여러분처럼 학습의지가 있는 사람들을 위한 책이다. 누군가 책을 읽으려 하지 않았다면 출판되지도 않았을 것이기 때문이다.*

**라시 카란푸리아**는 현업 안드로이드 개발자이다. 뉴질랜드의 핀테크 스타트업에서 월렛 앱을 개발하는 것으로 커리어를 시작했다. IOT, 광고, 비즈니스, 소셜, 스트리밍 앱 등의 다양한 도메인을 개발했다. 수 년에 걸쳐 성공적인 모바일 애플리케이션을 개발하기 위해 필요한 UX에 대한 경험과 이해를 쌓았다. 그녀는 최고의 제품을 만들기 위해 모범사례를 이용한 확장성 있고 유지보수 용이한 코드와 그녀의 설계 기술을 융합한다.

*전 세계 모든 개발자 커뮤니티의 회원들에게 감사한다. 이는 아무런 대가 없이 자유롭게 아이디어와 자원을 제공하는 내가 아는 유일한 커뮤니티이다. 코틀린이 오픈소스라는 것을 알고 있는가? 개발자 커뮤니티의 이런 환경이 현재의 나를 만들었다. 이에 감사한다.*

## 감수

**미첼 윙 호**는 남아프리카의 요하네스버그에서 태어났고 전기공학 분야에서 학위를 수여받았다. 임베디드 시스템을 시작으로 하여 마이크로소프트의 데스크탑/서버 애플리케이션으로 커리어를 옮겨갔다. 2000년대 이후 자바로 J2ME, JEE 데스크탑과 안드로이드 애플리케이션을 개발했으며 최근에는 코틀린을 지지하고있다.

3

# 들어가며

코틀린 프로그래밍 쿡북은 개발자들이 처음 코틀린을 사용해 개발할 때 흔히 겪는 문제에 대한 해법이다. 이와 함께 이 책은 개발자가 코딩하는 데에 필요한 트릭과 컨셉들을 배우는 데 도움을 준다. 또한 코틀린의 놀라운 잠재력을 발견하는 데에 도움이 될 것이다.

이 책은 코틀린 개요로 시작해서 코틀린이 제공하는 몇가지 간단한 개념과 기능들을 다룬다. 여기에서는 객체지향 프로그래밍의 기초와 간단한 안드로이드 애플리케이션을 만든다. 다음으로는 네트워킹, 데이터베이스, 파일 입출력, 테스팅 등의 조금 더 복잡한 개념에 대해 살펴본다. 또한 복잡한 안드로이드 개발을 매우 단순하고 쉬운 것으로 바꾸어주는 Anko라는 훌륭한 코틀린 라이브러리에 대해 살펴볼 것이다. 마지막으로는 개발자가 수시로 필요로하는 잡다하고 유용한 내용들을 다룬다.

## 이 책의 대상 독자

이 책은 코틀린을 처음 접하지만 안드로이드와 자바 개발에는 익숙한 개발자를 대상으로 한다. 독자는 안드로이드 개발에 대해 익숙해야 하며 그 코드를 테스트해야하는 필요성에 대해 인지하고 있어야 한다. 기존 안드로이드 개발 프로세스를 보다 효율적이고 재미있게 만들기 위해 코틀린을 배우기 원한다면 이 책을 권한다. 이 책은 코틀린 입문서가 아니며 코틀린 문법 등의 기본 지식을 전제로 쓰였다. 또한 코틀린을 이용해 개발하는 동안 겪을 수 있는 문제를 돕는 것을 목표로 한다.

## 이 책에서 다루는 내용들

1장_ 코틀린 프로젝트를 시작하는 방법에 대해 다룬다. 그레이들 빌드시스템에 대해 살펴보고 이를 이용한 개발 환경을 구성하는 것에 집중한다.

2장_ 코틀린의 제어 흐름에 대해 다룬다. 코틀린은 기존의 낡은 제어 흐름을 넘어서 이들을 표현식으로서 이용할 수 있도록 해준다. 코틀린은 자바의 switch 문의 확장에 해당하는 강력한 when 문을 제공한다.

3장_ 객체지향 프로그래밍에서 빠질 수 없는 클래스와 객체 개념에 대해 다룬다. 이 장에서는 개발자가 직면하는 실세계 문제들에 대한 예와 코틀린이 이를 해결하는 방법에 대해 살펴본다. 여기에서 다루는 내용들은 코틀린에서의 객체지향 프로그래밍(5장)에 대한 기초가 될 것이다.

4장_ 객체지향 프로그래밍에서 빠질 수 없는 함수 개념에 대해 다룬다. 이 장은 개발자들이 직면하는 실세계 문제들에 대한 예와 코틀린이 이를 해결하는 방법에 대해 살펴본다.

5장_ 3장과 4장을 기반으로 객체지향 프로그래밍에 대한 소개와 도움을 담았다.

6장_ 코틀린의 컬렉션 프레임워크에 대한 모든 용법을 살펴볼 수 있는 예제를 다룬다.

7장_ 기본적인 파일 입출력에 대해 다룬다.

8장_ 코틀린 라이브러리인 Anko를 이용해 쉽고 빠르게 안드로이드 애플리케이션을 개발하는 것에 대해 다룬다.

9장_ Anko Layout을 이용해 코틀린 DSL로 쉽고 빠르게 안드로이드 UI를 작성하는 방법에 대해 다룬다.

10장_ 코틀린을 이용해 안드로이드의 SQLite 데이터베이스를 사용하는 방법에 대해 다룬다.

11장_ 네트워크 요청과 응답을 처리하는 방법에 대해 다룬다.

12장_ 코틀린의 가장 멋진 요소이며 어려운 부분이기도 한 람다와 딜리게이트에 대해 살펴본다. 이 장은 개발자가 람다와 딜리게이트를 처음으로 사용할 때 도움이 되는 내용들을 담았다.

13장_ 코틀린을 이용해 단위 테스트, 통합 테스트, 인수 테스트를 작성하고 수행하는 방법에 대해 다룬다.

14장_ 코틀린을 이용해 기본적인 RESTful 웹 서비스를 만드는 방법에 대해 다룬다.

## 이 책을 활용하려면

이 책은 안드로이드와 자바 개발에 대해 익숙한 개발자를 대상으로 쓰였다. 이 책은 코틀린의 기초에 대한 책이 아니며, 많은 예제가 안드로이드 스튜디오 기준으로 작성되었으므로 독자는 안드로이드 스튜디오를 사용해야만 한다.

## 예제 소스코드 다운로드

이 책에서 사용된 소스코드는 다음의 깃랩 저장소에서 다운로드 받을 수 있다.

- https://gitlab.com/users/aanandshekharroy/projects

## 이 책의 규칙

이 책을 읽을 때 유념해야하는 몇가지 규칙이 있다.

CodeInText : 문장 내에서 코드, 데이터베이스 테이블명, 디렉토리 이름, 파일 이름, 확장자, 경로, URL, 사용자 입력에 해당하는 부분을 표현한다. 예를 들면 "해당하는 sourceSets 속성은 기본 구조를 이용하지 않는다면 꼭 수정해야 한다."

코드 블록은 다음과 같이 작성되었다.

```
sourceSets {
    main.kotlin.srcDirs += 'src/main/myKotlin'
    main.java.srcDirs += 'src/main/myJava'
}
```

주의 깊게 봐야하는 코드 블록의 경우 굵은 글씨로 표현했다.

```
sourceSets {
    main.java.srcDirs += 'src/main/kotlin/'
}
```

커맨드 라인 입력이나 출력은 다음과 같이 사용되었다.

```
$ kotlinc hello.kt -include-runtime -d hello.jar.
$ java -jar hello.jar
```

굵은 글씨는 새롭거나 중요한 단어 혹은 화면에 표시되는 단어를 표현하는 데에 사용되었다. 메뉴나 다이얼로그의 예가 있다. 예시 문장은 다음과 같다. "**Select Deployment Target** 창에서 기기를 선택하고 **OK** 버튼을 누른다."

경고나 중요한 메모 등을 표시한다.

팁과 트릭을 표시한다.

## 섹션

이 책에서는 준비, 실행, 어떻게 동작하나, 자세히 보기, 더보기라는 자주 사용되는 소제목들이 있다. 각 소제목에서는 다음과 같은 내용들에 집중해 설명한다.

## 준비

이 절을 수행하는 데에 필요한 소프트웨어나 설정 등에 대해 설명한다.

## 실행

이 절에서 다루는 내용들을 수행하는 절차를 담고있다.

## 어떻게 동작하나

일반적으로 앞 절에서 무슨 일이 일어났는지를 구체적으로 설명한다.

## 자세히 보기

이 절에서 다루는 내용들에 대한 추가적인 정보들을 기술한다.

## 더보기

이 절과 관련하여 살펴보면 도움이 되는 링크들을 제공한다.

# 목차

## chapter 1   설치 및 환경 구성

## chapter 2   제어 흐름

## chapter 3  클래스와 오브젝트

# chapter 4  함수

## chapter 5    객체지향 프로그래밍

## chapter 6　컬렉션 프레임워크

# chapter 7   파일 핸들링

# chapter 8 Anko Commons와 확장 함수

## chapter 10　데이터베이스와 의존성 주입

## chapter 11    네트워킹과 동시성

# chapter 12　람다와 딜리게이트

## chapter 13    테스팅

# chapter 14 코틀린으로 웹서비스 만들기

# 설치 및 환경 구성

이 장에서는 다음과 같은 것들을 다룬다.

- 코틀린 안드로이드 프로젝트 생성
- 코틀린 코드 실행을 위해 Gradle(그레이들) 이용하기
- 컴파일된 코틀린 클래스 실행하기
- 그레이들과 코틀린으로 실행가능한 JAR 파일 만들기
- 콘솔에서 입력 받기
- 자바 – 코틀린 간 코드 변환
- 코틀린으로 logger 만들기
- 자바 코드에서 코틀린 키워드로 취급되는 식별자 피하기
- as 키워드로 한 파일 안에서 중복되는 클래스 이름 및 함수명 해결하기
- 코틀린에서의 비트 연산
- 문자열을 Long, Double, Int로 파싱하기
- 문자열 템플릿 이용하기

# 소개

안드로이드 앱은 전세계적으로 이용되고 있으며 매우 흥미로운 기술 중 하나이다. 개발자들은 안드로이드 앱을 개발하고 유지보수할 때 항상 API 및 플랫폼을 업데이트하고 다양한 디바이스를 지원해야 한다. 예를 들어 모든 API 레벨을 지원하기 위해서는 자바 6에 의존해야 한다. 자바 6은 이미 낡았고 심지어 자바 7도 쇠퇴하고있다. 안드로이드 시장이 매우 큰 만큼 안드로이드 개발을 위한 모던 랭귀지의 필요성이 계속해서 대두되어왔다. 자바 8로 안드로이드 앱을 개발할 수도 있지만 이는 API 레벨 24이상만을 지원하고, 이는 곧 9%(2017년 기준)의 안드로이드 디바이스만 타겟으로 앱을 개발하는 것과 같다.

JVM의 장점 중 하나는 우리가 안드로이드 앱 개발을 할 때 컴파일을 통해 JVM 바이트코드를 생성해내는 어떤 언어든 이용할 수 있다는 것이다. 이론적으로 클로저, 그루비, 스칼라, 코틀린 모두를 사용할 수 있지만 현재는 코틀린이 가장 훌륭한 선택이다. 2017년에 구글이 안드로이드 개발을 위한 공식 언어로 코틀린을 선정했기 때문이다.

Pinterest, Uber, Atlassian, Coursera, Evernote 같은 몇몇 커다란 IT 기업들은 이미 안드로이드 앱 개발에 코틀린을 사용하고 있다. 이런 사실들은 이미 코틀린이 얼마나 널리 사용되는지를 보여준다. 자바와의 100% 상호호환이 된다는 사실은 이들이 개발 언어로 코틀린을 채택하는 데에 중요한 영향을 미쳤다. 코틀린은 자바보다 개발하기 쉬우며, 안드로이드 앱 뿐만 아니라 웹서비스까지 개발이 가능하다. 이 장에서는 코틀린을 소개하고 코틀린으로 개발하기 위한 기본적인 시작 방법에 대해 다룰 것이다.

먼저 코틀린 개발 환경 설정에 대해 살펴보자.

## 코틀린 안드로이드 프로젝트 생성

구글이 코틀린을 공식 지원하기 시작하면서 코틀린 개발을 시작하기가 매우 쉬워졌다. 이제 안드로이드 스튜디오 3에서는 코틀린을 바로 이용할 수 있다. 안드로이드 개발에 코틀린을 도입하는 것의 가장 큰 장점은 기존에 작성했던 코드와 호환이 가능하다는 것이다. 코틀린으로 코드를 작성하는 과정에서 여러분은 코틀린이 매우 강력하고 확장성 있다는 것을 느끼게 될 것이다. 코틀린은 안드로이드 개발을 더욱 즐겁게 만들어준다. 이제 어떻게 안드로이 스튜디오3에서 코틀린 프로젝트를 생성하는지 살펴보자.

## 준비

먼저 컴퓨터에 안드로이드 스튜디오3이 설치되어 있어야 한다. 안드로이드 스튜디오는 안드로이드 SDK와 안드로이드 가상 디바이스를 포함한다. JDK 또한 설치되어 있어야 한다. 프로젝트를 디버깅하기 위해서는 안드로이드 기기나 에뮬레이터가 필요하다. 안드로이드 기기를 이용하지 않는다면 적어도 하나의 안드로이드 에뮬레이터를 이용해야 할 것이다. 이 절의 절차를 진행하기 전 다음의 것들이 설치되어 있는지 확인하도록 하자.

- JDK(Java Development Kit, 최신 버전을 이용한다)
- 안드로이드 스튜디오 3+
- 안드로이드 기기 혹은 에뮬레이터

## 실행

안드로이드 스튜디오에서 프로젝트를 생성하는 것은 매우 간단한 작업이며, 코틀린 프로젝트를 생성하기 위해서는 단 한 번의 클릭이 더 필요할 뿐이다. 다음 절차를 따라해보자.

① 안드로이드 스튜디오의 메뉴에서 **File 〉 New 〉 New Project** 순서로 클릭한다. 만약 지금 막 안드로이드 스튜디오를 열었다면 환영한다는 메시지가 뜬 창을 보게 될 것이다. **Start a new Android Studio project**를 클릭하자.

② 다음 입력 창에서 애플리케이션 이름과 도메인을 입력한다. 그리고 하단의 **Include Kotlin support** 체크박스를 클릭해 코틀린 지원을 활성화시킨 후 **Next**를 클릭한다.

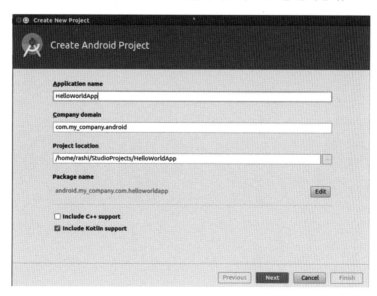

③ 다음 창에서는 타겟 디바이스와 지원할 SDK를 선택한다. 여기에서는 휴대폰용 앱을 만들 것이고 안드로이드 4.3 이상을 타겟으로 할 것이다. 각자 어느 플랫폼에서 실행시킬 것인지, 안드로이드의 어느 버전까지 지원할 것인지를 고려해 적절하게 선택하자.

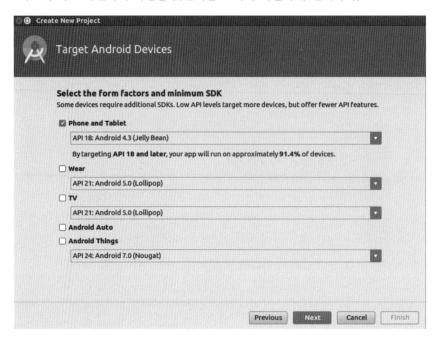

④ 다음 화면에서는 프로젝트에 기본적으로 생성할 액티비티를 선택한다. 이 단계를 건너 뛰고 나중에 액티비티를 추가할 수 있지만 이번에는 **Basic Activity**를 선택하고 **Next**를 클릭한다. 만약 이전 단계에서 안드로이드 웨어나 다른 옵션을 선택했다면 그에 맞는 액티비티를 추가하라는 메시지를 보게 될 것이다.

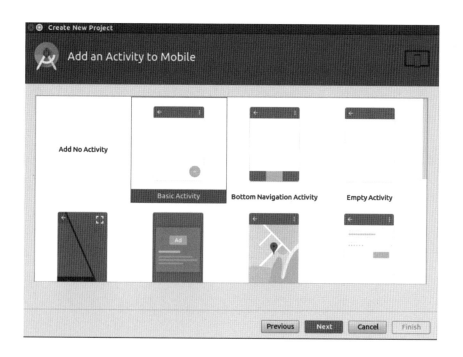

⑤ 방금 추가한 액티비티에 대한 설정 화면이 나타나면 액티비티 이름, 레이아웃 이름, 타이틀을 입력하고 **Finish**를 클릭한다.

⑥ 다음 절차대로 디바이스에서 프로젝트를 실행한다.

- USB를 통해 안드로이드 디바이스를 컴퓨터에 연결한다.
- 안드로이드 디바이스의 설정 〉 개발자 옵션에 들어가서 USB 디버깅을 활성화시킨다.

 안드로이드 4.2 이상의 디바이스는 기본적으로 설정의 개발자 옵션 메뉴가 숨겨져있다. 이를 활성화시키기 위해서는 설정 〉 디바이스 정보의 하위 메뉴에서 빌드 번호를 찾아 일곱번 연달아 탭 해야 한다. 그러면 설정 창에서 개발자 옵션 메뉴가 보이게 된다.

이제 안드로이드 스튜디오에서 Project 창(기본적으로는 좌측에 위치한다)의 **app** 모듈을 클릭한다. 그리고 상단 툴바의 **Run** 버튼을 눌러보자(툴바가 보이지 않는다면 메뉴에서 **Run 〉 Run**을 눌러 실행하거나 **View 〉 Toolbar**를 선택해 툴바를 활성화한다).

이후 나타나는 기기 선택 창에서 방금 연결한 디바이스를 선택하고 OK를 누른다. 잠시 후 디바이스에서 앱이 실행된 모습을 볼 수 있을 것이다.

## 자세히 보기

**Create New Project** 창에서 **Finish**를 클릭하면 안드로이드 스튜디오가 프로젝트를 위한 몇몇 설정과 함께 프로젝트를 생성할 것이다. 만약 4번 단계에서처럼 액티비티를 선택했다면 다음의 스크린샷처럼 액티비티의 기본적인 코드가 생성된다.

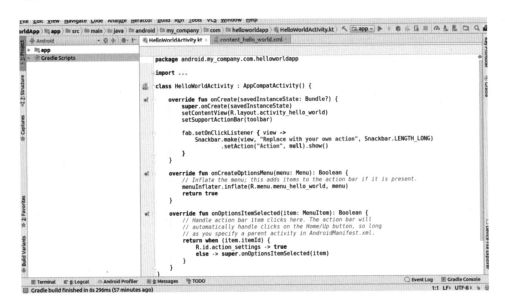

# 코틀린 코드 실행을 위해 Gradle(그레이들) 이용하기

그레이들은 구글이 안드로이드 애플리케이션 개발에 사용되는 공식 빌드 도구로 채택되었다. 이것은 유지보수성, 사용성, 유연성, 확장성 등을 두루 갖췄으며, 일련의 빌드 작업을 자동화하는 데에 매우 적합하다. 이제 그레이들을 통해 코틀린 코드를 실행하는 방법을 알아보자.

## 준비

코드를 작성할 IDE로 IntelliJ IDEA를 사용할 것이다. 인텔리제이(IntelliJ)는 그레이들과 코틀린이 통합된 환경을 제공한다. 이 과정을 따라해보기 위해서는 안드로이드 스튜디오를 사용해도 무방하다.

## 실행

먼저 그레이들 빌드시스템이 포함된 코틀린 프로젝트를 생성해보자. 메뉴에서 **Create New Project**를 선택한다(이미 열려 있는 프로젝트가 있다면 상단 메뉴의 **File 〉 New 〉 Project**를 선택한다). 그리고 다음 절차를 따라해보자.

1️⃣ 좌측 영역에서 Gradle 프로젝트를 선택하고 이어서 추가 라이브러리로 코틀린을 선택한다. 그리고 **Next**를 눌러 적당히 정보를 입력하고 **Finish**를 클릭해 새 프로젝트 생성을 마친다.

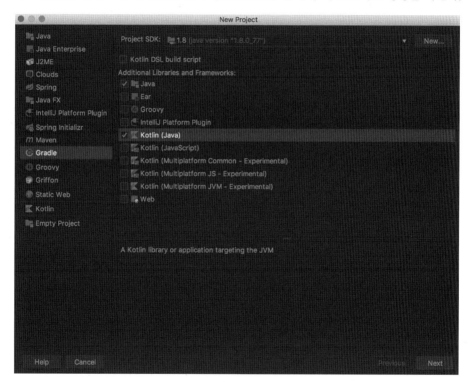

2️⃣ 프로젝트를 생성했다면 좌측의 Project 창에서 build.gradle이라는 파일을 찾을 수 있을 것이다. 내용은 다음과 비슷하다.

```
plugins {
    id 'java'
    id 'org.jetbrains.kotlin.jvm' version '1.2.51'
}

group 'kotlintest1'
version '1.0-SNAPSHOT'
```

```
sourceCompatibility = 1.8

repositories {
    mavenCentral()
}

dependencies {
    compile "org.jetbrains.kotlin:kotlin-stdlib-jdk8"
    testCompile group: 'junit', name: 'junit', version: '4.12'
}

compileKotlin {
    kotlinOptions.jvmTarget = "1.8"
}
compileTestKotlin {
    kotlinOptions.jvmTarget = "1.8"
}
```

③ 이제 간단한 메인 함수를 가진 HelloWorld 클래스를 만들자.

④ 이 코드를 직접 실행하는 것은 매우 간단하다. 여기서는 이 코드를 실행하기 위해 그레이들 명령을 사용할 것이다. 먼저 코드를 바로 실행할 수 있도록 애플리케이션 플러그인을 활성화한다. build.gradle 파일에 단 두 줄만 추가하면 된다.

```
apply plugin: 'application'
mainClassName = "HelloWorldKt"
```

⑤ 이제 터미널에서 gradle run(gradle wrapper를 이용한다면 ./gradlew run)을 입력하면
스크립트가 실행되고 다음과 비슷한 출력 결과를 볼 수 있다.

## 자세히 보기

인텔리제이를 이용해 새 프로젝트를 생성했을 때 기본적인 구조는 다음과 같다.

```
project
   - src
      - main (root)
          - kotlin
          - java
```

만약 다른 구조를 원한다면 다음처럼 build.gradle에 선언하면 된다. sourceSets 속성을 편집해
원하는 프로젝트 구조를 이용할 수 있다.

```
sourceSets {
```

```
        main.kotlin.srcDirs += 'src/main/myKotlin'
        main.java.srcDirs += 'src/main/myJava'
    }
```

코틀린 파일과 자바 파일을 같은 디렉토리에 넣을 수도 있지만 분리하는 것이 관리하기에 더 유리하다.

## 더보기

"그레이들과 코틀린으로 실행가능한 JAR 파일 만들기" 절에 더 자세한 내용이 있다.


# 컴파일된 코틀린 클래스 실행하기

대개 커맨드라인 컴파일러를 이용하는 것은 언어에 대한 이해도를 높이는 첫 번째 단계이며, 그 지식은 많은 순간에 도움이 된다. 이번 단계에서는 커맨드라인에서 코틀린 프로그램을 실행시키는 방법에 공부하고 대화형 코틀린 셸을 사용해볼 것이다.

## 준비

이번 단계를 수행하기에 앞서 코틀린 컴파일러를 설치해야 한다. 모든 코틀린 릴리즈는 독립적으로 실행가능한 컴파일러롤 포함하고 있다. 다음 링크에서 최신 코틀린 릴리즈를 확인할 수 있다.

- https://github.com/JetBrains/kotlin/releases

컴파일러를 수동으로 설치하려면 컴파일러를 원하는 디렉토리에 압축을 풀어 넣고, 어디서든 명령어를 실행할 수 있도록 bin 디렉토리를 시스템 패스에 등록한다. bin 디렉토리는 OS X, Windows, Linux에서 코틀린 코드를 컴파일하고 실행하는 데 필요한 스크립트들을 포함하고 있다.

## 실행

이제 커맨드라인에서 우리의 첫 번째 코틀린 프로그램을 실행할 준비가 되었다. 먼저, Hello World!를 출력하는 아주 간단한 코드를 작성하고 컴파일해보자.

[1] hello.kt라는 이름으로 파일을 생성하고 다음 코드를 추가한다.

```kotlin
fun main(args: Array<String>) {
    println("Hello, World!")
}
```

[2] 커맨드라인에서 다음 커맨드를 이용해 코드를 컴파일한다.

```
$ kotlinc hello.kt -include-runtime -d hello.jar
```

[3] 아래의 커맨드를 이용해 컴파일된 프로그램을 실행한다.

```
$ java -jar hello.jar
```

[4] 다른 코틀린 프로그램과 함께 사용할 수 있는 라이브러리를 만들고싶다고 가정해보자. 그렇다면 다음과 같이 --include-runtime 옵션을 제외하고 컴파일하면 된다.

```
$ kotlinc hello.kt -d hello.jar
```

[5] 이제 대화형 코틀린 셸을 이용해보자. 코틀린 컴파일러를 매개변수 없이 실행하면 다음과 같은 결과가 보일 것이다.

```
bash-3.2$ kotlinc
Welcome to Kotlin version 1.2.41 (JRE 1.8.0_77-b03)
Type :help for help, :quit for quit
>>>
```

코틀린 셸을 실행하고 먼저 도움말을 보려면 :help, 셸을 종료하려면 :quit을 입력하라는 안내 메시지를 보게 될 것이다.

이 곳에 다음과 같이 코틀린 코드를 입력해볼 수 있다.

```
3*2+(55/5)
println("yo")
println("check this out ${3+4}")
```

다음은 위 코드를 입력했을 때의 결과 화면이다.

```
bash-3.2$ kotlinc
Welcome to Kotlin version 1.2.41 (JRE 1.8.0_77-b03)
Type :help for help, :quit for quit
>>>
>>> 3*2+(55/5)
17
>>> println("yo")
yo
>>> println("check this out ${3+4}")
check this out 7
>>>
```

## 어떻게 동작하나

--include-runtime 옵션은 컴파일된 .jar 파일에 코틀린 런타임 라이브러리를 포함시킨다. 그렇기때문에 자바 런타임을 이용해 생성된 .jar 파일을 실행할 수 있다.

-d 옵션은 컴파일된 바이트코드를 어떤 경로에 어떤 이름으로 저장할 것인지를 매개변수로 받는다.

## 자세히 보기

코틀린은 셸 스크립트를 작성하는 데에도 사용될 수 있다. 코틀린 스크립트 파일은 .kt 확장자가 아닌 .kts 확장자를 가진다.

스크립트 파일을 실행하기 위해서는 컴파일러에 -script 옵션을 추가해주면 된다.

```
$ kotlinc -script kotlin_script_file_example.kts
```

## 그레이들과 코틀린으로 실행가능한 JAR 파일 만들기

코틀린은 JAR 파일로 패키징되어 배포되는 작은 커맨드라인 유틸리티를 개발하는 데에도 사용할 수 있다. 이번 단계에서는 그레이들 빌드 시스템을 이용해 JAR 파일을 생성하는 방법을 알아보도록 하자. 그레이들은 가장 정교한 빌드시스템 중 하나이다. 이는 안드로이드를 위한 기본 빌드툴이기도 하며, 많은 의존성을 가진(전형적인 대규모 프로젝트) 복잡한 빌드 절차를 손쉽게 스크립팅할 수 있게 설계되었다. 이를 통해 유지보수성, 유용성, 유연성, 확장성, 성능의 저하 없이 프로젝트를 자동화할 수 있다. 이번에는 이 그레이들 빌드 시스템을 통해 실행가능한 JAR 파일을 만들어볼 것이다. 이렇게 해서 생성된 JAR 파일은 자바를 지원하는 어느 플랫폼에서든 실행될 수 있다.

## 준비

IDE(IntelliJ나 Android Studio를 권장)가 필요하며, 코틀린 파일의 위치를 알려주어야한다. 코틀린 파일 위치는 build.gradle에 다음 코드를 추가하는 것으로 설정할 수 있다.

```
sourceSets {
    main.java.srcDirs += 'src/main/kotlin/'
}
```

위의 코드는 코틀린 파일을 자바와 다른 패키지에 만들 경우에만 필요하다. 자바와 같은 패키지에 코틀린 파일을 생성할 수도 있지만 되도록이면 분리된 패키지에 생성하도록 하는 것이 좋다.

여기에서는 Hello World!를 출력하는 아주 간단한 프로그램을 작성할 것이다. 매우 간단한 코드이니 main() 함수에 작성해보도록 하자.

## 실행

다음 방법을 따라 실행가능한 JAR를 만들어보자.

① "Hello World!"를 출력하는 간단한 main() 함수를 가진 HelloWorld.kt 파일을 만든다.

```
fun main(args: Array<String>) {
    println("Hello World!")
}
```

② 이제 build.gradle에 프로젝트에 대한 진입 지점을 알려줄 수 있는 jar 작업을 설정한다. main() 함수가 있는 파일을 알려주어야 한다.

```
jar {
    manifest {
        attributes 'Main-Class': 'HelloWorldKt'
    }
    from { configurations.compile.collect { it.isDirectory() ? it : zipTree(it) } }
}
```

③ 커맨드라인에서 다음 명령어를 통해 jar를 생성한다.

```
./gradlew clean jar
```

④ build/libs 디렉토리에 jar 파일이 생성되었을 것이다. 이제 java ─jar ⟨project name⟩-⟨version⟩.jar 명령어로 jar 파일을 실행할 수 있다.

여기까지 따라했다면 다음과 비슷한 결과를 볼 수 있을 것이다.

```
bash-3.2$ java ─jar build/libs/helloworld-1.0-SNAPSHOT.jar
Hello World!
bash-3.2$ 
```

## 어떻게 동작하나

실행가능한 JAR 파일을 만들기 위해서는 META─INF 디렉토리 아래에 MANIFEST.MF라는 명세 파일이 필요하다. 우리는 그레이들을 이용하므로 build.gradle에 단순하게 main 메소드를 가진 자바 클래스를 명세하기만 하면 된다.

탑레벨 클래스 정의가 없더라도 HelloWorldKt라고 적어줌으로써 조건을 만족시킬 수 있다.

```
manifest {
    attributes 'Main-Class': 'HelloWorldKt'
}
```

이처럼 사용할 수 있는 이유는 코틀린 컴파일러가 이전 버전 JVM들과의 호환성을 위해 최상위 함수를 각 클래스에 추가하기 때문이다. 따라서 코틀린 컴파일러에 의해 생성된 클래스는 파일명과 Kt 접미사로 이루어진 HelloWorldKt가 된다. 다음은 디컴파일된 HelloWorldKt 파일의 내용이다.

```
import kotlin.Metadata;
import kotlin.jvm.internal.Intrinsics;
import org.jetbrains.annotations.NotNull;

@Metadata(
    mv = {1, 1, 10},
    bv = {1, 0, 2},
    k = 2,
    d1 = {"\u0000\u0014\n\u0000\n\u0002\u0010\u0002\n\u0000\n\u0002\u0010\u0011\n\
        u0002\u0010\u000e\n\u0002\b\u0002\u001a\u0019\u0010\u0000\u001a\u00020\u-
        00012\f\u0010\u0002\u001a\b\u0012\u0004\u0012\u00020\u00040\u0003¢\u0006\
        u0002\u0010\u0005¨\u0006\u0006"},
```

```
        d2 = {"main", "", "args", "", "", "([Ljava/lang/String;)V", "kotlintest1"}
    )
    public final class HelloWorldKt {
        public static final void main(@NotNull String[] args) {
            Intrinsics.checkParameterIsNotNull(args, "args");
            String var1 = "Hello World";
            System.out.println(var1);
        }
    }
```

또한, from { configurations.compile.collect { it.isDirectory() ? it : zipTree(it) } }라는 코드를 추가한 것은 jar의 모든 의존성을 복사하도록 한 것이다. 기본적으로 그레이들은(메이븐 뿐만 아니라) 자바 클래스를 jar로 팩킹할 때 해당 jar 파일이 의존하는 모든 파일을 이미 포함하고있는 어떤 응용프로그램 내에서 사용될 것이라고 가정하기 때문이다. 따라서 jar 태스크에 이 코드라인을 추가함으로써 jar의 모든 의존성을 jar 자체에 포함할 수 있도록 지정한다. 자바 커뮤니티에서는 이런 것을 fat JAR라고 지칭한다. fat JAR는 모든 의존성을 jar 애플리케이션의 클래스패스 내에 포함하기 때문에 독립적으로 실행하는 데 문제가 생기지 않는다. 이 방법의 유일한 단점은 파일 크기가 커진다는 것이지만 파일 크기는 대부분의 상황에서 크게 문제가 되지 않는다.

## 콘솔에서 입력 받기

많은 응용프로그램에서 사용자와 상호작용하는 것은 아주 중요한 부분이며 이에 따른 가장 기본적인 방법은 사용자로부터 입력을 받아 해당 내용을 기반으로 출력하는 것이다. 이번 단계에서는 콘솔에서 사용자로부터 입력을 받는 몇몇 방법을 이해하고 출력을 제공하는 방법에 대해 알아볼 것이다.

## 준비

입맛에 맞게 코틀린 코드를 작성하고 실행할 수 있는 환경을 구성한다. 우리는 이제 커맨드라인에서 코틀린 코드를 작성해 컴파일 및 실행할 수 있고 IntelliJ 같은 IDE를 이용할 수도 있다.

## 실행

다음 단계를 따라하며 콘솔로부터 입력을 받아보자.

①  제일 먼저 간단한 로직을 작성하고 좀더 복잡한로직까지 단계적으로 확장해나갈 것이다. 간단한 출력부터 해보자.

```
println("Just a line")
```

②  이제 문자열을 입력받아 그대로 다시 출력해보자.

```
println("Input your first name")
val first_name = readLine()
println("Your first name: $first_name")
```

③  이어서 문자열이 아닌 정수를 입력받아서 출력해보자.

```
println("Input your first name")
val first_name = readLine()
println("Your first name: $first_name")

println("Hi $first_name, let us have a quick math test. Enter two numbers separated
by space.")
val (a, b) = readLine()!!.split(' ').map(String::toInt)
println("$a + $b = ${a+b}")
```

④  이제 좀더 복잡한 코드를 실행해보고 설명해보자.

```
println("Input your first name")
val first_name = readLine()

println("Input your last name")
val last_name = readLine()

println("Hi $first_name $last_name, let us have a quick math test. Enter two numbers
separated by space.")
val (a, b) = readLine()!!.split(' ').map(String::toInt)

println("what is $a + $b ?")
println("Your answer is ${if (readLine()!!.toInt() == (a+b)) "correct" else "incorrect"}")
```

```
println("Correct answer = ${a+b}")

println("what is $a * $b ?")
println("Your answer is ${if (readLine()!!.toInt() == (a*b)) "correct" else
"incorrect"}")
println("Correct answer = ${a*b}")

println("Thanks for participating :)")
```

위의 코드를 실행하면 다음과 같은 결과를 볼 수 있을 것이다.

```
Input your first name
현석
Input your last name
이
Hi 현석 이, let us have a quick math test. Enter two numbers separated by space.
2 3
what is 2 + 3 ?
6
Your answer is incorrect
Correct answer = 5
what is 2 * 3 ?
5
Your answer is incorrect
Correct answer = 6
Thanks for participating :)
```

## 어떻게 동작하나

코틀린에서 입력한 값을 읽을 수 있는 방법을 이해해보자.

내부적으로 kotlin.io는 입출력을 위해 java.io를 사용한다. 따라서 println은 기본적으로 System.out.println이지만 코틀린의 추가 기능을 통해 문자열 템플릿과 인라인 함수를 사용할 수 있기에 코드 작성이 더욱 간결해진다.

다음은 코틀린 표준 라이브러리에서 콘솔 입출력을 위해 작성된 실제 코드이다.

```
/** Prints the given message and newline to the standard output stream. */
@kotlin.internal.InlineOnly
public inline fun println(message: Any?) {
    System.out.println(message)
}
```

마찬가지로 readLine()은 java.io.BufferedReader의 readLine()이다.

# 자바 – 코틀린간 코드 변환

코틀린의 가장 막강한 장점은 자바와의 상호 운용성이다. 게다가 IntelliJ 기반의 IDE에서는 자바 코드를 코틀린 코드로 바로 변환할 수 있다. 이번 절에서는 어떻게 자바 코드를 코틀린 코드로 변환하는지에 대해 알아보자.

## 준비

코틀린 코드를 컴파일하고 실행할 수 있는 IntelliJ 기반의 IDE가 설치되어 있어야 한다.

## 실행

자바 파일을 코틀린 파일로 변환하는 단계는 다음과 같다.

① IDE에서 코틀린으로 변환하고싶은 자바 파일을 연다.

② 메인 메뉴바에서 **Code** 메뉴를 클릭하고 **Convert Java File to Kotlin File**을 선택한다. 자바 코드가 코틀린 파일로 변환되고 확장자 또한 .kt로 변환된다.

다음 예제를 보자.

```java
package android.my_company.com.helloworldapp;

public class TestClass {
    String name;
    String year;
    int roll_number;

    public TestClass(String name, String year, int roll_number) {
        this.name = name;
        this.year = year;
        this.roll_number = roll_number;
    }

    public String getName() { return name; }

    public void setName(String name) { this.name = name; }

    public String getYear() { return year; }

    public void setYear(String year) { this.year = year; }

    public int getRoll_number() { return roll_number; }

    public void setRoll_number(int roll_number) { this.roll_number = roll_number; }
}
```

변환한 후에는 다음과 같을 것이다.

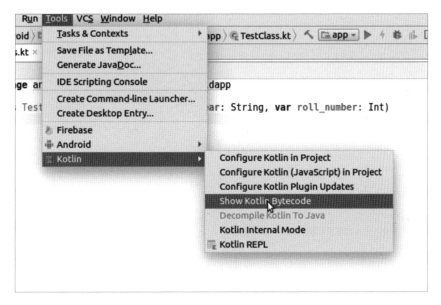

③ 코틀린 파일 또한 자바로 변환될 수 있지만 이런 행위는 왠만하면 피하거나 다른 방법을 찾는 것이 좋다. 코틀린 파일을 자바로 변환해야 하는 경우, 메인 메뉴바에서 **Tools 〉 Kotlin 〉 Show Kotlin Bytecode**를 선택한다.

④ Show Kotlin Bytecode를 클릭했다면 Kotlin Bytecode라는 제목의 창이 열린다.

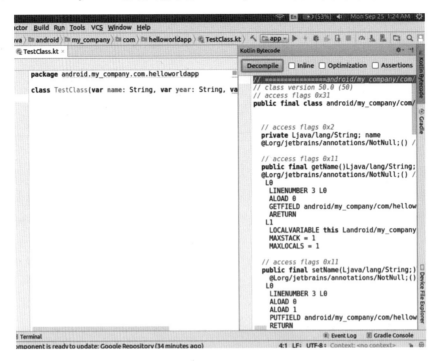

⑤ 열린 창 상단의 **Decompile** 버튼을 클릭하면 코틀린 코드로부터 디컴파일된 자바 파일이 생성된다.

```java
package android.my_company.com.helloworldapp;

import ...

@Metadata(
    mv = {1, 1, 7},
    bv = {1, 0, 2},
    k = 1,
    d1 = {"\u0000\u001a\n\u0002\u0018\u0002\n\u0002\u0010\u0000\n\u0000\n\u0002\u0010\u000e\n\u0002
    d2 = {"Landroid/my_company/com/helloworldapp/TestClass;", "", "name", "", "year", "roll_number"
)
public final class TestClass {
    @NotNull
    private String name;
    @NotNull
    private String year;
    private int roll_number;

    @NotNull
    public final String getName() { return this.name; }

    public final void setName(@NotNull String var1) {
        Intrinsics.checkParameterIsNotNull(var1,  paramName: "<set-?>");
        this.name = var1;
    }

    @NotNull
    public final String getYear() { return this.year; }

    public final void setYear(@NotNull String var1) {
        Intrinsics.checkParameterIsNotNull(var1,  paramName: "<set-?>");
        this.year = var1;
```

위의 예에서 볼 수 있듯이 코틀린 코드로부터 디컴파일된 자바 코드는 원본 코드와는 달리 군더더기로 가득하다. 당장은 이것이 코틀린 파일을 자바 파일로 변환하는 유일한 방법이다. 이 코드를 원하는 자바 파일에 붙여넣고 필요 없는 코드들은 제거해야 한다.

## 어떻게 동작하나

코틀린은 JVM 호환 바이트코드로 컴파일되며, JVM 위에서 실행되는 정적 타입 프로그래밍 언어이다. 이것이 자바 코드와 코틀린 코드를 함께 섞어 사용할 수 있는 이유이고, 우리가 자바 코드를 코틀린 코드로 변환하거나 그 반대의 행위를 실행할 수도 있는 이유이다(변환된 코드가 완벽하지는 않지만).

# 코틀린으로 logger 만들기

코틀린에는 코드를 효율적으로 개선하기 위한 강력한 기능들이 내장되어있다. 여기에는 우리가 사용해왔던 많은 효율적인 코드가 들어있다. 관행적으로 작성했던 코드들 중 많은 부분이 코틀린의 더 나은 방법으로 대체될 수 있다. 그 중 하나는 로거를 작성하는 일이다. 로깅 기능을 제공하는 많은 라이브러리가 있지만 이번에는 코틀린을 이용해 우리만의 로거를 만들어보자.

## 준비

코드를 작성하고 실행하기 위해 IntelliJ IDE를 사용할 것이다.

## 실행

다음 단계를 따라 코틀린 로거를 작성해보자.

① 먼저, 자바에서는 로깅을 어떻게 해왔는지 살펴보자. 자바에서는 SLF4J를 사용함으로써 사실상 로깅과 관련한 요구가 거의 충족된다. 다음은 자바에서 로거를 사용하는 코드 일부이다.

```
private static final Logger logger = LoggerFactory.getLogger(CurrentClass.class);
...
logger.info("Hi, {}", name);
```

2 이는 약간의 수정을 가하면 코틀린에서도 잘 동작한다.

```
val logger = LoggerFactory.getLogger(CurrentClass::class)
...
logger.info("Hi, {}", name)
```

그러나 이와 별개로 로거에 위임 패턴을 사용하면 코틀린의 장점을 살릴 수 있다. lazy 키워드를 사용해 위임된 로거를 생성할 것이다. 이렇게 하면 로거 객체에 접근하려고 할 때 객체를 생성하게 된다. lazy 키워드는 필요로 할 때까지 객체 생성을 미루는 훌륭한 방법이다. 이것은 앱의 실행 시간을 단축시켜준다(안드로이드에서는 특히 필요한 부분. 후에 설명이 있다). 이제 lazy 키워드를 사용하는 방법을 알아보자.

1 여기에서는 java.util.Logging을 사용할 것이지만 어떤 로깅 라이브러리를 사용해도 관계는 없다. 그러면 코틀린의 lazy 키워드를 로거에 적용해보자.

```
public fun <R : Any> R.logger(): Lazy<Logger> {
    return lazy { Logger.getLogger(this.javaClass.name) }
}
```

2 이제 클래스 내에서 간단한 메소드 호출만으로 로거를 얻을 수 있다.

```
class SomeClass {
    companion object { val log by logger() }
    fun do_something() {
        log.info("Did Something")
    }
}
```

코드를 실행하면 다음과 같은 출력을 볼 수 있다.

```
Sep 25, 2017 10:49:00 PM packageA.SomeClass do_something
INFO: Did Something
```

출력에서 확인할 수 있듯이 클래스명과 메소드명까지 기록할 수 있다(메소드 안에서 로깅을 한다면).

## 어떻게 동작하나

여기서 한 가지 주목해야 할 것은 로거를 companion object 안에 선언했다는 것이다. 로거의 객체를 클래스당 하나만 생성하고 싶기 때문이다.

마찬가지로 logger() 메소드는 위임 객체를 반환한다. 즉, 처음으로 객체에 접근할 때 객체가 생성되고 이후에는 동일한 객체를 반환한다.

Anko는 코틀린 확장 함수를 이용해 안드로이드 개발을 쉽게 하도록 도와주는 라이브러리이다. Anko는 로거를 작성하기 귀찮을 때 사용할 수 있도록 Anko-logger를 제공한다.

Anko-logger는 anko-commons에 포함되어 있으며 anko-commons에는 이 로거 외에도 많은 안드로이드 프로젝트에서 사용 가능한 흥미롭고 유용한 것들을 포함한다. Anko를 이용하면 일반적으로 다음과 같이 로거를 사용할 수 있다.

```
class SomeActivity : Activity(), AnkoLogger {
    private fun someMethod () {
        info("London is the capital of Great Britain")
        debug(5) // .toString() method will be executed
        warn(null) // "null" will be printed
    }
}
```

위 코드에서 볼 수 있듯이 AnkoLogger 구현을 선언하는 것만으로 로거를 사용할 수 있다.

각 메소드는 즉시 실행되는 일반적인 형태와 필요할 때 실행되는 형태의 두 가지 형태로 사용할 수 있다.

```
info("String " + "concatenation")
info { "String " + "concatenation" }
```

두 번째 코드의 람다는 Log.isLoggable(tag, Log.INFO) 의 결과가 참일 때에만 실행된다.

## 자세히 보기

위임된 속성에 대해 더 알기 위해서는 3장의 "위임된 속성" 절을 살펴보자.

# 자바 코드에서 코틀린 키워드로 취급되는 식별자 피하기

코틀린은 자바와의 상호 운용성을 염두에 두고 설계되었다. 기존에 만들어진 자바 코드는 코틀린에서 호출될 수 있지만, 자바와 코틀린에 다른 키워드들이 존재하기 때문에 코틀린 키워드와 같은 이름의 자바 메소드를 호출할 때 문제가 발생할 수 있다. 그래서 코틀린에는 코틀린 키워드와 같은 이름의 메소드를 호출할 수 있게 하는 해결방법이 있다.

## 준비

코드를 작성하고 실행할 수 있도록만 준비하면 된다.

## 실행

아무 코틀린 키워드를 골라 자바 메소드로 만들어보자. 여기서는 is를 메소드명으로 정했다. 자바 클래스는 다음과 같다.

```java
public class ASimpleJavaClass {
    static void is() {
        System.out.print("Nothing fancy here");
    }
}
```

이제 코틀린 코드에서 is 메소드를 호출해보자. 메소드명을 ` `로 감싸는 것으로 is 메소드 호출이 가능해진다.

```kotlin
fun main(args: Array<String>) {
    ASimpleJavaClass.`is`()
}
```

다른 코틀린 키워드들과 같은 자바 메소드들도 같은 방법으로 사용할 수 있다.

## 어떻게 동작하나

코틀린 기술 문서에 따르면 몇몇 키워드들은 자바에서 변수명이나 메소드명으로 사용될 수 있다 (in, object, is 등). 만약 자바 라이브러리가 메소드명으로 코틀린 키워드를 사용한다면 ` 문자를 이용해 이를 해결할 수 있다. 다음은 코틀린 키워드 리스트이다.

| package | as | typealias | class | this | super | val |
|---------|-----|-----------|-------|----------|-----------|--------|
| var | fun | for | null | true | false | is |
| in | throw | return | break | continue | object | if |
| try | else | while | do | when | interface | typeof |

# as 키워드로 한 파일 안에서 중복되는 클래스 이름 및 함수명 해결하기

개발자에게 코드에서 라이브러리나 클래스를 임포트하는 것은 일상적인 일이다. 고맙게도, 코드 편집기의 발달로 어느 언어에서든 임포트하는 일이 매우 쉬워졌다. 그러나 두 개 이상의 클래스를 임포트하려면 항상 클래스의 이름이 겹치지 않도록 주의해야하며, 때로는 클래스 이름이 같은 다른 라이브러리를 사용하는 경우처럼 클래스명 중복을 피할 수 없는 경우가 생기기도 한다. 자바에서는 다음과 같이 패키지를 포함한 클래스명을 사용함으로써 이를 해결할 수 있다.

```
class X {
    com.very.very.long.prefix.bar.Foo a;
    org.other.very.very.long.prefix.baz.Foo b;
            ...
}
```

해결은 되었지만 이 코드는 매우 지저분하다. 코틀린이 어떻게 이 지저분한 코드를 우아하게 처리하는지 살펴보자.

## 준비

코틀린 코드를 작성하고 실행할 수 있는 에디터만 준비하면 된다. 먼저 다음 스크린샷처럼 다른 패키지 아래에 같은 이름으로 두 개의 클래스를 생성한다.

```
▼ 📁 src
   ▼ 📁 packageA
        © SameClass
   ▼ 📁 packageB
        © SameClass
```

## 실행

다음으로 모호한 클래스명을 해결할 수 있는 코틀린 키워드에 대해서 살펴보자.

① 코틀린에서는 다음 코드와 같이 as 키워드를 통해 중복된 클래스명을 지역적으로 수정해서 사용할 수 있다.

```
import foo.Bar // foo.Bar를 Bar로 사용
import bar.Bar as bBar // bar.Bar를 bBar로 사용
```

② 위의 과정을 통해 다음처럼 메소드를 사용할 수 있다.

```
Bar.methodOfFooBar()
bBar.methodOfBarBar()
```

다음은 as 키워드를 통해 다른 패키지에 속한 같은 이름을 가진 두 클래스를 모호하지 않게 사용하는 예제이다.

**SameClass.kt – packageA 패키지 하위의 클래스**

```
package packageA

class SameClass {
    companion object {
        fun methodA() {
            println("Method a")
        }
    }
}
```

**SameClass.kt – packageB 패키지 하위의 클래스**

```
class SameClass {
    companion object {
        fun methodB() {
            println("Method b")
        }
    }
}
```

**HelloWorld.kt – 같은 이름의 두 클래스를 사용하는 클래스**

```
import packageA.SameClass as anotherSameClass
import packageB.SameClass

fun main(args: Array<String>) {
    anotherSameClass.methodA()
    SameClass.methodB()
}
```

## 코틀린에서의 비트 연산

코틀린은 비트 연산을 수행하는 몇가지 함수를 제공한다. 이 절에서는 예제를 통해 비트 레벨 연산을 수행하는 방법에 대해 알아보도록 한다. 비트 단위 연산이나 시프트 연산은 두 가지 정수 타입(Int, Long)에서만 사용할 수 있다.

### 준비

다음은 비트 연산 함수 목록이다(Int와 Long에 대해서만 사용가능).

- shr(bits) : 부호 있는 오른쪽 시프트 (자바의 >>와 동일)
- ushr(bits) : 부호 없는 오른쪽 시프트 (자바의 >>>와 동일)
- and(bits) : 비트 단위 and
- or(bits) : 비트 단위 or
- xor(bits) : 비트 단위 xor
- inv( ) : 비트 단위 반전

### 실행

비트 단위의 연산을 이해하기 위해 예제를 몇가지 살펴보자.

### or

or 함수는 두 값의 각 비트를 비교한다. 두 비트 중 하나라도 1일 경우 1을, 그렇지 않은 경우 0을 반환한다.

다음 예제를 보자.

```
fun main(args: Array<String>) {
    val a=2
    val b=3
    print(a or b)
}
```

출력 값은 3이다.

위 과정을 자세하게 살펴보자.

- 2 = 10 (2진법)
- 3 = 11 (2진법)
- 비트 단위의 or 연산을 수행하므로
- 10 OR 11 = 11
- 11 = 3 (10진법)

## and

and 함수는 두 값의 각 비트를 비교한다. 두 비트가 모두 1이라면 1을, 그렇지 않으면 0을 반환한다.

다음 예제를 보자.

```
fun main(args: Array<String>) {
    val a=2
    val b=3
    print(a and b)
}
```

출력 값은 2이다.

연산 과정을 자세히 살펴보자.

- 2 = 10 (2진법)
- 3 = 11 (2진법)
- 비트 단위 AND 연산을 수행하므로
- 10 AND 11 = 10
- 10 = 2 (10진법)

## xor

xor 함수는 두 값의 각 비트를 비교한다. 두 비트가 같은 값이면 0을, 그렇지 않으면 1을 반환한다. 다음 예제를 살펴보자.

```
fun main(args: Array<String>) {
    val a=2
    val b=3
    print(a xor b)
}
```

출력은 1이다.

연산 과정을 자세히 살펴보자.

- 2 = 10 (2진법)

- 3 = 11 (2진법)

**2와 3의 비트 단위 XOR 연산은**
- 10 XOR 11 = 01

- 01 = 1(10진법)

## inv

inv 함수는 각 비트를 반전시킨다. 비트가 1일 경우 0으로, 0일 경우 1로 변환한다.

예제를 보자.

```
fun main(args: Array<String>) {
    val a=2
    print(a.inv())
}
```

결과는 −3이다.

연산 결과를 자세히 살펴보자.

- 2 = 10 (2진법)

2에 대해 비트 단위로 보수를 취하면 01이다. 그러나 컴파일러는 음수가 나오도록 2의 보수를 취한다.

정수에 대한 2의 보수는 −(n + 1)과 같다. 그러므로 −3이 출력된다.

## shl

shl 함수는 해당 값의 비트를 왼쪽으로 쉬프트한다.

다음 예제를 보자.

```
fun main(args: Array<String>) {
    println(5 shl 0)
    println(5 shl 1)
    println(5 shl 2)
}
```

출력은 순서대로 5, 10, 20이다.

연산 과정을 자세히 살펴보자.

- 5 = 101 (2진법)
- 101을 왼쪽으로 0비트 쉬프트하면 101
- 101을 왼쪽으로 1비트 쉬프트하면 1010(10이다)
- 101을 왼쪽으로 2비트 쉬프트하면 10100(20이다)

## shr

shr 함수는 해당 값의 비트를 오른쪽으로 쉬프트한다.

다음 예제를 보자.

```
fun main(args: Array<String>) {
    println(5 shr 0)
    println(5 shr 1)
    println(5 shr 2)
}
```

결과는 순서대로 5, 2, 1이다.

연산 과정을 자세히 보자.

- 5 = 101(2진법)
- 101을 오른쪽으로 0비트 쉬프트하면 101
- 101을 오른쪽으로 1비트 쉬프트하면 010 (10진법으로 2)
- 101을 오른쪽으로 2비트 쉬프트하면 001 (10진법으로 1)

## ushr

ushr 연산은 비트를 오른쪽으로 쉬프트하면서 왼쪽은 첫 번째 비트를 0으로 채운다.

다음 예제를 보자.

```
fun main(args: Array<String>) {
    println(5 ushr 0)
    println(5 ushr 1)
    println(5 ushr 2)
}
```

출력은 순서대로 5, 2, 1이다.

연산 과정은 다음과 같다.

- 5 = 101 (2진법)
- 101을 오른쪽으로 0비트 쉬프트하면 101
- 101을 오른쪽으로 1비트 쉬프트하면 010(10진법으로 2)
- 101을 오른쪽으로 2비트 쉬프트하면 001(10진법으로 1)

## 어떻게 동작하나

코틀린에서 비트 단위 연산은 자바같은 빌트인 연산자가 아니지만 연산자로서 이용될 수 있다. 다음 구현을 살펴보자.

```
public infix fun shr(bitCount: Int): Int
```

위의 코드에서 infix라는 표기를 볼 수 있다. infix가 붙은 함수는 중위 표기법으로 사용할 수가 있다.

# 문자열을 Long, Double, Int로 파싱하기

코틀린은 문자열을 Long, Double, Integer 같은 다른 자료형으로 변환하기 매우 쉽게 되어있다.

자바에서는 문자열을 Long 형으로 변환하기 위해 Long.parseLong()이나 Long.valueOf() 등의 정적 메소드를 사용하고, Integer나 Double에 대해서도 마찬가지로 비슷한 방법을 취한다. 이제 코틀린에서는 이를 어떻게 처리하는지 알아보자.

## 준비

코드를 작성하고 실행할 수 있도록 편집기를 준비한다. 예시로 문자열을 Long 형으로 변환할 것이다. 다른 자료형으로 변환하는 것도 거의 비슷하다.

## 실행

문자열을 Long 형으로 변환하기 위해서 문자열의 .toLong() 메소드를 이용하면 된다. 이 메소드는 문자열을 Long 형으로 파싱하고 결과를 반환한다. 문자열이 Long 형 숫자로 변환될 수 없을 경우 NumberFormatException을 던진다. 뒤에 이에 대한 예제를 볼 수 있다.

## 문자열을 Long 형으로 변환하기

다음은 문자열을 Long 형으로 변환하는 예제이다.

```
fun main(args: Array<String>) {
    val str="123"
    print(str.toLong())
}
```

위의 코드를 실행하면 123이라는 결과가 출력되는 것을 볼 수 있다.

만약 예외를 처리하고싶지 않다면 .toLongOrNull() 메소드를 이용하면 된다. 이 메소드는 문자열을 Long으로 변환해서 반환하려 시도하고, 문자열이 Long 형에 적합하지 않다면 null을 반환한다.

## string.toLongOrNull() 이용하기

이 예제는 .toLongOrNull() 메소드를 이용해 문자열을 Long 형으로 변환하는 것을 보여준다.

```
fun main(args: Array<String>) {
    val str="123.4"
    val str2="123"
    println(str.toLongOrNull())
    println(str2.toLongOrNull())
}
```

실행 시 순서대로 null, 123이라는 출력을 볼 수 있을 것이다.

## 특정 기수를 사용한 파싱

이제까지의 예제는 기본 기수 10을 사용했다. 그러나 가끔은 2진법 등 다른 변환이 필요할 때가 있다. 이럴 때를 위해 string.toLong()이나 string.toLongOrNull()은 기수를 매개변수로 받을 수도 있다. 이 메소드들의 구현을 살펴보자.

### string.toLong(radix) :

이 메소드는 문자열을 Long 형으로 변환한 결과를 반환한다. 문자열이 변환에 적합한 숫자가 아니라면 NumberFormatException을 던진다.

radix 매개변수가 문자열에 해당하는 적합한 기수가 아니라면 IllegalArgumentException을 던진다.

### string.toLongOrNull(radix) :

이 메소드는 문자열을 Long으로 변환한 결과를 반환하며, 문자열이 변환에 적합한 숫자가 아닐 경우 null을 반환한다. radix 매개변수가 문자열에 해당하는 적합한 기수가 아닐 경우 IllegalArgumentException을 던진다.

## 특정 기수를 사용해 문자열을 Long 타입으로 파싱하기

이전 예제에서 우리는 10진수로 문자열을 변환했다. 디폴트로 10진수를 사용하지만 다른 기수를 사용해야 하는 경우가 있다. 예를 들면 문자열을 2진수나 8진수로 파싱하는 경우가 있다. 이제 10진수가 아닌 기수로 파싱하는 방법을 살펴보자. 기수로서 유효하다면 어느 숫자든 사용할 수 있지만 이번에는 자주 사용되는 2진수와 8진수를 예제로 보게 될 것이다.

### 2진수 :

2진수는 0과 1로 이루어져있고 기수로는 2가 이용된다.

```kotlin
fun main(args: Array<String>) {
    val str = "11111111"
    print(str.toLongOrNull(2))
}
```

위의 코드를 실행하면 255라는 결과가 출력된다.

### 8진수 :

8진법에서는 0~7까지의 숫자가 이용되고 8을 기수로서 사용한다.

```kotlin
fun main(args: Array<String>) {
    val str = "377"
    print(str.toLongOrNull(8))
}
```

위의 코드를 실행하면 결과로 255가 출력된다.

### 10진수 :

10진법에서는 0~9까지의 숫자가 사용되고 10을 기수로 이용한다. 디폴트 기수가 10이므로 생략이 가능하다.

```kotlin
fun main(args: Array<String>) {
    val str="255"
    print(str.toLongOrNull(10))
}
```

위의 코드를 실행하면 결과로 255가 출력된다.

## 어떻게 동작하나

코틀린은 코드를 쉽게 작성하기 위해 .toLong()이나 .toLongOrNull()처럼 String의 확장 함수를 이용한다. 확장 함수의 구현에 대해 살펴보자.

- Long 타입으로 변환을 위해

```
public inline fun String.toLong(): Long = java.lang.Long.parseLong(this)
```

위 코드에서 볼 수 있듯이 내부적으로는 Long.parseLong(string)을 이용하고 있다. 이것은 다른 숫자 타입으로의 변환들도 거의 비슷하다.

- Short 타입으로 변환을 위해

```
public inline fun String.toShort(): Short =java.lang.Short.parseShort(this)
```

- Int 타입으로 변환을 위해

```
public inline fun String.toInt(): Int = java.lang.Integer.parseInt(this)
```

- 기수를 이용한 변환에서는

```
public inline fun String.toLong(radix: Int): Long = java.lang.Long.parseLong(this,
checkRadix(radix))
```

checkRadix 메소드는 radix 매개변수가 입력 값에 대한 기수로서 적절한지 검사한다.

## 자세히 보기

문자열을 파싱하기 위한 다른 확장 함수들을 살펴보자.

- toBoolean( ) : 대소문자 구분 없이 문자열이 "true"일 경우 true를 반환하고 그렇지 않을 경우에는 false를 반환한다.
- toShort( ) : Short 형으로 파싱해 결과값을 반환한다. 해당 타입에 적합한 문자가 아닐 경우 NumberFormat Exception을 던진다.
- toShort(radix) : Short 형으로 파싱해 결과값을 반환한다. 해당 타입에 적합한 문자가 아닐 경우 NumberFormatException을 던진다. radix 매개변수가 적합한 기수가 아닐 경우 IllegalArgumentException을 던진다.
- toInt( ) : Int 형으로 파싱해 결과값을 반환한다. 정수 타입에 적합한 문자열이 아닐 경우 NumberFormat Exception을 던진다.

- toIntOrNull( ) : Int 형으로 파싱해 결과값을 반환한다. 만약 정수 타입에 적합한 문자열이 아닐 경우에는 null을 반환한다.
- toIntOrNull(radix) : Int 형으로 파싱해 결과값을 반환한다. 정수 타입에 적합한 문자열이 아닐 경우에는 null을 반환한다. radix 매개변수가 적합한 기수가 아닐 경우 IllegalArgumentException을 던진다.
- toFloat( ) : Float 타입으로 파싱해 결과값을 반환한다. 적합한 문자열이 아닐 경우에는 NumberFormat Exception을 던진다.
- toDouble( ) : Double 형으로 파싱해 결과값을 반환한다. 만약 적합한 문자열이 아닐 경우 NumberFormat Exception을 던진다.

# 문자열 템플릿 이용하기

코틀린은 문자열과 관련한 멋진 기능들을 제공한다. 이 중 눈여겨봐야하는 한 가지는 문자열 템플 릿이다. 이 기능은 문자열에 템플릿 표현을 포함할 수 있도록 만들어준다.

자바를 이용한다면 Map과 함께 StrSubstitutor(https://commons.apache.org/proper/ commons-text/javadocs/api-release/org/apache/commons/text/StrSubstitutor.html)를 사용해 문자열 템플릿을 사용할 수 있다.

```
Map<String, String> valuesMap = new HashMap<String, String>();
valuesMap.put("city", "Paris");
valuesMap.put("monument", "Eiffel Tower");
String templateString ="Enjoyed ${monument} in ${city}.";
StrSubstitutorsub=newStrSubstitutor(valuesMap);
String resolvedString =sub.replace(templateString);
```

그러나 코틀린은 템플릿 표현을 사용함에 있어서 더욱 간결하고 손쉬운 방법을 제공한다.

문자열 템플릿을 사용하면 + 연산자나 스트링빌더 등의 도움 없이 문자열 안에 변수들을 포함할 수 있다. 지금 바로 문자열 템플릿을 살펴보자.

## 실행

이 단계를 따라 문자열 템플릿을 사용하는 방법에 대해 배울 것이다.

1 코틀린에서 템플릿 표현은 $로 시작한다.

② 문자열 템플릿의 문법은 다음과 같다.

```
$variableName
```

또는 다음과 같이 사용할 수도 있다.

```
${expression}
```

③ 예제를 몇가지 보자.

**변수가 있는 문자열 템플릿 예**

```
fun main(args: Array<String>) {
    val foo = 5;
    val myString = "foo = $foo"
    println(myString)
}
```

위의 코드를 실행한 결과는 다음과 같다. "foo = 5"라는 결과가 출력된다.

**표현식이 있는 문자열 템플릿의 예**

```
fun main(arr: Array<String>) {
    val lang = "Kotlin"
    val str = "The word Kotlin has ${lang.length} characters."
    println(str)
}
```

**원시 문자열이 들어간 문자열 템플릿의 예**

원시 문자열이란 줄바꿈 특수문자(\n) 없이 줄바꿈 이 가능한 임의의 문자열이다. 원시 문자열은 따옴표 세 개로 묶어 표현한다(""").

```
fun main(args: Array<String>) {
    val a = 5
    val b = 6
    val myString = """
        ${if (a > b) a else b}
    """
    println("Bigger number is: ${myString.trimMargin()}")
}
```

위 코드를 실행하면 "Bigger number is: 6"이 출력된다.

## 어떻게 동작하나

변수명이 들어간 문자열 템플릿의 활용은 매우 간단하다. 예전에는 문자열들을 + 연산자를 사용해 연결해왔지만 이제는 문자열 안에 변수명을 넣고 변수명 앞에 $를 붙이는 것만으로 문자열 연결이 가능하다.

문자열 템플릿에 표현식을 넣으면 ${...} 내의 표현식이 먼저 해석되고 그 결과값은 문자열과 연결된다. 앞의 예제(원시 문자열이 들어간 문자열 템플릿의 예)에서, ${if (a > b) a else b}의 결과값이 먼저 해석되고 그 값인 6이 문자열과 함께 출력된다.

## 자세히 보기

문자열 템플릿에서 String의 속성과 함수들을 함께 사용할 수도 있다. 다음 예제를 보자.

```
fun main(args: Array<String>) {
    val str1 = "abcdefghijklmnopqrs"
    val str2 = "tuvwxyz"
    println("str1 equals str2 ? = ${str1.equals(str2)}")
    println("subsequence is ${str1.subSequence(1, 4)}")
    println("2nd character is ${str1.get(1)}")
}
```

출력은 다음과 같다.

```
str1 equals str2 ? = false
subsequence is bcd
2nd character is b
```

# chapter 2

# 제어 흐름

이번 장에서는 다음과 같은 것들을 다룬다.

- if 키워드를 활용한 값 할당
- when과 함께 범위 사용
- 사용자 정의 오브젝트와 when
- 표현식으로서의 try-catch
- also 함수를 이용한 swap 함수 만들기
- 사용자 정의 예외
- 다중 조건 반복문

## 소개

제어 흐름은 모든 프로그래밍 언어의 기본 구성 요소이다. 코틀린에서의 다른 점은 try-catch, if-else, when 등과 같은 제어 흐름이 표현식으로서 사용될 수 있다는 것이다. 이번 장에서는 코틀린에서 제공하는 몇가지 제어 흐름을 살펴보고 사용해보도록 한다. 추가적으로, 자바의 제어 흐름과 비교해 코틀린의 제어 흐름이 어떤 장점이 있는지도 알아보자.

## if 키워드를 활용한 값 할당

코틀린에서의 if는 값을 반환한다는 특수성을 가지고있다. 이 점이 if 문을 이용해 값을 할당하는 것을 가능하게 해준다. 때문에 코틀린에서는 3항 연산자를 사용할 필요가 없다. 이제 어떻게 if 문을 이용해 값을 할당하는지 보도록 하자.

### 준비

코틀린 코드를 작성하고 실행할 수 있는 개발 환경을 선호에 따라 구성한다. 코틀린 컴파일러를 설치하고 커맨드라인을 이용해도 좋다.

### 실행

ifWithKotlin.kt라는 파일을 생성하자. 자바처럼 클래스명과 파일명이 일치할 필요는 없다. 단지 다음과 같이 메인 메소드만 정의하면 된다.

```
fun main(args: Array<String>) { }
```

① 이제 이것이 어떻게 쓰일 수 있는지를 보기 위해 전통적인 if 문을 하나 만들어보자.

```
fun main(args: Array<String>) {
    var x: Int
    if (10 > 20) {
        x = 5
    } else {
```

```
        x = 10
    }
    println("$x")
}
```

이 코드에서, if-else 안에서 x에 값을 할당하고 x의 값을 출력한다.

② 이제 코틀린다운 방법으로 같은 코드를 작성해보자.

```
fun main(args: Array<String>) {
    var x: Int = if (10 > 20) 5 else 10
    println("$x")
}
```

위 코드에서 if-else 문의 반환값을 x에 할당했다. 표현식의 일부로 if 문을 사용했다는 점을 유의하자.

③ 또 어떤 다른 것들을 할 수 있는지 보자. 다음 코드에서 if 문을 사용해 표현식으로부터 무언가를 반환받을 것이다.

```
fun main(args: Array<String>) {
    var x: Int
    x = if (10 > 20) {
        doSomething()
        25
    } else if (12 > 13) {
        26
    } else {
        27
    }
    println("$x")
}

fun doSomething() {
    var a = 6
    println("$a")
}
```

if-else 문 전체를 어떻게 사용했는지 유의하자. 위의 코드에서는 마지막 else 문의 값을 반환한다.

4 마지막으로 중첩 if 문을 이용한 더 복잡한 예제를 살펴보자. 이 예제가 중첩 if-else 문에서 어떻게 값이 반환되는지 이해하는 데 도움이 될 것이다.

```kotlin
fun main(args: Array<String>) {
    var x: Int
    x = if (10 < 20) {
        if (4 == 3) {
            56
        } else {
            96
        }
    } else if (12 > 13) {
        26
    } else {
        27
    }
    println("$x")
}
```

if-else 문을 중첩하고, 마지막 문이 다른 if-else 문일 경우 안쪽 if-else 문에서 반환된 값을 바깥쪽에서 또 반환한다. 보다시피 결국 위의 코드에서는 96이 반환된다.

5 if-else 문이 마지막 구문이 아닐 경우 어떤 일이 일어나는지 예제를 보자.

```kotlin
fun main(args: Array<String>) {
    var x: Int
    x = if (10 < 20) {
        if (4 == 3) {
            56
        } else {
            96
        }
        565
    } else if (12 > 13) {
        26
    } else {
        27
    }
    println("$x")
}
```

당연하게도 안쪽 if-else 문에서 반환된 값은 사용되지 않는다. 그리고 코틀린 컴파일러는 이에 대한 경고 메시지를 보여준다. 안쪽의 if-else 문이 마지막 구문이 아니기 때문에 이 반환값이 바깥에서 사용되지 않는 것이다.

```
bash-3.2$ kotlinc ifwithKotlin.kt -include-runtime -d ye.jar
ifWithKotlin.kt:58:13: warning: the expression is unused
        56
        ^
ifWithKotlin.kt:60:13: warning: the expression is unused
        96
        ^
bash-3.2$ java -jar ye.jar
565
bash-3.2$
```

값과 로직을 이용해 if-else로 할 수 있는 다른 것들을 찾아보자.

중요한 사실은 if-else 블록의 마지막 구문이 반환된다는 사실이다. 이것이 if 문을 이용해 값을 할당하는 것을 가능하게 해준다.

## 자세히 보기

우리는 print 문에 문자열 템플릿을 이용해왔다. 변수명 앞에 $를 붙임으로써 이 값을 이용했다는 것을 기억하자.

```
println("$a is a number something")
```

만약 어떤 코드가 문자열로 변환될 수 있는 값을 반환한다면 문자열 템플릿 안에 그 코드를 넣는 것도 가능하다. 이 경우 변수 앞이 아닌 코드를 중괄호로 감싸고 앞에 $를 붙여서 사용한다.

```
println("some variable whose value: ${if(a < 100) 25 else 29}")
```

## when과 함께 범위 사용

코틀린에서 when은 switch 문에 기능을 덧붙인 것과 비슷하지만 이것이 전부는 아니다. 여기에는 when과 함께 사용할 수 있는 훌륭한 로직들이 많이 준비되어있다. 간단한 예를 들자면 when 문 안에 범위를 사용하는 것이다. 이 절에서 자세히 살펴보자.

## 준비

선호하는 개발 환경을 준비하자. 코틀린 코드를 작성하고 실행할 수 있으면 된다. 코틀린 컴파일러와 함께 커맨드라인에서 작업할 수도 있다.

## 실행

whenWithRanges.kt라는 이름의 파일을 만들고 다음 단계를 따라해보자.

① when을 이해하기 위해 기본적인 코드를 작성해보자.

```kotlin
fun main(args: Array<String>) {
    val x = 12
    when (x) {
        12 -> println("x is equal to 12")
        4 -> println("x is equal to 4")
        else -> println("no conditions match!")
    }
}
```

이 코드는 자바의 switch 문과 동일하게 동작한다. 그리고 if 문으로 대체할 수도 있다.

② 그렇다면 x가 1부터 10까지의 숫자이거나 그이외의 숫자일 경우를 처리해보자.

```kotlin
fun main(args: Array<String>) {
    val x = 12
    when (x) {
        in (1..10) -> println("x lies between 1 to 10")
        !in (1..10) -> println("x does not lie between 1 to 10")
    }
}
```

③ 또 다른 어떤 것을 시도할 수 있을까? 다음 예제에서는 when 안의 조건절 타입이 다른 경우에 대해 처리할 것이다.

```kotlin
fun main(args: Array<String>) {
    val x = 10
    when (x) {
        magicNum(x) -> println("x is a magic number")
```

```
        in (1..10) -> {
            println("lies between 1 to 10, value: ${if (x < 20) x else 0}")
        }
        20, 21 -> println("$x is special and has direct exit access")
        else -> println("$x needs to be executed")
    }
}


fun magicNum(a: Int): Int {
    return if (a in (15..25)) a else 0
}
```

4️ 마지막으로, 데이터 클래스를 이용한 좀 더 복잡한 예제를 보자. 이 예제에서는 when과 객체를 함께 사용하는 방법을 보게 될 것이다.

```
fun main(args: Array<String>) {
    val x = ob(2, true, 500)
    when (x.value) {
        magicNum(x.value) -> println("$x is a magic number and ${if (x.valid)
        "valid" else "invalid"}")
        in (1..10) -> {
            println("lies between 1 to 10, value: ${if (x.value < x.max) x.value
                    else x.max}")
        }
        20, 21 -> println("$x is special and has direct exit access")
        else -> println("$x needs to be executed")
    }
}

data class ob(val value: Int, val valid: Boolean, val max: Int)

fun magicNum(a: Int): Int {
    return if (a in (15..25)) a else 0
}
```

프로그램을 실행한 결과는 다음과 같다.

```
bash-3.2$ kotlinc whenWithKotlin4.kt -include-runtime -d ye.jar
bash-3.2$ java -jar ye.jar
lies between 1 to 10, value: 2
bash-3.2$ 
```

when을 이용한 코드를 조금만 더 작성해 본다면 이 짧은 코드 블록으로 어떤 일들을 할 수 있는지 체감할 수 있을 것이다.

## 어떻게 동작하나

앞의 예제들에서 첫 번째는 가장 기초적인 when 문의 사용법이었다. 우리는 x의 값을 12, 4와 직접 비교하고 일치하는 조건이 없을 경우 else 분기를 실행하는 코드를 보았다. 이것은 if else if else처럼 코드를 작성하는 것과 별 다를 것이 없다.

두 번째 예제에서 when 안에 x의 범위가 1~10까지일 때에 대한 조건을 기술했다. 두 번째 조건은 x가 1~10까지의 숫자에 속하지 않을 경우에 대한 것이다. when의 조건으로 범위를 사용할 수 있는 것이다! 기본적으로 when 안에서는 in 키워드를 이용해 값의 범위나 어떤 컬렉션에 속하는지 등의 조건을 기술할 수 있다. 문법은 다음과 같다.

```
when(x) {
    in collection_or_range -> // do something
}
```

세 번째 예제에서는 x의 값을 비교하기 위해 magicNum(x)라는 함수를 이용했다. 상수나 범위이외에도 표현식이나 함수 또한 이용할 수 있다.

네 번째 예제에서는 when의 강력함을 엿볼 수 있다. 원시 자료형이 아닌 데이터 클래스도 when의 조건문으로 이용할 수 있다. when 안에서 x의 모든 속성에 접근했는지 유의해서 살펴보자.

## 자세히 보기

이미 print 문에서 문자열 템플릿을 이용하는 것을 보았다. 문자열 안에서 어떻게 변수의 값에 접근했었는지를 떠올려보자.

```
println("$x is a magic number")
```

스트링으로 바뀔 수 있는 값을 반환한다면 문자열 안에 짧은 코드를 넣는 것도 가능했다. 이 경우 코드를 중괄호로 감싸고 그 앞에 $를 붙여 사용했다.

```
println("lies between 1 to 10, value: ${if(x.value < x.max) x.value else x.max}")
```

# 사용자 정의 오브젝트와 when

코틀린에서 when이 얼마나 강력한 기능을 제공하는지는 이미 살펴봤다. when에서는 사용자 정의 오브젝트 또한 비교가 가능하다. 이것을 간단하게 구현해보자.

## 준비

선호하는 개발 환경을 준비한다. 코틀린 코드를 작성하고 실행할 수 있다면 어느 것을 사용해도 좋다. 코틀린 컴파일러와 함께 커맨드라인에서 작업해도 된다.

## 실행

whenWithObject.kt라는 이름의 파일을 만들자. 그리고 when과 함께 사용자 정의 오브젝트를 사용해보도록 하자. 이번 예제에서 몇가지 속성과 함께 객체를 만들고 when의 조건으로서 비교할 것이다.

```kotlin
fun main(args: Array<String>) {
    val x = ob(2, true, 500)
    when (x) {
        ob(2, true, 500) -> println("equals correct object")
        ob(12, false, 800) -> {
            println("equals wrong object")
        }
        else -> println("does not match any object")
    }
}

data class ob(val value: Int, val valid: Boolean, val max: Int)
```

이 코드를 실행한 결과는 다음과 같다.

```
bash-3.2$ kotlinc whenWithObject.kt -include-runtime -d ye.jar
bash-3.2$ java -jar ye.jar
equals correct object
bash-3.2$
```

만약 when 안에서 다른 오브젝트 타입을 비교하려 한다면 코틀린은 오류 메시지를 보여준다.

## 어떻게 동작하나

코틀린에서 when은 동등성을 비교하므로 오브젝트의 타입이 같다면 when의 조건절에서 사용할 수 있다.

## 표현식으로서의 try-catch

코틀린에서의 예외는 자바에서 쓰이는 것과 비슷하다. 코틀린에서 Throwable은 모든 예외의 상위 클래스이며, 모든 예외에는 스택트레이스, 메시지 및 원인이 있다.

try-catch의 구조는 자바에서 사용되는 것과 비슷하다. 코드를 보자.

```
try{
    // 실행될 코드...
}
catch(e:SomeException){
    // 예외처리
}
finally{
    // 필요에 따른 finally 블록
}
```

최소 기본적으로 하나의 catch 블록이 필요하다. finally 블록은 선택적으로 사용하며 생략이 가능하다.

코틀린에서는 try-catch 문에 표현식으로 사용될 수 있다. 이번 절에서는 어떻게 try-catch 문이 표현식으로 사용되는지 알아보자.

## 준비

선호하는 개발 환경을 준비한다. 코틀린 코드를 작성하고 실행할 수 있다면 어느 것을 사용해도 좋다. 코틀린 컴파일러와 함께 커맨드라인에서 작업해도 된다.

## 실행

간단한 프로그램부터 작성해보자. 이 프로그램은 먼저 숫자를 입력받고 그 값을 변수에 저장한다. 만약 입력된 값이 숫자가 아니라면 NumberFormatException을 처리하고 −1을 값으로 사용한다.

```kotlin
fun main(args: Array<String>) {
    val str = readLine()
    val a: Int? = try {
        str.toInt()
    } catch (e: NumberFormatException) {
        -1
    }
    println("Output: $a")
}
```

23을 입력한 실행 결과는 다음과 같다.

```
bash-3.2$ kotlinc exception01.kt -include-runtime -d ye.jar
bash-3.2$ java -jar ye.jar
23
Output: 23
bash-3.2$
```

이제 예외가 발생하도록 이상한 값(abc)을 넣어보자.

```
bash-3.2$ java -jar ye.jar
abc
Output: -1
bash-3.2$
```

이제 try-catch 구문을 사용함으로써 많은 특수한 상황들을 처리할 수 있을 것이다.

## 어떻게 동작하나

try-catch 문이 표현식으로 사용될 수 있는 이유는 코틀린에서 try와 catch 자체가 표현식이기 때문이다.

try-catch 문을 표현식으로 사용한다면 try나 catch 블록의 마지막 줄이 반환될 것이다. 이것이

앞의 예제 첫 번째 입력에서 23이 할당되고 두 번째 예제에서 −1이 할당된 이유이다.

유의해야 할 점은 finally 블록은 값을 반환하지 않는다는 것이다.

```
fun main(args: Array<String>) {
    val str = "abc"
    val a: Int = try {
        str.toInt()
    } catch (e: NumberFormatException) {
        -1
    } finally {
        -2
    }
    println(a)
}
```

이 코드를 실행해보면 −1이 출력되며, finally 블록은 결과에 영향을 미치지 않았다는 것을 알 수 있다.

## 자세히 보기

코틀린에서 예외는 미확인(unchecked) 예외다. 그렇기 때문에 모든 곳에 try-catch를 사용할 필요가 없다. 이 점이 자바와는 약간 다른 부분인데, 메소드가 예외를 던지더라도 사용하는 곳에서 try-catch로 감쌀 필요가 없다.

입출력 연산의 예를 들어보자.

```
fun fileToString(file: File): String {
    // readAllBytes 메소드에서 IOException을 던지지만 잡지 않아도 컴파일 오류가 없다
    val fileContent = Files.readAllBytes(file.toPath())
    return String(fileContent)
}
```

위 코드에서 볼 수 있듯이, 자바에서는 예외 처리를 하지 않으면 컴파일이 되지 않는 것과 달리 코틀린에서는 원하지 않는다면 try-catch로 감싸지 않아도 된다.

# also 함수를 이용한 swap 함수 만들기

두 개의 숫자를 서로 바꾸는 일은 프로그래밍에 있어서 아주 기초적이고 흔한 예이다. 대부분의 경우 제 3의 변수를 이용하거나 포인터를 이용하는 방법을 사용하게 된다.

자바에서는 포인터가 없으므로 대개 제 3의 변수를 사용하게 된다.

자바에서 만든 스왑 코드를 단순하게 코틀린으로 옮기면 다음과 같을 것이다.

```
var a = 1
var b = 2

run {
    val temp = a
    a = b
    b = temp
}
println(a) // 2 출력
println(b) // 1 출력
```

그러나 코틀린에서는 더욱 빠르고 직관적인 방법이 존재한다.

## 준비

선호하는 개발 환경을 준비한다. 코틀린 코드를 작성하고 실행할 수 있다면 어느 것을 사용해도 좋다. 코틀린 컴파일러와 함께 커맨드라인에서 작업해도 된다.

## 실행

코틀린에서는 편하게 두 수를 뒤바꿀 수 있도록 해주는 also라는 특별한 함수가 존재한다.

```
var a = 1
var b = 2
a = b.also { b = a }
println(a) // 2 출력
println(b) // 1 출력
```

위의 코드로 제 3의 변수를 이용하지 않고 두 숫자를 서로 바꿀 수 있다.

## 어떻게 동작하나

위의 코드를 이해하기 위해 먼저 also 함수를 이해해야 한다. also 함수는 뒤따라오는 코드 블록을 수행하고 블록 안의 연산과 관계 없이 원래의 T 값을 반환한다.

위의 코드에서는 b에 a를 대입한 후 원래의 b를 반환해 a에 대입했다.

```
var a = 1
var b = 2

a = b.also {
    b = a
    println("it=$it, b=$b, a=$a") // it=2, b=1, a=1 출력
}
println(a) // 2 출력
println(b) // 1 출력
```

## 자세히 보기

also와 비슷한 일을 하는 apply라는 함수가 존재하지만 둘은 약간의 차이가 있다. 이를 이해하기 위해 각 함수의 구현을 살펴보자.

```
also:
public inline fun <T> T.also(block: (T) -> Unit): T { block(this); return this }

apply:
public inline fun <T> T.apply(block: T.() -> Unit): T { block(); return this }
```

also에서는 block 매개변수가 (T) -> Unit 타입이며 apply에서는 block 매개변수가 T.() -> Unit이다. apply에 적용된 코드 블록에는 묵시적으로 this가 사용되는 것이다. 그러나 also 블록에서는 it이 필요하다.

그렇기 때문에 also를 이용한 코드는 보통 다음과 같은 모양이 된다.

```
// data class Dog(var age: Int)가 정의되어 있다고 가정
val result = Dog(12).also { it.age = 13 }
```

apply를 이용하면 다음과 같을 것이다.

```
// data class Dog(var age: Int)가 정의되어 있다고 가정
val result = Dog(12).apply { age = 13 }
```

결과적으로 위의 두 코드 모두 result의 age가 13이 된다.

# 사용자 정의 예외

개발을 하다 보면 새로운 예외를 정의해야 하는 경우가 흔하게 발생한다. 이렇게 자체적으로 정의한 예외를 사용자 정의 예외라고 부른다. 이 절에서는 사용자 정의 예외를 만드는 방법에 대해 알아보도록 하자.

## 준비

선호하는 개발 환경을 준비한다. 코틀린 코드를 작성하고 실행할 수 있다면 어느 것을 사용해도 좋다. 코틀린 컴파일러와 함께 커맨드라인에서 작업해도 된다.

## 실행

모든 예외는 Exception을 상위 클래스로 가진다. 다음과 같이 이 클래스를 상속받아 새로운 예외를 정의할 수 있다.

```
class CustomException(message:String): Exception(message)
```

Exception 클래스가 message를 매개변수로 받는 생성자를 가졌기 때문에 CustomException의 생성자를 통해 message 매개변수를 넘겨주었다.

이렇게 예외를 정의했다면 이를 던지기 위해 간단한 코드가 필요하다.

```
throw CustomException("사용자 정의 예외 발생")
```

이렇게 예외를 던졌다면, 다음과 같은 오류 메시지를 보여줄 것이다.

```
bash-3.2$ java -jar ye.jar
Exception in thread "main" CustomException: 사용자 정의 예외 발생
        at Exception02Kt.main(exception02.kt:17)
bash-3.2$
```

## 어떻게 동작하나

Exception 클래스의 구현을 살펴보자.

```
public class Exception extends Throwable {
    static final long serialVersionUID = -3387516993124229948L;

    public Exception() {
        super();
    }

    public Exception(String message) {
        super(message);
    }

    ...
```

위 구현에서 볼 수 있듯이 String 타입의 message 변수를 매개변수로 받는 생성자가 존재함을 알 수 있다. 우리가 만든 CustomException 클래스는 상위 클래스(Exception)가 생성자에 message 변수를 전달했다. Exception 클래스에는 기본 생성자도 존재하기 때문에 이를 이용해 사용자 정의 예외를 구현할 수도 있다.

## 다중 조건 반복문

조건적 반복문은 어느 언어에서나 볼 수 있는 흔한 로직이다. 종종 우리에게는 반복문에 여러가지 조건을 넣어야 하는 경우가 생긴다. 자바에서의 다중 조건 반복문의 간단한 예를 살펴보자.

```
int[] data = { 5, 6, 7, 1, 3, 4, 5, 7, 12, 13 };
```

```
for(int i = 0; i < 10 && i < data[i]; i++){
    System.out.println(data[i]);
}
```

위 코드의 실행 결과는 5, 6, 7을 출력한다. 코틀린에서는 이를 어떻게 구현하는지 알아보자. 여기에서는 코틀린의 함수형 프로그래밍적인 접근 방법을 보게 될 것이다.

## 준비

선호하는 개발 환경을 준비한다. 코틀린 코드를 작성하고 실행할 수 있다면 어느 것을 사용해도 좋다. 코틀린 컴파일러와 함께 커맨드라인에서 작업해도 된다.

## 실행

위 코드를 코틀린으로 옮기면 다음처럼 할 수 있다.

```
val numbers = arrayOf(5, 6, 7, 1, 3, 4, 5, 7, 12, 1)

(0..9).asSequence().takeWhile {
    it < numbers[it]
}.forEach {
    println("$it - ${numbers[it]}")
}
```

자바의 경우보다 조건이 명확하게 보인다.

## 어떻게 동작하나

위의 코드에서 takeWhile이라는 함수를 이용했다. takeWhile 함수는 주어진 조건을 만족하는 첫 번째 요소 그룹을 반환한다(위 예에서는 조건이 it 〈 numbers[it]이므로 [5, 6, 7]이 반환된다).

takeWhile이 리스트를 반환하기 때문에 결과 리스트를 생성한 후 forEach로 넘기겠지만 위 예제에서 사용한 .asSequence() 함수는 이 리스트에 대해 지연 처리를 가능하게 해준다. 즉, 리스트를 전부 생성한 후 forEach 구문을 실행하는 것이 아니라 forEach 구문에서 다음 요소가 필요해지면 그 때 다음 요소를 뽑아 전달하게 된다.

예제를 보며 다시 한 번 이해해보자. 먼저 리스트 생성을 즉시 처리하도록 작성된 코드를 보자.

```
val numbers = arrayOf(5, 6, 7, 1, 3, 4, 5, 7, 12, 1)

(0..9).takeWhile {
    println("Inside takeWhile")
    it < numbers[it]
}.forEach {
    println("Inside forEach")
}
```

이 코드의 출력은 다음과 같다.

```
Inside takeWhile
Inside takeWhile
Inside takeWhile
Inside takeWhile
Inside forEach
Inside forEach
Inside forEach
```

보다시피 takeWhile로 조건을 만족할때까지 배열을 순회한다는 것을 알 수 있다(0, 1, 2 번째까지의 리스트를 반환). 그리고는 결과 리스트에 대해 forEach 구문을 실행한다.

이제 지연 처리가 적용된 버전의 코드를 살펴보자.

```
val numbers = arrayOf(5, 6, 7, 1, 3, 4, 5, 7, 12, 1)

(0..9).asSequence().takeWhile {
    println("Inside takeWhile")
    it < numbers[it]
}.forEach {
    println("Inside forEach")
}
```

출력은 다음과 같다.

```
Inside takeWhile
Inside forEach
Inside takeWhile
Inside forEach
Inside takeWhile
Inside forEach
Inside takeWhile
```

이 코드에서는 takeWhile이 한꺼번에 처리되지 않고 forEach 구문에서 다음 요소를 필요로 할 때에서야 takeWhile의 조건을 만족하는 다음 요소를 검증하고 전달하는 것을 알 수 있다. 이것은 Sequence〈T〉의 특성이다.

# chapter 3

# 클래스와 오브젝트

이번 장에서는 다음과 같은 것들을 다룬다.

- 생성자 초기화
- 데이터 타입 변환
- 객체의 타입 체크
- 추상클래스
- 클래스 속성 순회
- 인라인 속성
- 중첩클래스
- 클래스 참조얻기
- 위임 속성 사용
- 열거형 사용

## 소개

이번 장에서는 객체지향 프로그래밍과 관련된 주제들을 다룰 것이다. 이 책을 읽고 있는 독자가 객체지향 접근법으로 객체들을 만든다면 복잡한 문제도 작은 문제들로 나눌 수 있을 것이다. 자바의 객체지향 스타일과 비교해보면 코틀린의 객체지향 스타일에는 단지 몇가지 차이점만이 있다. 코틀린에서의 모든 객체는 기본적으로 닫혀있다(final 접근제한자). 그래서 클래스를 상속가능하게 바꾸려면 open 키워드를 클래스 앞에 붙여줘야한다. 코틀린에서는 자바에서보다 적은 양의 코드로 클래스와 오브젝트 관련 작업을 할 수 있다.

그리고 코틀린에서는 새로운 객체를 생성할 때 new 키워드를 사용할 필요가 없다. 간단하게 다음과 같이 새로운 객체를 생성할 수 있다.

```
var person = Person()
```

앞선 코드에서는 var 키워드를 사용했기 때문에 Person 타입의 가변 객체를 만든다. 가변 객체는 말그대로 그 값을 바꿀 수 있는 객체를 의미한다. 만약에 불변 객체를 만들고 싶다면 다음과 같이 val 키워드를 사용하여 객체를 생성하면 된다.

```
val person = Person()
```

다음에서 객체지향 프로그래밍을 위한 코틀린의 몇가지 방법들에 대해 살펴보자.


## 생성자 초기화

자바에서는 다음과 같이 클래스의 필드들을 생성자에서 초기화하였다.

```java
public class Student{
    int roll_number;
    String name;
    public Student(int roll_number,String name){
        this.roll_number =roll_number;
        this.name = name;
    }
}
```

그래서 생성자의 인수의 이름이 클래스 속성의 이름과 유사하였다. 이러한 방법이 가독성에도 좋았다. 또한 자바에서는 this keyword를 사용해야했다.

이번 절에서는 코틀린의 생성자는 어떻게 훨씬 적은 코드로 구현되는지 살펴볼 것이다.

## 준비

선호하는 개발 환경을 준비한다. 코틀린 코드를 작성하고 실행할 수 있다면 어느 것을 사용해도 좋다. 코틀린 컴파일러와 함께 커맨드라인에서 작업해도 된다.

속성으로 name과 roll_number를 가진 Student라는 클래스를 만들 것이다.

## 실행

앞서 언급한 생성자 초기화 단계를 살펴보자.

① 코틀린은 훨씬 적은 코드로 속성들을 초기화할 수 있는 문법을 제공한다. 코틀린에서의 클래스 초기화는 다음과 같다.

```
class Student(var roll_number:Int, var name:String)
```

② 심지어 클래스의 본문도 작성할 필요가 없다. 속성의 초기화는 기본 생성자(기본 생성자는 클래스 헤더에 포함되어있다)에서 이루어진다. 물론, 클래스의 속성을 가변으로 할 것인지, 불변으로 할 것인지에 따라 var와 val 키워드를 모두 선택할 수 있다.

이제, 다음과 같이 객체를 만들어 볼 수 있다.

```
var student_A=Student(1,"Rashi Karanpuria")
```

③ 제대로 초기화가 되었는지 확인하기 위해 생성한 객체의 속성들을 출력해보자

```
println("Roll number: ${student_A.roll_number} Name: ${student_A.name}")
```

결과 :

```
Roll number: 1 Name: Rashi Karanpuria
```

④ 만약에 원한다면 생성자에 기본값을 설정할 수도 있다.

```
class Student constructor(var roll_number:Int, var name:String="Sheldon")
```

⑤ 앞서 name에 기본값을 설정하였으므로 다음과 같이 객체를 생성할 수도 있다.

```
var student_sheldon= Student(25) // name: Sheldon, age: 25인 객체
var student_amy=Student(25, "Amy") // name: Amy, age:25인 객체
```

⑥ 만약 클래스에 기본 생성자가 있다면, 각각의 부차적인 생성자들은 직접적으로 혹은 다른 부차적인 생성자들을 통해 간접적으로 기본 생성자를 호출해야 한다.

⑦ 다음과 같이 this 키워드를 사용하여 또 다른 생성자를 같은 클래스에서 사용할 수 있다.

```
class Person(val name: String) {
    constructor(name: String, lastName: String) : this(name) {
        // 초기화를 위한 코드
    }
}
```

⑧ 데이터베이스 연결과 같이 클래스의 속성들 뿐만 아니라 다른 것들을 초기화해야 할 때가 있다. 자바에서는 생성자 내에서 이 일들을 처리해야했지만, 코틀린에서는 init 블럭을 사용한다. 초기화 코드는 init 블럭내에 두면 된다.

```
class Student(var roll_number:Int,var name: String) {
    init {
        logger.info("Student initialized")
    }
}
```

⑨ 가끔 의존성 주입을 통해 클래스의 속성들을 초기화할 때가 있다. 만약 Dagger2를 사용해 보았다면 클래스의 생성자로 바로 주입되는 객체들에 익숙할 것이다. 의존성 주입을 위해서는 @Inject 어노테이션을 constructor 키워드 앞에 추가한다. 생성자가 어노테이션이나 접근제한자를 가지고 있다면 항상 constructor 키워드를 사용해야 한다. 생성자 키워드의 예제는 다음과 같다.

```
class Student @Inject constructor(compositeDisposable:
CompositeDisposable) { ... }
```

⑩ 위 코드를 보면 CompositeDisposable 타입을 객체의 생성자에 주입하고 있다. @Inject 어노테이션을 사용하기 때문에 constructor 키워드를 생성자에 적용해야 한다.

⑪ 클래스를 상속할때 부모클래스 또한 초기화해줘야한다. 이 작업 또한 코틀린에서는 매우 간단하다. 만약 클래스가 기본 생성자를 가지고 있다면 부모타입은 기본 생성자의 파라미터를 이용하여 초기화되어야 한다. 다음 예를 살펴보자.

```
class Student constructor(var roll_number:Int, var name:String):Person(name)
```

⑫ 하지만 가끔은 클래스에 기본 생성자가 없을 수도 있다. 그런 경우에는 각각의 부 생성자에서 부모타입을 super 키워드나 위임된 또 다른 생성자를 통해 초기화해줘야 한다.

또한 부 생성자는 또 다른 부모타입의 생성자를 호출할 수 있다.

```
class Student: Person {
    constructor(name: String) : super(name)
    constructor(name: String, roll_number: Inte) :super(name)
}
```

# 데이터 타입 변환

자바에서는 다음과 같이 변환하기 원하는 타입을 변수앞에 추가함으로써 타입변환을 사용해왔다.

```
String a = Integer.toString(10)
```

또한 자바에서는 숫자형의 경우는 직접적으로 큰 숫자 타입으로 변환되었다. 하지만 코틀린에서는 type-safe를 위해 이 기능이 없다. 그렇다면 코틀린에서는 객체의 타입을 변경할 수 있을까? 다음 절에서 살펴보자.

# 준비

선호하는 개발 환경을 준비한다. 코틀린 코드를 작성하고 실행할 수 있다면 어느 것을 사용해도 좋다. 코틀린 컴파일러와 함께 커맨드라인에서 작업해도 된다. https://try. kotlinlang.org/에서 온라인 통합개발 환경을 이용할 수 있으며 이 절의 코틀린 코드를 실행해볼 수 있다.

## 실행

아래의 순서를 따라 하나의 데이터 타입이 다른 타입으로 어떻게 변환되는지 이해해보자.

① 아주 기본적인 예제를 따라해보자. Int 타입의 데이터를 Long 타입과 Float 타입으로 변환해보자.

```kotlin
fun main(args: Array<String>) {
    var a = 1
    var b: Float = a.toFloat()
    var c = a.toLong()
    println("$a is Int while $b is Float and $c is Long")
}
```

결과 출력 :

```
1 is Int while 1.0 is Float and 1 is Long
```

② 비슷하게, Long 타입은 다음과 같이 Float 타입 그리고 Int 타입으로 변환될 수 있다.

```kotlin
fun main(args: Array<String>) {
    var a = 1000000000000000000L
    var b: Float = a.toFloat()
    var c = a.toInt()
    println("$a is Long while $b is Float and $c is Integer")
}
```

결과 출력 :

```
1000000000000000000 is Long while 9.9999998E17 is Float and
-1486618624 is Integer
```

③ Byte, Int 그리고 String 타입과 같은 좀 더 흥미로운 변환을 시도해보자.

```kotlin
fun main(args: Array<String>) {
    var a = 15623
    var b: Byte = a.toByte()
    var c = a.toString()
    println("$a is Int while $b is Byte and $c is String")
}
```

결과 출력 :

```
15623 is Int while 7 is Byte and 15623 is String
```

코틀린에서 타입변환에 사용될 수 있는 메소드 리스트 :

- toByte( ) : Byte
- toShort( ) : Short
- toInt( ) : Int
- toLong( ) : Long
- toFloat( ) : Float
- toDouble( ) : Double
- toChar( ) : Char
- toString( ) : String

## 어떻게 동작하나

기본적으로 코틀린은 정적 타입 언어이며, 변수의 타입을 직접적으로 변환할 수 없다. 또한 String과 String?는 서로 다르다. 상위 타입에서 하위 타입으로의 변환은 가능하지만 상위 타입에서 가지고 있던 값들을 사용하지 못할 수도 있다.

## 객체의 타입 체크

종종 실행시점에 객체가 특정 타입인지를 확인할 필요가 있다. 자바에서는 instanceof 키워드를 사용하였다. 코틀린에서는 is 키워드를 사용한다.

## 준비

선호하는 개발 환경을 준비한다. 코틀린 코드를 작성하고 실행할 수 있다면 어느 것을 사용해도 좋다. 코틀린 컴파일러와 함께 커맨드라인에서 작업해도 된다.

https://try. kotlinlang.org/에서 온라인 통합개발 환경을 이용할 수 있으며 이 절의 코틀린 코드를 실행해볼 수 있다.

## 실행

다음 단계들을 통해 객체의 타입을 체크하는 법을 살펴보자.

① 문자열과 정수형의 타입을 체크하는 아주 간단한 예제를 실행해보자.

```kotlin
fun main(args: Array<String>) {
    var a : Any = 1
    var b : Any = "1"
    if (a is String) {
        println("a = $a is String")
    }
    else {
        println("a = $a is not String")
    }
    if (b is String) {
        println("b = $b is String")
    }
    else {
        println("b = $b is not String")
    }
}
```

② 마찬가지로 is 키워드앞에 ! 키워드를 사용하여 객체가 String 유형이 "아닌지"를 검사할 수 있다.

```kotlin
fun main(args: Array<String>) {
    var b : Any = 1
    if (b !is String) {
        println("$b is not String")
    }
    else {
        println("$b is String")
    }
}
```

코틀린의 동작 방식을 생각한다면 is 키워드를 굳이 사용할 필요는 없다. 코틀린은 스마트 캐스트 기능이 있기 때문에 비교대상 객체가 같은 타입이 아니라면 에러를 발생시킨다.

## 어떻게 동작하나

기본적으로 is 키워드는 Kotlin에서 객체의 유형을 확인하는 데 사용된다.

!is 키워드는 is 키워드의 부정형이다.

Kotlin 컴파일러는 불변 값을 추적하고 필요할 때마다 안전하게 캐스팅한다. 이러한 방식으로 코틀린의 스마트 캐스트가 작동한다. is는 안전한 캐스트 키워드이며, as 키워드는 안전하지 않은 캐스트 키워드이다.

## 자세히 보기

Kotlin에서 캐스팅에 사용되는 as 키워드를 사용하는 예제를 살펴보자. 위에서 언급했듯이, as 키워드는 안전하지 않은 캐스팅 키워드이다.

정수를 문자열로 변환할 수 없기 때문에 다음의 코드 예제는 ClassCastException을 발생시킨다.

```
fun main(args: Array<String>) {
    var a : Any = 1
    var b = a as String
}
```

결과 출력 :

```
Exception in thread "main" java.lang.ClassCastException: java.lang.Integer
cannot be cast to java.lang.String
```

반면에, Any 타입의 문자열은 String 타입으로 캐스팅할 수 있기 때문에 다음 예제는 성공적으로 실행된다.

```
fun main(args: Array<String>) {
    var a : Any = "1"
    var b = a as String
    println(b.length)
}
```

결과 출력 :

```
1
```

# 추상클래스

추상 클래스는 인스턴스화 할 수 없는 클래스이다. 즉, 추상 클래스는 객체를 만들 수 없다.

추상 클래스의 주된 목적은 일반 클래스가 추상 클래스를 상속하도록 하는 것이다.

어떤 클래스가 추상 클래스를 상속을 받으면 상속받는 클래스는 부모 클래스의 모든 추상 함수를 구현해야만 한다.

## 준비

선호하는 개발 환경을 준비한다. 코틀린 코드를 작성하고 실행할 수 있다면 어느 것을 사용해도 좋다. 코틀린 컴파일러와 함께 커맨드라인에서 작업해도 된다.

https://try.kotlinlang.org/에서 온라인 통합개발 환경을 이용할 수 있으며 이 절의 코틀린 코드를 실행해볼 수 있다.

## 실행

다음에서 추상클래스가 어떻게 작동하는지 살펴보자.

① abstract 키워드는 추상클래스를 정의할 때 사용된다. 추상클래스를 만들고 그 클래스를 상속 받아보자.

```
abstract class Mammal {
    abstract fun move(direction: String)
}
```

② 클래스가 Mammal 클래스의 하위 클래스가 되려면 다음 예와 같이 : 키워드를 사용해야 한다. 그리고 슈퍼 클래스에서 상속받은 함수를 구현할 때 override 키워드가 사용됨을 기억하자.

```
class Dog : Mammal() {
    override fun move(direction: String) {
        println(direction)
    }
}
```

③ 상속받은 클래스에 의해 추상 클래스의 함수가 구현되는 것을 바라지 않는다면, 다음 예에서 볼 수 있는 것처럼 abstract나 open 키워드를 붙이지 않고 정의하면 된다.

```
fun main(args: Array<String>) {
    var x = Dog()
    x.move("North")
    println(x.show(123))
}

class Dog : Mammal() {
    override fun move(direction: String) {
        println(direction)
    }
}

abstract class Mammal {
    fun show(y: Int): String {
        return y.toString()
    }
    abstract fun move(direction: String)
}
```

④ 다음과 같이 각 클래스에서 init 블록을 선언하면 슈퍼 클래스의 init 블록이 먼저 호출되는 결과를 볼 수 있다.

```
fun main(args: Array<String>) {
    var x = Dog()
    x.move("North")
    println(x.show(123))
}

class Dog : Mammal() {
    init {
        println ("Hey from Dog")
    }
```

```
    override fun move(direction: String) {
        println(direction)
    }
}

abstract class Mammal {
    init {
        println ("Hey from Mammal")
    }
    fun show(y: Int): String {
        return y.toString()
    }
    abstract fun move(direction: String)
}
```

결과 출력 :

```
Hey from Mammal
Hey from Dog
North
123
```

## 어떻게 동작하나

Dog 클래스는 Mammal의 하위 클래스이며 모든 메소드를 상속받는다. abstract로 선언된 Mammal의 메소드는 Dog 클래스에서 반드시 구현되어야만 한다.

또한 show() 메소드는 Mammal에 있지만 생성된 객체가 Mammal 타입이기 때문에 Dog 객체에서 호출할 수 있다. 슈퍼 클래스의 init 블록은 서브 클래스보다 먼저 호출된다.

## 클래스 속성 순회

자바와 마찬가지로, 코틀린에서도 리플렉션을 이용하면 런타임에 프로그램의 구조, 클래스 수정자, 함수 그리고 속성을 분석할 수 있다.

이번 절에서 코틀린 클래스의 속성을 순회하는 방법을 살펴보자.

## 준비

이번 절에는 roll_number와 name 속성을 가진 Student 클래스를 만든 후, 클래스의 속성을 돌아가며 접근하는 방법을 살펴볼 것이다. 인텔리제이 또는 안드로이드 스튜디오를 사용하지 않는 경우 클래스 경로에 리플렉션 라이브러리를 포함해야 한다. 자세한 내용은 https://kotlinlang.org/docs/reference/reflection.html을 참조한다.

## 실행

다음에서 클래스 속성을 반복하는 방법을 살펴보자.

① 여기 roll_number와 full_name 속성을 가진 Student 클래스가 있다.

```
class Student constructor(var roll_number:Int, var full_name:String)
```

② 클래스가 가지고 있는 여러 개의 속성을 돌아가며 출력하기 위해 for문을 사용한다.

```
fun main(args: Array<String>) {
    var student=Student(2013001,"Aanand Shekhar Roy")
    for (property in Student::class.memberProperties) {
        println("${property.name} = ${property.get(student)}")
    }
}
```

출력 결과는 다음과 같다.

```
full_name = Aanand Shekhar Roy
roll_number = 2013001
```

## 어떻게 동작하나

구현은 매우 간단하다. 리플렉션을 사용하고 있기에 클래스 속성을 분석할 수 있다. memberProperties는 KClass의 수 많은 기능 중 하나일 뿐이다.

주의할 점은 memberProperties가 이 클래스와 모든 슈퍼 클래스에 선언된 모든 비 확장 속성을 반환한다는 것이다. 다음과 같이 Person 클래스가 있다고 가정해보자.

```
open class Person{
    val isHuman:Boolean=true
}
```

또한 Person 클래스를 사용하여 Student 클래스를 확장한 다음 이전에 memberProperties 메소드에서 사용한 것과 동일한 코드를 사용하면 출력 결과는 다음과 같다.

```
full_name = Aanand Shekhar Roy
roll_number = 2013001
isHuman = true
```

따라서 Student 클래스에만 선언된 필드를 반복하는 경우 declaredMemberProperties 함수가 필요하다. 다음은 declaredMemberProperties의 예제이다.

```
for (property in Student::class.declaredMemberProperties) {
    println("${property.name} = ${property.get(student)}")
}
```

출력 결과는 다음과 같다.

```
full_name = Aanand Shekhar Roy
roll_number = 2013001
```

앞의 코드는 코틀린 KClass의 예제다. 자바의 Class〈T〉를 이용하여 클래스의 속성을 탐색하길 원할 경우에, 코틀린의 확장 속성을 이용하여 코틀린의 KClass〈T〉를 얻을 수 있다 (예 : something.javaClass.kotlin.memberProperties).

## 자세히 보기

코틀린의 Reflection 라이브러리에서 제공하는 메소드 목록(https://kotlinlang.org/api/latest/jvm/stdlib/kotlin.reflect/-kclass/index.html)을 참조하자. 이 라이브러리들을 사용하면 런타임에 프로그램의 속성들을 조사할 수 있다.

# 인라인 속성

코틀린의 장점 중 하나는 함수를 다른 함수의 매개변수로 사용할 수 있다는 것이다. 그러나 그것들은 객체이기 때문에 메모리 오버헤드가 발생할 수 있다(모든 인스턴스는 힙 메모리의 공간을 차지하고, 또한 인자로 넘어간 함수를 호출하는 또 다른 메소드가 필요하기 때문이다). 이러한 상황을 인라인 함수를 사용하여 개선할 수 있다. 인라인 키워드는 함수 내용이 호출 위치에 직접 삽입됨을 의미한다. 이는 함수를 호출할 때 발생되는 오버헤드를 줄이는 데 도움이 된다.

마찬가지로 inline 키워드는 backing field가 없는 변수와 해당 변수 접근자와 함께 사용될 수 있다. 이번 절에서 앞서 언급한 내용을 자세히 살펴보자.

## 준비

선호하는 개발 환경을 준비한다. 코틀린 코드를 작성하고 실행할 수 있다면 어느 것을 사용해도 좋다. 코틀린 컴파일러와 함께 커맨드라인에서 작업해도 된다.

https://try.kotlinlang.org/에서 온라인 통합개발 환경을 이용할 수 있으며 이 절의 코틀린 코드를 실행해볼 수 있다. 또한 인텔리제이를 사용할 수도 있다.

## 실행

인라인 속성을 사용하여 작업하는 방법을 살펴보자.

1 속성의 접근자를 인라인으로 만드는 예제를 따라해보자.

```
fun main(args: Array<String>) {
    var a = x()
    a.valueIsMaxedOut = false
    println(a)
}

class x {
    companion object {
        val CONST_MAX = 3
    }

    var someValue = 3
```

```
    var valueIsMaxedOut: Boolean
        inline get() = someValue == CONST_MAX
        inline set(value) {
            println("Value set!")
        }
}
```

② 위 예제에서 get 접근자에 inline 키워드를 사용하였다. 다음에서 보이는 것처럼 속성 전체를 inline으로 정의함으로써 get과 set 접근자 모두 inline으로 선언할 수도 있다.

```
inline var valueIsMaxedOut: Boolean
    get() = value == CONST_MAX
    set(value) {
        println("Value set!")
    }
```

앞의 코드에서 get, set 두 접근자는 모두 inline이다.

③ 그러나 속성에 backing field가 있거나 접근자가 backing field를 참조하는 경우 인라인을 속성 또는 접근자에 적용할 수 없다는 점을 명심해야 한다. 다음 코드는 인라인을 사용할 수 없는 시나리오의 예이다.

```
var valueIsMaxedOut: Boolean = true
    get() = field
    set(value) {
        field = value
        println("Value set!")
    }
```

또 다른 명심해야 할 점은 inline 속성은 호출 위치에 삽입되어 호출 오버헤드를 줄이지만 전체 바이트 코드도 증가하므로 코드 사이즈가 큰 함수나 접근자와 함께 사용해서는 안된다.

## 어떻게 동작하나

기본적으로 메모리 오버헤드를 줄이려면 inline을 사용한다. inline 함수처럼 속성과 접근자도 inline으로 선언할 수 있다.

# 중첩클래스

이번 절에서는 코틀린에서 중첩 클래스를 어떻게 사용하는지 알아볼 것이다. 중첩 클래스는 자신을 둘러싸는 클래스의 멤버로서 존재하는 클래스이다.

## 준비

선호하는 개발 환경을 준비한다. 코틀린 코드를 작성하고 실행할 수 있다면 어느 것을 사용해도 좋다. 코틀린 컴파일러와 함께 커맨드라인에서 작업해도 된다.

https://try.kotlinlang.org/에서 온라인 통합개발 환경을 이용할 수 있으며 이 절의 코틀린 코드를 실행해볼 수 있다. 또한 인텔리제이를 사용할 수도 있다.

## 실행

다음 단계에서 중첩된 클래스를 어떻게 사용하는지 살펴보자.

① 중첩된 클래스가 사용된 예제를 실행해보자.

```kotlin
fun main(args: Array<String>) {
    var a1 = outCl()
    a1.printAB()
    outCl.inCl().printB()
}


class outCl {
    var a = 6
    fun printAB () {
        var b_ = inCl().b
        println ("a = $a and b = $b_ from inside outCl")
    }

    class inCl {
        var b = "9"
        fun printB() {
            println ("b = $b from inside inCl")
        }
    }
}
```

출력 결과는 다음과 같다.

```
a = 6 and b = 9 from inside outCl
b = 9 from inside inCl
```

② 이제 내부 클래스 예제를 살펴보자. 중첩된 클래스를 내부 클래스로 선언하려면 inner 키워드를 사용한다. 내부 클래스는 외부 클래스에 대한 참조를 전달하므로 외부 클래스의 멤버에 액세스할 수 있다.

```kotlin
fun main(args: Array<String>) {
    var a = outCl()
    a.printAB()
    a.inCl().printAB()
}


class outCl {
    var a = 6
    fun printAB () {
        var b_ = inCl().b
        println ("a = $a and b = $b_ from inside outCl")
    }
    inner class inCl {
        var b = "9"
        fun printAB() {
            println ("a = $a and b = $b from inside inCl")
        }
    }
}
```

출력 결과는 다음과 같다.

```
a = 6 and b = 9 from inside outCl
a = 6 and b = 9 from inside inCl
```

## 어떻게 동작하나

중첩 클래스는 다른 클래스 안에 중첩 클래스를 선언하는 것만으로 만들 수 있다. 이 경우 중첩 클래스에 액세스하려면 outerClass.innerClass()와 같은 정적 참조를 만들고 이를 사용하여 내부 클래스의 객체를 만들 수도 있다.

반면에 내부 클래스는 inner 키워드를 중첩 클래스에 추가하여 만든다. 이 경우 내부 클래스는 멤버이거나 외부 클래스인 것처럼 접근한다. 다음과 같이 외부 클래스의 객체를 사용한다.

```
var outerClassObject = outerClass()
outerClassObject.innerClass().memberVar
```

중첩된 클래스는 외부 클래스의 객체에 대한 참조를 가지지 않으므로 외부 클래스의 멤버에 액세스할 수 없다. 반면에, 내부 클래스는 외부 클래스의 객체에 대한 참조를 가지므로 모든 외부 클래스의 멤버에 액세스할 수 있다.

## 자세히 보기

다음과 같이 object 키워드를 사용하여 익명 내부 클래스를 만들수도 있다.

```
val customTextTemplateListener = object: ValueEventListener {
    override fun onCancelled(p0: DatabaseError?) {
    }
    override fun onDataChange(dataSnapshot: DataSnapshot?) {
    }
}
```

# 클래스 참조 얻기

이번 절에서는 코틀린에서 클래스 참조를 얻을 수 있는 방법을 살펴보자. 우리는 주로 리플렉션을 사용할 것이다. 리플렉션은 런타임에 코드를 검사할 수 있게 해주는 라이브러리이다. 자바에서는 something.getClass()와 같이 getClass()를 통해 변수의 클래스를 가져올 수 있다. 코틀린에서는 변수의 클래스를 어떻게 가져오는지 살펴보자.

## 실행

1 자바에서 클래스명을 확인할때는 .getClass() 메소드를 사용한다. 예를 들어 something. getClass()와 같이 쓸 수 있다. 코틀린에서는 something.javaClass를 통해 클래스 이름을 확인할 수 있다.

② 리플렉션 클래스에 대한 참조를 얻을 때 자바에서는 something.class와 같이 사용하였다. 코틀린에서는 something::class를 사용할 수 있다. something::class는 KClass를 반환한다. KClass의 특별한 기능은 자바의 리플랙션 클래스에 제공된 기능과 매우 유사한 내부 검사기능을 제공한다. KClass는 자바의 Class 객체와 다르다. 코틀린의 KClass에서 자바 클래스 객체를 얻으려면 .java 확장 속성을 사용해야 한다.

```
val somethingKClass: KClass<Something> = Something::class
val a: Class<Something> = somethingKClass.java
val b: Class<Something> = Something::class.java
```

③ 뒤의 예제는 중간 KClass 인스턴스를 할당하지 않기 위해 컴파일러에 의해 최적화된다.

Kotlin 1.0을 사용하는 경우 .kotlin 확장 속성(예 : something.javaClass.kotlin)을 호출하여 획득한 자바클래스를 KClass 인스턴스로 변환할 수 있다.

## 자세히 보기

위에서 설명한 바와 같이 KClass는 개발자에게 클래스의 속성을 확인할 수 있는 기능을 제공한다. 다음은 KClass의 몇가지 메소드들이다.

- isAbstract : 이 클래스가 추상 클래스인 경우 true
- isCompanion : 이 클래스가 컴패니언 오브젝트인 경우 true
- isData : 이 클래스가 데이터 클래스인 경우 true
- isFinal : 이 클래스가 final인 경우 true
- isInner : 이 클래스가 내부 클래스인 경우는 true
- isOpen : 이 클래스가 열려 있으면 true

KClass에서 제공하는 전체 기능 목록은 다음 링크에서 확인할 수 있다.

- https://kotlinlang.org/api/latest/jvm/stdlib/kotlin.reflect/-k-class/

## 위임 속성 사용

Kotlin 1.1에는 많은 업데이트가 있었는데 그중에서 중요한 것 중 하나가 위임 속성이다.

위임 속성에는 세 가지 유형이 있다.

- lazy : lazy 속성은 처음에만 계산되고 그 이후에는 동일한 인스턴스가 반환된다. 캐시랑 비슷하다고 볼 수 있다.
- observable : 변화가 있을때만 리스너에게 통지한다.
- map : field 대신, 속성은 맵에 저장된다.

이번 절에서는 위에서 소개한 위임 속성들에 대해 알아보자.

## 준비

안드로이드 코드를 작성할 것이므로 안드로이드 스튜디오3를 준비한다.

## 실행

위임 속성에 대한 간단한 예제를 살펴보자.

① 먼저, lazy 위임 속성을 사용해보자. 간단히 말해 이 속성은 우리가 처음으로 이 객체에 접근하기 전까지 객체를 생성하지 않고 대기할 수 있도록 하는 속성이다. 예를 들어, 데이터베이스 인스턴스를 만들 때와 같이 시간이 많이 걸리는 큰 사이즈의 객체를 이용하여 작업할 때 유용하다. 또한, lazy 위임 속성이 적용된 값은 처음 호출시 계산되고, 그 값을 저장하고 있다가 getValue()를 통한 후속 요청이 있을 때 동일한 값을 제공해준다. 예제 코드를 살펴보자.

```
override fun onCreate(savedInstanceState: Bundle?) {
    super.onCreate(savedInstanceState)
    val button by lazy {findViewById<Button>(R.id.submit_button)}
    setContentView(R.layout.activity_main)
    button.text="Submit"
}
```

② 앞의 코드는 activity의 표준 onCreate 메소드다. 주의깊게 살펴보면 setContentView (..) 메소드 앞에 button 변수를 선언했다는 것을 알수 있다. 이 코드는 문제 없이 실행된다. 만약 lazy를 사용하지 않았다면 다음과 같이 NullPointerException이 발생했을 것이다.

```
Caused by: java.lang.NullPointerException: Attempt to invoke virtual method 'void
android.widget.Button.setText(java.lang.CharSequence)' on a null object reference
```

③ setContentView() 호출 이전에 button에 뷰 객체를 할당하려 했으므로 button 객체는

null 이어야 할 것이다. 하지만 lazy 키워드로 할당된 버튼은 즉각적으로 뷰 객체에 접근하지 않으므로 문제가 되지 않는다. button 에 뷰 객체를 할당하는 일은 button 변수에 처음으로 접근(button.text = "Submit")할 때에 일어난다.

④ 따라서 lazy 생성자를 사용하면, 초기화를 위해 코드를 배치할 위치를 고민할 필요가 없고, 객체 초기화는 처음 사용할 때까지 지연된다.

또 하나 중요한 것은 기본적으로는 lazy 위임 속성을 가진 변수의 값이 동기화 된다는 것이다. 즉, 여러 스레드에서 동일 변수에 접근할 경우 처음 한 번만 초기화가 일어나고 이후부터는 동일한 값을 사용하게 된다. 초기화 모드에는 다음의 세 가지 유형이 있다.

- LazyThreadSafetyMode.SYNCHRONIZED : 기본 모드이며 오직 단일스레드만 인스턴스를 초기화할 수 있다.
- LazyThreadSafetyMode.PUBLICATION : 이 모드에서는 여러 스레드가 초기화를 실행할 수 있다.
- LazyThreadSafetyMode.NONE : 이 모드는 초기화가 오직 하나의 스레드에서만 실행된다고 확실할 때 사용할 수 있다. 예를 들어 Android의 경우 UI 스레드에서만 뷰가 초기화될 것이라는 것을 확신할 수 있다. 이 모드에서는 스레드 안전성을 보장하지 않기 때문에 오버헤드가 훨씬 적다.

또 다른 유용한 위임 속성으로는 observable 위임 속성이 있다. 이 위임 속성을 통해 속성의 어떠한 변화도 관찰할 수 있다. 다음의 간단한 observable 위임 속성의 구현을 살펴보자.

```
fun main(args: Array<String>) {
    val paris=Travel()
    paris.placeName="Paris"
    paris.placeName="Italy"
}

class Travel {
    var placeName:String by Delegates.observable("<>"){
        property, oldValue, newValue ->
        println("oldValue = $oldValue, newValue = $newValue")
    }
}
```

출력 결과는 다음과 같다.

```
oldValue = <>, newValue = Paris
oldValue = Paris, newValue = Italy
```

보이는 것처럼, observable 위임 속성은 기본값(◇으로 지정한 값)과 해당 속성이 수정될 때마다 호출되는 핸들러라는 두 가지 항목을 얻는다.

vetoable 위임 속성은 observable 위임 속성과 비슷하지만, 수정을 거부할 수 있다는 점이 다르다. 예제를 살펴보자.

```
fun main(args: Array<String>) {
    val paris=Travel()
    paris.placeName="Paris"
    paris.placeName="Italy"
    println(paris.placeName)
}

class Travel {
    var placeName:String by Delegates.vetoable("<>"){
        property, oldValue, newValue ->
        if(!newValue.equals("Paris")){
            return@vetoable false
        }
        true
    }
}
```

출력 결과는 다음과 같다.

```
Paris
```

앞의 예에서 볼 수 있듯이 newValue가 "Paris"와 같지 않으면 false를 반환하고 수정이 중단된다. 수정을 원한다면, 생성자에서 true를 반환해야 한다.

때때로 우리는 JSON을 구문 분석하는 경우와 같이 동적인 값을 기반으로 객체를 만든다. 이러한 응용 프로그램의 경우, 맵을 위임 속성 자체로서 사용할 수 있다. 다음 예제를 보자.

```
fun main(args: Array<String>) {
    val paris=Travel(mapOf(
        "placeName" to "Paris"
    ))
    println(paris.placeName)
}

class Travel(val map:Map<String,Any?>) {
    val placeName: String by map
}
```

출력 결과는 다음과 같다.

```
Paris
```

var 속성을 사용하려면 MutableMap을 사용해야 한다. 앞의 예제는 다음과 같이 바뀔 것이다.

```
fun main(args: Array<String>) {
    val paris=Travel(mutableMapOf(
        "placeName" to "Paris"
    ))
    println(paris.placeName)
}

class Travel(val map:MutableMap<String,Any?>) {
    var placeName: String by map
}
```

물론 출력 결과는 같다.

## 자세히 보기

observable 위임 속성은 어댑터에서 광범위하게 사용될 수 있다. 어댑터는 일종의 목록으로 데이터를 채우는 데 사용된다. 일반적으로 데이터가 업데이트되면 어댑터의 멤버변수 리스트를 업데이트한 다음 notifyDatasetChanged()를 호출한다. Observable 및 DiffUtils를 사용하여 모든 것을 변경하는 대신 실제로 변경된 사항만 업데이트할 수 있다. 이러한 속성을 사용하여 더 효율적인 성능을 얻을 수 있다.

## 열거형 사용

변수가 몇가지의 가능한 값 중에서 하나의 값만 가질 때, 주로 열거형이 사용된다. 상수타입의 조합이 열거형의 좋은 예다(Direction: NORTH, SOUTH, EAST, and WEST).

열거형을 사용하면 유효하지 않은 상수를 전달함으로써 발생하는 에러를 피할 수 있고 어떤 값들을 사용할 수 있는지 명시할 수 있다.

이번 절에서는 코틀린에서 열거형을 어떻게 사용하는지 알아보자

## 준비

선호하는 개발 환경을 준비한다. 코틀린 코드를 작성하고 실행할 수 있다면 어느 것을 사용해도 좋다. 코틀린 컴파일러와 함께 커맨드라인에서 작업해도 된다.

우선 간단히 네 방향을 나타내는 NORTH, SOUTH, EAST 그리고 WEST를 멤버로 가지는 type-safe한 열거형 Direction을 만들 것이다.

## 실행

다음 열거형 클래스 예제를 보자.

① 이번 예제에서는 방향에 관련된 열거형을 만들 것이다.

방향은 4가지만 있다고 가정한다.

```
enum class Direction {
    NORTH,SOUTH,EAST,WEST
}

fun main(args: Array<String>) {
    var north_direction=Direction.NORTH
    if(north_direction==Direction.NORTH){
        println("Going North")
    }else{
        println("No idea where you're going!")
    }
}
```

출력 결과 :

```
Going North
```

② 보는 바와 같이 north_direction 변수는 미리 정의된 열거형 클래스의 상수값들만 가질 수 있다.

③ 또한 열거형은 기본값을 가지도록 초기화할 수 있다.

```kotlin
enum class Direction(var value:Int) {
    NORTH(1),SOUTH(2),EAST(3),WEST(4)
}
fun main(args: Array<String>) {
    var north_direction=1
    if(north_direction==Direction.NORTH.value){
        println("Going North")
    }else{
        println("No idea where you're going!")
    }
}
```

출력 결과 :

```
Going North
```

## 자세히 보기

안드로이드 프로젝트에서는 열거형을 사용하지 않기를 강력히 권고한다. 구글 개발자들에 따르면 하나의 열거형을 추가하는 것은 마지막 DEX 파일의 사이즈를 대략적으로 13배로 증가시킨다. 또한 열거형은 실행시에 과부하 문제를 야기하고 앱은 더 많은 공간을 필요로 할 것이다.

안드로이드 문서에서는 다음과 같이 말한다.

"열거형은 정적불변요소로 종종 2배이상의 메모리를 요구한다. 안드로이드에서는 엄격하게 열거형의 사용을 피해야 한다."

하지만 열거형이 편하다면 안드로이드 어노테이션 라이브러리를 사용할 수 있다. 이 라이브러리는 TypeDef 어노테이션들을 가지고 있지만, 슬프게도 이 책이 쓰여지고 있는 시점에는 코틀린에서 지원하지는 않는다. 다음 코틀린 버전에서는 추가되기를 소망해본다.

# chapter 4

# 함수

이 장에서는 다음과 같은 것들을 다룬다.

- 함수에서 기본값 지정
- 함수에서 명명된 인자 사용
- Kotlin에서 RecyclerView 어댑터 만들기
- Kotlin에서 getter setter 만들기
- 변수인수를 함수에 전달
- 함수를 매개변수로 전달
- 정적 함수 선언
- Kotlin에서 use 키워드 사용
- Kotlin의 클로저 작업
- 리시버가 있는 함수 리터럴
- 익명함수로 작업하기

## 소개

함수는 모든 코드의 기본 요소이다. 함수를 통해 프로그램을 모듈화하고 좀 더 안전하며 이해하기 쉽게 만들 수 있다. 함수는 추상화 및 캡슐화(중요한 두 가지 설계 원칙)에서 중요한 역할을 하므로 객체지향 프로그래밍에서 그 역할이 중요하다. 코틀린은 함수를 사용하는 방식에 많은 업데이트를 제공한다. 연쇄(chaining)와 람다(lambdas)를 통해 함수형 프로그래밍을 보다 쉽게 만들 수 있다. 이 장에서는 함수를 다루는 데 도움이 될 방법들을 학습한다. 그럼 시작해보자!

## 함수에서 기본값 지정

Java를 경험한 사람이라면, 메소드에 기본값을 지정할 수 없다는 것을 기억할 것이다. 우리가 자바에서 아래의 예제와 같은 것을 할 수 없다는 것을 의미한다.

```
public void foo(int a, int b=10){
}
```

메소드 오버로딩을 통해 2개의 메소드를 작성해보자.

```
public void foo(int a){
}
public void foo(int a, int b){
}
```

또한 다음과 같이 3개의 매개변수가 있는 함수가 있다고 가정 해보자.

```
public void foo (int a,double b, String c){
}
```

위 함수는 7가지 형태로 오버로딩할 수 있다.

```
public void foo (int a,double b, String c),
public void foo (int a,double b) ,
public void foo (double b, String c),
public void foo (int a, String c),
public void foo (int a),
```

```
public void foo (double b),
public void foo (String c)
```

코틀린은 위와 같은 엄청난 양의 메소드 오버로딩을 방지할 수 있는 메소드의 기본값을 제공한다. 어떤 사람들은 "이봐, 왜 우리는 메소드 오버로딩 대신에 빌더 패턴을 사용하지 않을까?"라고 말할 수도 있는데, 물론 그 사람의 말도 맞지만 코틀린을 사용한다면 그보다 더 쉬운 방법이 있다. 다음에서 살펴보자.

## 준비

선호하는 개발 환경을 준비한다. 코틀린 코드를 작성하고 실행할 수 있다면 어느 것을 사용해도 좋다. 코틀린 컴파일러와 함께 커맨드라인에서 작업해도 된다.

## 실행

코틀린에서 함수의 매개변수는 기본값을 가질 수 있으며 해당 인수가 생략될 때 사용된다. 이것은 차례로 오버로드의 수를 줄인다. 3개의 매개변수가 있는 앞의 예제는 훨씬 적은 코드로 코틀린에서 쉽게 해결할 수 있다.

① 다음 코드를 작성하고 실행하여 결과를 확인해보자.

```
fun main(args: Array<String>) {
    foo()
    foo(1)
    foo(1,0.1)
    foo(1,0.1,"custom string")
}

fun foo(a:Int=0, b: Double =0.0, c:String="some default value"){
    println("a=$a , b=$b ,c = $c")
}
```

앞의 코드를 실행하면 다음과 같은 결과를 볼 수 있다.

출력 결과 :

```
a=0 , b=0.0 ,c = some default value
a=1 , b=0.0 ,c = some default value
a=1 , b=0.1 ,c = some default value
a=1 , b=0.1 ,c = custom string
```

② 보다시피 네 가지 메소드를 모두 구현할 필요가 없었고, 손쉽게 인수를 매핑할 수 있었다. 기본 매개변수는 명시적 매개변수를 제공하여 메소드를 호출하지 않을 때 사용되므로, 매개변수를 전달하지 않으면 기본 매개변수가 사용된다. 명명된 인수의 도움으로 메소드의 수를 더 줄일 수 있지만 다음 절에서 이를 다룰 것이다.

③ 한 가지 주의할 점은 기본 인수가 생성자에서도 작동한다는 것이다. 그래서 다음과 같은 클래스 선언을 가질 수 있다.

```
data class Event(var eventName: String? = "", var eventSchedule:
Date? = Date(), var isPrivate: Boolean = false)
```

 데이터 클래스에 대한 자세한 내용은 11 장, 데이터 클래스 생성 방법에서 자세히 다룬다.

④ 따라서 다음에서 보이는 것처럼 객체를 선언할 수 있다.

```
Event("Celebration")
Event("Ceberation",Date())
Event("Ceberation",Date(),true)
```

위에서 볼 수 있듯이, 코틀린에서는 생성자의 인자가 기본값을 가질 수 있기 때문에 자바에서 했던 것처럼 여러 생성자를 구현할 필요가 없다.

기억해야할 점이 있다. Java로 객체를 생성하는 경우에는 다음 작업을 수행할 수 없다.

즉, 다음 코드에 표시된 것과 같은 작업을 수행하면 Java에 의해 허용되지 않는다.

```
new Event("Celebration")
new Event("Celebration",Date())
new Event("Celebration",Date(),true)
```

⑤ Java 호출자에게 여러개의 오버로딩된 함수를 노출하려면, 즉, 생성자에 @JvmOverloads 어노테이션을 추가하고 기본값을 사용하려면, 앞의 클래스 선언이 다음과 같이 변경되어야 한다.

```
data class Event @JvmOverloads constructor (var eventName: String?= "",
var date: Date? = Date(), var isPrivate: Boolean = false)
```

⑥ 메소드는 다음과 같이 변경될 것이다.

```
@JvmOverloads fun foo(a:Int=0, b: Double =0.0, c:String="some
default value"){
    println("a=$a , b=$b ,c = $c")
}
```

이렇게 @JvmOverloads 어노테이션을 붙여주는 것만으로 자바 코드에서 호출될지라도 우리의 생성자나 함수가 기본 값을 가지도록 만들 수 있다.

## 자세히 보기

코드가 코틀린에서만 작동하도록 하려면 @JvmOverloads 어노테이션이 필요하지 않다. 왜냐하면, 코틀린이 생성자와 함수에서 기본값 사용을 가능하게 하는 고유한 규칙을 가지고 있기 때문이다. @JvmOverloads 어노테이션을 추가하면 필요한 모든 오버로드가 생성된다. 따라서 Kotlin 바이트 코드를 디컴파일하면 생성자와 함수의 오버로드된 모든 코드를 볼 수 있다.

## 함수에서 명명된 인수 사용

이 주제는 앞서 다뤘던 '함수에서 기본값 지정' 주제의 확장으로 생각할 수 있다. 함수의 기본 매개변수와 명명된 인수를 함께 사용하면 메소드 오버로드의 수를 엄청나게 줄일 수 있다. 이미 이전 주제로 함수에서 기본 매개변수를 사용하는 방법을 살펴 보았으니 이제 명명된 매개변수를 사용하는 방법을 살펴보자.

## 준비

선호하는 개발 환경을 준비한다. 코틀린 코드를 작성하고 실행할 수 있다면 어느 것을 사용해도 좋다. 코틀린 컴파일러와 함께 커맨드라인에서 작업해도 된다.

## 실행

오버로드 횟수를 줄이고 코드의 가독성을 높이기 위한 또 다른 단계는 명명된 매개변수를 사용하는 것이다. 다음 코드를 살펴보자.

① 이전 주제와 같은 foo 함수를 사용하여 명명된 매개변수를 사용하는 방법을 알아보자.

```kotlin
fun main(args: Array<String>) {
    foo(b=0.9)
    foo(a=1,c="Custom string")
}

fun foo(a:Int=0, b: Double =0.0, c:String="some default value"){
    println("a=$a , b=$b ,c = $c")
}
```

② 앞의 코드를 실행하면 다음과 같은 결과를 볼 수 있다.

출력 결과 :

```
a=0 , b=0.9 ,c = some default value
a=1 , b=0.0 ,c = Custom string
```

③ 명명된 매개변수는 오버로드를 방지하고 코드의 가독성을 좋게 만든다. 또한 모든 매개변수를 전달할 필요도 없게 된다.

만약 a와 c라는 2개의 매개변수를 가지고 있다면 다음과 같이 foo 함수를 호출할 수 있다.

```kotlin
foo(1, 0.0, "Custom string")
```

④ a와 c 사이의 공간을 채우기 위해선 기본값을 추가해야 하지만, 명명된 인수를 사용한다면 중간에 기본 인수를 전달할 필요없이 foo(a = 1, c = "Custom String")과 같이 호출할 수 있다.

⑤ 주의해야 할 핵심사항 중 하나는 위치와 이름이 지정된 인수가 있는 함수를 호출할 때 첫 번째 명명된 인수 앞에 위치 인수를 배치해야 한다는 것이다.

예를 들어 foo(1, b = 0.1) 호출은 허용되지만 foo(a = 1, 0.1) 호출은 허용되지 않는다.

기본 매개변수와 명명된 매개변수를 사용하면 최소 필요한 오버로드 수가 줄어 들어 코드의 양이 줄어들고 코드의 가독성이 향상된다.

# Kotlin에서 RecyclerView 어댑터 만들기

RecyclerView는 Android 개발에서 가장 널리 사용되는 요소 중 하나다. 이것은 기본적으로 어댑터를 사용하여 목록에 데이터를 표시하는 데 사용된다. 이번 절에서는 RecyclerView를 훨씬 더 효율적으로 만들기 위해 Kotlin의 장점들을 활용하는 방법을 배워보자. 이 절에서는 DiffUtils 또한 사용할 것이다. 공식 문서에 따르면 이것은 24.02 버전부터 사용가능하다.

DiffUtil은 두 리스트의 차이를 비교해 첫번째 리스트를 두 번째 리스트로 변환하는 작업을 도와주는 유틸리티 클래스이다.

어댑터의 notifyDatasetChanged는 많은 리소스를 필요로하는 기능이다. DiffUtils는 notifyDatasetChanged와는 달리 전체 리스트를 업데이트하지 않고 변경된 부분만 업데이트한다.

## 준비

Android Studio에서 새로운 Android 프로젝트를 만든다. https://gitlab.com/aanandshekharroy/kotlin-cookbook 레파지토리를 복제하고 1-recycler-view-in-kotlin 브랜치를 체크아웃 받는다.

이 앱에서는 구글에서 출시한 다양한 Android 디저트의 간단한 목록을 만들 것이다.

보이는 것처럼 떠다니는 분홍색 버튼이 있는데 그것을 클릭하면 목록의 순서가 업데이트된다.

이제 notifyDatasetChanged 메소드 대신 DiffUtils을 사용하여 목록(RecyclerView)을 업데이트하는 방법을 알아볼 것이다.

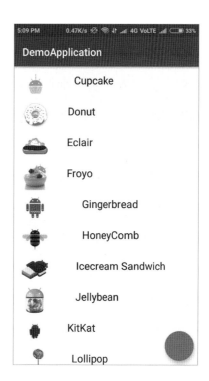

## 실행

앞서 이야기한 앱을 만들기 위해 다음 단계들을 따라해보자.

① 먼저 안드로이드 디저트 리스트를 만들기 위해 이미지와 디저트 이름을 가지는 데이터 클래스를 만들자.

```
data class AndroidFlavours (var name:String, val image:Int)
```

이미지는 Drawable의 ID를 사용하기 때문에 이미지 변수 유형을 Int로 정의했다. 필요한 모든 이미지는 drawable 폴더에 넣어둔다.

② 다음으로 안드로이드 디저트 리스트를 만든다.

```
val flavorList= listOf<AndroidFlavours>(
        AndroidFlavours("Cupcake",R.drawable.cupcake),
        AndroidFlavours("Donut",R.drawable.donut),
        AndroidFlavours("Eclair",R.drawable.eclair),
        AndroidFlavours("Froyo",R.drawable.froyo),
        AndroidFlavours("Gingerbread",R.drawable.gingerbread),
        AndroidFlavours("HoneyComb",R.drawable.honeycomb),
        AndroidFlavours("Icecream Sandwich",R.drawable.icecream),
        AndroidFlavours("Jellybean",R.drawable.jellybean),
        AndroidFlavours("KitKat",R.drawable.kitkat),
        AndroidFlavours("Lollipop",R.drawable.lollipop)
)
```

③ 이제 AndroidFlavourAdapter 어댑터를 만들어보자.

```
class AndroidFlavourAdapter:RecyclerView.Adapter<AndroidFlavourAdapter.FlavourViewHolder>() {
    var flavourItems:List<AndroidFlavours> by
    Delegates.observable(emptyList()){
        property, oldValue, newValue ->
        notifyChanges(oldValue,newValue)
    }
    override fun onCreateViewHolder(parent: ViewGroup, viewType:
    Int): FlavourViewHolder {
        return
        FlavourViewHolder(parent.inflate(R.layout.flavour_item))
    }
```

```
        override fun getItemCount(): Int =flavourItems.size
        override fun onBindViewHolder(holder: FlavourViewHolder, position: Int)
        {
            holder.name.text=flavourItems.get(holder.adapterPosition).name
            holder.image.loadImage(flavourItems.get(holder.adapterPosition).image)
        }
        inner class FlavourViewHolder(var view:
            View):RecyclerView.ViewHolder(view){
            var name:TextView = view.findViewById(R.id.textView)
            var image:ImageView = view.findViewById(R.id.imageView)
        }
}
```

앞의 코드는 두가지를 제외하고는 RecyclerView의 일반적인 구현의 표준과 같다.

이 중 하나는 loadImage 함수인데 이 함수는 네이티브 함수가 아닌 확장 함수이고, 구현은 다음과 같다.

```
fun ImageView.loadImage(image: Int) {
    Glide.with(context).load(image).into(this)
}
```

④ 또 다른 한가지는 우리가 어댑터에서 AndroidFlavours의 목록을 정의했다는 것이다. 어댑터의 flavoursList는 observable 속성을 가졌다. 즉, 리스너는 flavoursList의 변경에 대한 알림을 받을 것이다. 따라서 다음과 같이 flavourItems를 작성하자.

```
var flavourItems:List<AndroidFlavours> by
Delegates.observable(emptyList()){
    property, oldValue, newValue ->
    notifyChanges(oldValue,newValue)
}
```

⑤ 이제 flavourItems 변수에 값을 할당하려고 할 때마다 {..} 블록의 코드가 실행되며, 이 블록에는 필요할 때에만 값을 변경하기 위한 이전 값과 새 값이 인자로 들어온다. 이 경우 이 블록 안에서 새로 만든 notifyChanges 메소드를 가지고 이 작업을 수행할 것이다.

```
private fun notifyChanges(oldValue: List<AndroidFlavours>,
                          newValue: List<AndroidFlavours>) {
    val diff = DiffUtil.calculateDiff(object : DiffUtil.Callback()
```

```
{
    override fun getChangePayload(oldItemPosition: Int,
    newItemPosition: Int): Any? {
        val oldFlavor=oldValue.get(oldItemPosition)
        val newFlavor=newValue.get(newItemPosition)
        val bundle=Bundle()
        if(!oldFlavor.name.equals(newFlavor.name)){
            bundle.putString("name",newFlavor.name)
        }
        if(!oldFlavor.image.equals(newFlavor.image)){
            bundle.putInt("image",newFlavor.image)
        }
        if(bundle.size()==0) return null
        return bundle
    }
    override fun areItemsTheSame(oldItemPosition: Int,
    newItemPosition: Int): Boolean {
        return
        oldValue.get(oldItemPosition)==newValue.get(newItemPosition)
    }
    override fun areContentsTheSame(oldItemPosition: Int,
    newItemPosition: Int): Boolean {
        return
        oldValue.get(oldItemPosition).name.equals(newValue.get(newItemPosit
        ion).name)&&oldValue.get(oldItemPosition).image.equals(newValue.get
        (newItemPosition).image)
    }
    override fun getOldListSize() = oldValue.size
    override fun getNewListSize() = newValue.size
})
    diff.dispatchUpdatesTo(this)
}
```

6 이제 어댑터를 설정해보자.

```
mAdapter = AndroidFlavourAdapter()
flavour_list.layoutManager = LinearLayoutManager(this)
flavour_list.adapter = mAdapter
mAdapter.flavourItems = flavorList
shuffle.setOnClickListener {
    mAdapter.flavourItems = flavorList.shuffle()
}
```

**[7]** 셔플 기능은 AndroidFlavours 리스트의 순서를 무작위로 지정한다. .shuffle() 함수는 코틀린이나 자바가 제공하는 네이티브 함수가 아니라 확장 함수이다.

```
fun <E> List<E>.shuffle(): MutableList<E> {
    val list = this.toMutableList()
    Collections.shuffle(list)
    return list
}
```

## 어떻게 동작하나

DiffUtils을 살펴보자. DiffUtils에는 두 개의 배열/리스트가 필요하며 그 중 하나는 이전 리스트여야 하고, 다른 하나는 새 리스트여야 한다.

DiffUtils에는 다섯가지 주요 기능이 있다.

- getNewListSize( ) : 새로운 리스트의 사이즈를 반환한다.
- getOldListSize() : 이전 리스트의 사이즈를 반환한다.
- areItemsTheSame() : 이 메소드는 두 개체가 같은 항목을 나타내는지 확인하는 데 사용된다.
- areContentsTheSame( ) : 이 메소드는 두 개체가 동일한 데이터를 포함하는지를 확인하는 데 사용된다. 예제의 구현에서 두 객체가 모두 같은 이름과 이미지를 갖는다면 true를 반환한다.
- getChangePayload() : areItemsTheSame( )이 true를 반환하고 areContentsTheSame()이 false를 반환하면 DiffUtils은 메소드를 호출하여 payload의 변경 사항을 가져온다.

앞의 메소드 구현에서 payload에 이름과 이미지의 변경 사항을 추가한다.

```
override fun getChangePayload(oldItemPosition: Int, newItemPosition: Int): Any? {
    val oldFlavor=oldValue.get(oldItemPosition)
    val newFlavor=newValue.get(newItemPosition)
    val bundle=Bundle()
    if(!oldFlavor.name.equals(newFlavor.name)){
        bundle.putString("name",newFlavor.name)
    }
    if(!oldFlavor.image.equals(newFlavor.image)){
        bundle.putInt("image",newFlavor.image)
    }
    if(bundle.size()==0) return null
    return bundle
}
```

마지막으로 Diff 계산 후에 DiffUtils 객체가 변경 내용을 Adapter에 전달하기 위해 dispatchUpdatesTo 메소드를 호출한다.

```
diff.dispatchUpdatesTo(this)
```

payload의 데이터 변경 사항을 업데이트하기 위해선 onBindViewHolder를 오버라이드해야 한다.

```
override fun onBindViewHolder(holder: FlavourViewHolder, position:
Int, payloads: MutableList<Any>?) {
    if (payloads != null) {
        if (payloads.isEmpty())
            return onBindViewHolder(holder,position)
        else {
            val o = payloads.get(0) as Bundle
            for (key in o.keySet()) {
                if (key == "name") {
                    holder.name.text=o.getString("name")
                } else if (key == "image") {
                    holder.image.loadImage(o.getInt("image"))
                }
            }
        }
    }
}
```

payload의 변경 사항은 어댑터의 notifyItemRangeChanged 메소드를 사용하여 전달된다.

## 자세히 보기

DiffUtils는 리스트의 사이즈가 너무 큰 경우 두 리스트간의 diff를 처리하는 데 약간의 시간이 걸릴 수 있으므로, 백그라운드 스레드에서 계산해야 한다.

# Kotlin에서 getter setter 만들기

Java를 써왔다면 아마도 getter-setter가 무엇인지 알 것이다. Java에는 필드가 있으며 getter-setter는 멤버 변수에 접근(getter) 및 수정(setter)하는 데 사용되는 메소드다. 이 메소드들은 캡

숨화의 핵심 요소 중 하나이다(설계 원칙 중 하나).

코틀린에는 필드가 없지만 속성이 있다. 속성은 getter 및 setter의 사용자 지정 구현을 가질 수 있다. 이번 절에서는 커스텀 getter와 mutator들을 어떻게 구현하는지 볼 수 있다.

## 준비

선호하는 개발 환경을 준비한다. 코틀린 코드를 작성하고 실행할 수 있다면 어느 것을 사용해도 좋다. 코틀린 컴파일러와 함께 커맨드라인에서 작업해도 된다.

https://try.kotlinlang.org/에서 온라인 통합개발 환경을 이용할 수 있으며 이 절의 코틀린 코드를 실행해볼 수 있다.

## 실행

코틀린에서 사용자 정의 getter-setter를 사용하는 방법을 이해하기 위해 다음의 단계들을 따라 해보자.

1️⃣ 코틀린 속성의 문법은 다음에서 보는 것과 같다.

```
var <propertyName>[: <PropertyType>] [= <property_initializer>]
[<getter>] [<setter>]
```

따라서 val a=1처럼 코드를 작성한다면 기본 getter와 setter를 가지게 된다.

2️⃣ 이제 사용자 정의 getter를 만드는 방법을 살펴보자. 다른 속성에 의존하고 있는 하나의 속성을 가지고 있다고 가정하자.

```
fun main(args: Array<String>) {
    val sample=Sample()
    println(sample.isListBig)
}

class Sample{
    val array= mutableListOf<Int>(1,2,3)
    val isListBig:Boolean
    get()=array.size>2
}
```

결과 출력 :

③ 보는 것처럼, 속성의 get 메소드를 이용하여 getter를 수정할 수 있다. 만약 getter로부터 속성의 타입을 유추할 수 있다면 다음과 같은 것도 할 수 있다.

```
val isListBig get()=array.size>2
```

결과는 당연히 같을 것이다.

이제 접근자에 대해 살펴보자.

① 자바에서 다음과 같은 코딩을 하였다.

```
public setIsListBig(boolean isListBig){
    this.isListBig=isListBig
}
```

② 코틀린에서 이것을 풀어낸다면 다음과 같을 것이다.

③ 보시다시피 IDE에서 재귀 호출임을 알리는 경고 메시지가 표시된다. 우리가 .isListBig를 사용하여 값을 설정하려고 할 때 이미 setter 내부에서 setter를 사용하고 있으므로 재귀적인 호출이 된다.

④ 이런 재귀호출을 피하고 setter를 구현하려면 field 키워드가 필요하다. 앞선 구현은 다음과 같이 수정할 수 있다.

```
var isListBig :Boolean = false
set(value) {
    field= array.size>2
}
```

⑤ 속성을 선언할 때 isListBig을 초기화하면 setter를 호출하지 않고 값이 backing field에 저장된다. field 키워드는 backing field에 접근하는 데 사용되며, 접근자 중 하나 이상의 기본 구현을 사용하거나 사용자 정의 접근자가 fiield 식별자를 통해 이를 참조하는 경우 생성된다.

⑥ setter의 접근을 제한하려면 다음과 같이 작성하면 된다.

```
var isListBig :Boolean = false
private set(value) {
    field= array.size>2
}
```

⑦ 또한 의존성 주입을 사용한다고 가정하면, 다음과 같이 사용할 수 있다.

```
var mPresenter:MainActivityMvpPresenter?=null
@Inject set
```

⑧ set과 비슷하게 get을 사용자 정의로 구현할 수도 있다. 예제를 보자.

```
class SameClass {
    var name="aanand"
    get() = field.toUpperCase()
}
```

⑨ 이제 name 속성에 접근한다고 가정해보자.

```
fun main(args: Array<String>) {
    var s=SameClass()
    println(s.name)
}
```

앞의 코드를 실행시키면 다음과 같은 출력 결과를 볼 수 있다.

우리는 get() 메소드에서도 field 키워드를 사용했다. 이전에 설명했던 것과 동일한 backing field 이다.

## 자세히 보기

여기서 주목해야 할 것은 생성자에서 속성에 대한 사용자 정의 getter 또는 setter를 구현할 수 없다는 것이다. 클래스 본문에 속성을 선언해야 한다.

```
class Student(val name: String, age: Int) {
    var age: Int = age
    set(value) {
        println("Setting age to $value")
        field = value
    }
}
```

여기서 주목해야 할 핵심 사항은 getter의 가시성을 속성의 가시성과 동일하게 유지해야 한다는 것이다.

```
protected var name="aanand"
protected get() = field.toUpperCase()
```

앞의 코드는 완벽하게 유효하다. 동일한 접근 제한자를 다시 사용하는 것은 생략하는 것이 좋다.

반면에 setter는 속성보다 접근 허용이 적게 될 수도 있다.

```
Consider this example:
protected var name="aanand"
private set
```

앞의 코드는 setter의 접근제한자 private이 속성의 protected 접근제한자보다 덜 허용되기 때문에 유효하다.

```
protected var name="aanand"
public set
```

그러나 위의 코드는 setter의 접근제한자 public이 속성의 protected보다 넓게 허용되므로 유효하지 않다.

# 변수인수를 함수에 전달

변수인수를 함수에 전달해야 하는 시나리오는 무수하다. 코틀린에서는 vararg 수정자를 사용하여 변수인수를 함수에 전달할 수 있다. 이번 절에서는 변수인수를 함수에 전달하는 모든 과정을 알아볼 것이다. 다음의 몇가지 예제를 통해 Kotlin에서 어떻게 사용되는지 살펴보자.

## 준비

선호하는 개발 환경을 준비한다. 코틀린 코드를 작성하고 실행할 수 있다면 어느 것을 사용해도 좋다. 코틀린 컴파일러와 함께 커맨드라인에서 작업해도 된다.

https://try.kotlinlang.org/에서 온라인 통합개발 환경을 이용할 수 있으며 이 절의 코틀린 코드를 실행해볼 수 있다. 또한 인텔리제이를 사용할 수도 있다.

## 실행

함수에 가변 개수의 인수를 전달하는 방법을 보여주는 다음 단계들을 살펴보자.

1 vararg를 사용하면 쉼표로 구분된 인수들을 함수에 전달할 수 있다. 여기서는 다음 예제와 같이 메소드에 대한 단일 인수를 vararg로 정의했다.

```kotlin
fun main(args: Array<String>) {
    someMethod("as","you","know","this","works")
}

fun someMethod(vararg a: String) {
    for (a_ in a) {
        println(a_)
    }
}
```

2 또한 이미 값배열을 가지고 있다면 * 스프레드(spread) 연산자를 사용하여 직접 값을 전달할 수 있다.

```kotlin
fun main(args: Array<String>) {
    val list = arrayOf("as","you","know","this","works")
```

```
        someMethod(*list)
    }
    fun someMethod(vararg a: String) {
        for (a_ in a) {
            println(a_)
        }
    }
}
```

그래서 기본적으로, vararg는 컴파일러에게 전달받은 인수들을 배열로 래핑하도록 한다.

③ 반면에 스프레드 연산자는 컴파일러에게 래핑된 배열을 풀어서 별도의 인수로 전달하도록 지시한다. 스프레드 연산자는 전달되는 배열 이름 바로 앞에 *를 붙인다.

④ 그러나 분명히, 우리에게는 다른 변수를 함께 전달해야 하는 경우가 생긴다. 다음 예제 코드 에서는 vararg이외의 다른 인수를 전달한다.

```
fun main(args: Array<String>) {
    val list = arrayOf("as","you","know","this","works")
    someMethod(3, *list)
}

fun someMethod(b: Int, vararg a: String) {
    for (a_ in a) {
        println(a_)
    }
}
```

⑤ 다음 예제에서 첫 번째 인수는 vararg 유형과 유사하지만 작동한다.

```
fun main(args: Array<String>) {
    someMethod("3", "as","you","know","this","works")
}

fun someMethod(b: String, vararg a: String) {
    println("b: " + b)
    for (a_ in a) {
        println(a_)
    }
}
```

출력은 다음과 같다.

```
b: 3
as
you
know
this
works
```

⑥ 그래서 보통의 경우 vararg는 마지막 인수로서 전달되는데, vararg뒤에 다른 인수들을 전달하고 싶으면 어떻게 할 수 있을까? 명명된 인수를 사용하면 가능하다. 그런 이유에서 다음 코드는 컴파일되지 않는다.

```
// 컴파일되지 않는다.
fun main(args: Array<String>) {
    someMethod("3", "as","you","know","this","works", "what")
}

fun someMethod(b: String, vararg a: String, c: String) {
    println("b: " + b)
    for (a_ in a) {
        println(a_)
    }
    println("c: " + c)
}
```

⑦ 마지막으로 전달된 문자열 "what"은 vararg의 부분으로 간주되기 때문에 컴파일되지 않고 에러를 발생시킨다. 에러를 바로 잡기 위해서는 여기에 표시된 것과 같이 이름이 명명된 매개변수 c를 전달하면 된다.

```
fun main(args: Array<String>) {
    someMethod("3", "as","you","know","this","works", c = "what")
}

fun someMethod(b: String, vararg a: String, c: String) {
    println("b: " + b)
    for (a_ in a) {
        println(a_)
    }
    println("c: " + c)
}
```

출력은 다음과 같다.

```
b: 3
as
you
know
this
works
c: what
```

## 어떻게 동작하나

vararg는 컴파일러에게 쉼표로 구분된 모든 인수를 취하여 배열로 래핑하는 반면 *는 스프레드 연산자로서 배열의 요소들을 풀어서 인수로 전달한다.

## 자세히 보기

이 예제와 같이 첫 번째 인수가 기본값을 갖기를 원한다면 어떻게 해야할까?

```kotlin
fun main(args: Array<String>) {
    someMethod("3", "as","you","know","this","works")
}

fun someMethod(b: String = "x", vararg a: String) {
    println("b: " + b)
    for (a_ in a) {
        println(a_)
    }
}
```

출력은 다음과 같다.

```
b: 3
as
you
know
this
works
```

모든 인수가 vararg의 일부로 간주되기를 원하지만 컴파일러는 첫 번째 인수를 b로 읽는다.

이 경우 전달된 인수의 이름을 지정하면 문제를 해결할 수 있다.

```
fun main(args: Array<String>) {
    someMethod(a = *arrayOf("3", "as","you","know","this","works"))
}

fun someMethod(b: String = "x", vararg a: String) {
    println("b: " + b)
    for (a_ in a) {
        println(a_)
    }
}
```

출력은 다음과 같다.

```
b: x
3
as
you
know
this
works
```

앞의 코드에서 컴파일러는 b 값이 전달되지 않고 기본값을 가짐을 이해한다. 마찬가지로, 함수에 두 개의 vararg가 있기를 원하면 명명된 인수를 이용하여 전달해야 한다.

## 함수를 매개변수로 전달

코틀린은 우리가 고차함수를 선언할 수 있도록 도와준다. 고차 함수에서는 함수를 매개변수로 전달하고 반환받을 수 있다. 이것은 매우 유용한 기능이며 코드를 더욱 쉽게 작성할 수 있게 해준다. 사실, 코틀린 라이브러리의 기능 중 많은 부분이 map과 같이 고차원적이다. 코틀린에서는 함수와 함수 레퍼런스를 값으로 선언하여 함수에 전달할 수 있다. 이 절에서는 먼저 람다 선언 방법을 이해하고 함수에 전달하는 방법을 설명한다.

## 준비

선호하는 개발 환경을 준비한다. 코틀린 코드를 작성하고 실행할 수 있다면 어느 것을 사용해도 좋다. 코틀린 컴파일러와 함께 커맨드라인에서 작업해도 된다.

https://try.kotlinlang.org/에서 온라인 통합개발 환경을 이용할 수 있으며 이 절의 코틀린 코드를 실행해볼 수 있다. 또한 인텔리제이를 사용할 수도 있다.

## 실행

고차원 함수의 동작을 이해하기 위해 다음의 단계들을 따라해보자.

① 함수를 람다로 선언하는 방법을 이해하는 것부터 시작하자.

```
fun main(args: Array<String>) {
    val funcMultiply = {a:Int, b:Int -> a*b}
    println(funcMultiply(4,3))
    val funcSayHi = {name: String -> println("Hi $name")}
    funcSayHi("John")
}
```

② 앞의 코드 블록에서 두 개의 람다를 선언했다. 하나(funcMultiply)는 두 개의 정수를 취하여 정수를 반환하고 또 다른 람다(funcSayHi)는 문자열을 취하여 Unit를 반환한다. 즉, 아무것도 반환하지 않는다.

③ 앞의 예에서 인수 유형과 반환 유형을 선언할 필요는 없지만 경우에 따라 인수 유형과 반환 유형을 명시적으로 선언해야 한다. 다음과 같은 방식으로 이러한 선언을 할 수 있다.

```
fun main(args: Array<String>) {
    val funcMultiply : (Int, Int)->Int = {a:Int, b:Int -> a*b}
    println(funcMultiply(4,3))
    val funcSayHi : (String)->Unit = {name: String -> println("Hi $name")}
    funcSayHi("John")
}
```

④ 이제 람다가 어떻게 작동하는지에 대한 일반적인 이해를 했으므로, 람다 함수를 다른 고차 함수의 인수로 전달해보자. 다음 코드에서 확인해보자.

```
fun main(args: Array<String>) {
    val funcMultiply : (Int, Int)->Int = {a:Int, b:Int -> a*b}
    val funcSum : (Int, Int)->Int = {a:Int, b:Int -> a+b}
    performMath(3,4,funcMultiply)
    performMath(3,4,funcSum)
}

fun performMath(a:Int, b:Int, mathFunc : (Int, Int) -> Int) : Unit {
  println("Value of calculation: ${mathFunc(a,b)}")
}
```

⑤ 함수 람다를 만들어 함수에 전달하는 것은 간단하다. 이것은 고차원 함수의 한 측면일 뿐이다. 즉 함수에 인수로 함수를 전달할 수 있다.

⑥ 고차원 함수의 또 다른 용도는 함수를 반환하는 것이다. 특정 조건에 따라 주문의 총가격을 변환하는 함수가 필요한 다음 예제를 고려해보자. 전자 상거래 사이트와 비슷하지만 더 간단하다.

```
fun main(args: Array<String>) {
  val productPrice1 = 600; // 499이상 주문은 무료배송
  val productPrice2 = 300; // 무료배송조건에 부합하지 않음
  val totalCost1 = totalCost(productPrice1)
  val totalCost2 = totalCost(productPrice2)
  println("Total cost for item 1 is ${totalCost1(productPrice1)}")
  println("Total cost for item 2 is ${totalCost2(productPrice2)}")
}

fun totalCost(productCost:Int) : (Int) -> Int {
    if(productCost > 499){
        return { x -> x }
    }
    else {
        return { x -> x + 50 }
    }
}
```

⑦ 조건에 맞는 함수를 반환할 수 있도록 특정 조건에 따라 적용하는 함수를 변경해야함을 유의하자. 반환된 함수를 변수에 할당한 다음, 람다와 마찬가지로 변수 뒤에 ()를 붙여서 함수로 사용할 수 있다. 이러한 일들은 고차 함수가 기본적으로 람다를 반환하기 때문에 가능하다.

## 어떻게 동작하나

코틀린에서 변수에 함수를 할당 한 다음 함수에 전달하거나, 함수에서 함수를 반환받을 수 있다. 근본적으로 변수처럼 선언되었기 때문이다. 이것은 함수의 람다 선언을 사용하여 처리된다.

## 정적 함수 선언

정적 함수는 여러 객체에서 같은 메소드를 작성하지 않도록 도와주기 때문에 매우 유용하다. 따라서 DRY(Don't Repeat Yourself) 규칙을 따를 수 있다. 객체의 인스턴스를 만들 필요가 없는 경우에도 유용하다. Java에서 했던 것처럼 정적 메소드/함수와 변수를 가지고 있지 않지만 여전히 동일한 결과를 얻을 수 있다.

### 준비

선호하는 개발 환경을 준비한다. 코틀린 코드를 작성하고 실행할 수 있다면 어느 것을 사용해도 좋다. 코틀린 컴파일러와 함께 커맨드라인에서 작업해도 된다. 다음 예제를 통해 정적 함수에 대해 배울 것이다.

### 실행

정적 메소드의 사용 사례 중 하나는 다른 클래스에서 같은 메소드를 여러 번 작성하지 못하도록 하고, 포함된 클래스의 객체를 만들 필요가 없다는 것이다. 코틀린은 패키지 레벨의 함수들을 생성할 것을 권장한다. 자바를 주로 사용하였던 사람이라면 자바에서는 지원되지 않으므로 이해가 되지 않을 수도 있을 것이다. 코틀린에서 어떻게 사용되는지 살펴보자.

① .kt 확장자를 가진 Kotlin 파일을 생성하고 여러 곳에서 사용할 메소드를 선언해야 한다. SampleClass.kt 파일을 만들고 다른 클래스에서 호출할 메소드를 추가하자.

```
package packageA
fun foo(){
    println("calling from boo method")
}
```

② 이제 이 메소드를 HelloWorld.kt에서 호출해보자.

```
import packageA.*
fun main(args: Array<String>) {
    foo()
}
```

③ 함수가 packageA에 있었으므로 import문을 사용했다. 이렇게 하면 클래스의 인스턴스를 만들 필요가 없다.

④ 또 다른 방법은 object(싱글톤) 선언 안에 메소드 또는 변수를 넣는 것이다. 다음과 같이 SameClass.kt를 수정할 수 있다.

```
package packageA
object Foo {
    fun callFoo() = println("Foo")
    var foo="foo"
}
```

⑤ object(싱글톤) 내에 있는 메소드 또는 변수는 정적 메소드 또는 변수로 취급된다. 그러므로 다음과 같이 접근할 수 있다.

```
Foo.callFoo()
```

이것은 정적 메소드를 호출하는 것과 매우 흡사하다.

⑥ 클래스 이름을 사용하여 클래스의 요소에 접근하려 한다면, companion 키워드를 사용할 수 있다. 다음은 companion 키워드의 사용 예이다.

```
fun main(args: Array<String>) {
    SampleClass.foo()
}

class SampleClass {
    companion object {
        fun foo()= print("In foo method")
    }
}
```

7 자바 코드에서 companion object 블록 내부에 있는 메소드를 호출하려면 다음과 같이 접근해야 한다.

```
SampleClass.Companion.foo();
```

8 위와 같이 Companion을 사용하는 것이 마음에 들지 않는다면 @JvmStatic 어노테이션을 사용할 수 있다.

```
companion object {
    @JvmStatic
    fun foo()= print("In foo method")
}
```

9 @JvmStatic 어노테이션을 이용하면, 코틀린 클래스에서 사용하는 것처럼 자바에서도 SampleClass.foo()로 사용할 수 있다.

# Kotlin에서 use 키워드 사용

파일과 같은 리소스를 사용하는 경우 리소스가 누수되지 않도록 리소스 주기를 관리해야 한다. 예를 들어, 파일을 읽은 경우 사용 후 파일을 닫아야 하는데, 닫지 않으면 파일을 불안정한 상태로 두게된다. Java 7부터는 이러한 작업을 명시적으로 처리하지 않고도 파일을 핸들링할 수 있다. 코틀린에서도 이러한 기능을 use 메소드를 통해 제공하는데, 훨씬 사용하기 쉽다. 이번 절에서는 use의 사용에 대해 살펴보자.

## 준비

선호하는 개발 환경을 준비한다. 코틀린 코드를 작성하고 실행할 수 있다면 어느 것을 사용해도 좋다. 코틀린 컴파일러와 함께 커맨드라인에서 작업해도 된다.

## 실행

코틀린의 use 함수를 이해하기 위한 다음의 과정들을 따라가보자.

① use 키워드를 이해하기 위해선, 자바를 되짚어 볼 필요가 있다. Java7 이전에 닫아야 할 리소스를 관리하는 일은 약간 번거로운 일이었다.

```java
private static void printFile() throws IOException {
    InputStream input = null;
    try {
        input = new FileInputStream("sampleFile.txt");
        // input 객체를 이용한 작업
    } finally {
        if(input != null){
            input.close();
            // 리소스 닫기
        }
    }
}
```

② 앞의 코드를 살펴보자. 우리는 try 블록 안에서 input 객체를 사용할 때 예외가 발생할 수 있다는 것을 알고 있다. finally 블록에서도 input 객체를 닫으려고 하기 때문에 예외가 발생할 수 있다. 이제 try 블록이 예외를 발생시키는 여부와 상관없이 finally 블록이 호출된다. try와 finally 블록 모두 예외를 발생한다고 가정하자. 둘 중 어느 예외가 전파될까? try 블록에서의 예외 발생이 더 적절할 것 같아 보여도 정답은 finally 블록 안에서 발생한 예외이다.

③ 자바 7에서는 다음과 같이 try-with-resource 생성자를 소개하면서 이 문제를 해결했다.

```java
try(FileInputStream input = new FileInputStream("file.txt")) {
    int data = input.read();
    // input 객체를 이용한 작업
}
```

④ try 블록의 실행이 완료되면 FileInputStream 객체가 자동으로 닫힌다. 또한, 만약에 input.read()와 input 객체의 닫기의 실행중에 예외가 발생하는 경우 발생한 예외가 전파된다. 코틀린의 use 키워드는 같은 기능을 한다.

⑤ 자바에서 작성된 앞의 예제 코드는 코틀린에서 use 키워드를 구현한다면 다음과 같은 코드가 된다.

```kotlin
FileInputStream("file.txt").use {
    input ->
    var data = input.read()
}
```

## 어떻게 동작하나

use는 함수 리터럴을 받아들이고 closeable의 인스턴스에 대한 확장으로 정의된다. 함수의 실행이 완료된 후의 try-with-resources 구문과 마찬가지로 예외가 발생했는지 여부와 상관없이 리소스를 닫는다.

# Kotlin의 클로저 작업

MDN(https://developer.mozilla.org/en-US/docs/Web/JavaScript/Closures) 문서를 보면 다음과 같이 기술되어 있다.

> "클로저는 두가지를 결합한 특별한 종류의 객체이다. 함수와 그 함수가 생성된 환경. 환경은 클로저가 생성되었을 때 범위 내에 있던 모든 로컬 변수로 구성된다."

함수형 프로그래밍의 클로저는 주변을 인식하는 함수이다. 이러한 점 때문에 클로저 함수는 외부 스코프에 정의된 변수 및 파라미터에 접근할 수 있다. 자바와 전통적인 프로시저 프로그래밍에서는 변수가 범위에 묶여 있고 블록의 실행이 완료되면 블록 내 로컬 변수가 메모리에서 제거된다. Java8 람다는 외부 변수에 액세스할 수 있지만 이를 수정할 수는 없으므로 Java 8에서 함수형 프로그래밍을 시도하면 기능이 제한된다. 코틀린에서는 클로저를 어떻게 사용하는지 예제를 살펴보자.

## 준비

선호하는 개발 환경을 준비한다. 코틀린 코드를 작성하고 실행할 수 있다면 어느 것을 사용해도 좋다. 코틀린 컴파일러와 함께 커맨드라인에서 작업해도 된다.

## 실행

이번 예제에서는 간단한 정수형 배열을 만들고 배열 요소의 합을 구해볼 것이다.

```
fun main(args: Array<String>) {
    var sum=0
```

```
    var listOfInteger= arrayOf(0,1,2,3,4,5,6,7)
    listOfInteger.forEach {
        sum+=it
    }
    println(sum)
}
```

앞의 예제에서 sum 변수는 외부 범위에 정의되어 있다. 하지만 여전히 우리는 sum에 접근하고 수정할 수 있다.

## 자세히 보기

고차 함수 또는 클로저에 대해 더 자세히 알고 싶다면 이번 장의 "함수를 매개변수로 전달"을 살펴보자.

# 리시버가 있는 함수 리터럴

함수 리터럴은 선언되지 않지만 표현식으로 전달되는 함수이다. 대표적인 예로, 람다와 익명함수는 함수 리터럴이다. 코틀린에서는 리시버 객체로 함수 리터럴을 호출 할 수 있으며 함수 리터럴의 본문 내부에 있는 리시버 객체의 메소드를 확장 함수와 비슷하게 호출할 수 있다. 이번 절에는 리시버에 함수 리터럴을 사용하는 방법을 배워보자.

## 준비

선호하는 개발 환경을 준비한다. 코틀린 코드를 작성하고 실행할 수 있다면 어느 것을 사용해도 좋다. 코틀린 컴파일러와 함께 커맨드라인에서 작업해도 된다.

https://try.kotlinlang.org/에서 온라인 통합개발 환경을 이용할 수 있으며 이 절의 코틀린 코드를 실행해볼 수 있다.

또한 인텔리제이를 사용할 수도 있다.

## 실행

함수 리터럴을 이해하기 위해 다음의 단계들을 따라해보자.

① 간단한 문자열의 함수 리터럴부터 살펴보자. 이 함수 리터럴은 리시버의 값에 문자열을 더하여 새로운 문자열을 반환한다.

```
fun main(args: Array<String>) {
    var str1 = "The start of a "
    val addStr = fun String.(successor: String): String {
        return this + successor
    }

    str1 = str1.addStr("beautiful day.")
    println(str1)
}
```

함수 리터럴은 호출된 리시버에 대한 접근 권한을 가지며 해당 리시버와 연결된 메소드에 접근할 수 있다.

② 첫 번째 매개변수로 리시버를 받는 일반 함수에 매개변수로 리시버를 전달할 수도 있다. 이는 멤버함수가 아닌 함수를 사용해는 상황에서 유용하게 쓰일 수 있다. 그래서 String.(String) -> Int는 (String, String) -> Int와 비슷하다. 다음 예제를 확인해보자.[*]

```
fun main(args: Array<String>) {
    var str1 = "The start of a "
    val addStr = fun String.(successor: String): Int {
        return this.length + successor.length
    }
    var x = str1.addStr("beautiful day.")
    println(x)

    fun testIfEqual(op: (String, String) -> Int,
                    a: String, b: String, c: Int) = assert(op(a, b) == c)

    testIfEqual(addStr, str1, "beautiful day.",
        str1.length + "beautiful day.".length)
}
```

..................................................
\* assert 메서드는 JVM 실행 시 -em 옵션을 추가해야 동작한다.

리시버 타입을 유추할 수 있다면 람다도 함수 리터럴로 사용할 수 있다.

그래서 기본적으로, 리시버 객체에서 함수 리터럴을 호출 할 수 있고, 함수 내부에서 코틀린의 확장 함수와 비슷하게 리시버 객체에 대한 메소드에 접근하고 호출할 수 있다.

```
receiver.functionLiteral(arguments) -> ReturnType
```

# 익명함수로 작업하기

코틀린에서는 람다를 이용해 함수를 표현식으로 사용할 수 있다. 람다는 함수 리터럴이다. 즉, 표현식이므로 매개변수로 전달할 수 있다. 그러나 람다에서는 반환 타입을 선언할 수 없다. 반환 타입은 대부분 코틀린 컴파일러에 의해 자동으로 추론되지만, 자체적으로 유추할 수 없거나 명시적으로 선언해야 하는 경우에는 익명함수를 사용한다. 이번 절에서는 익명함수를 사용하는 방법을 살펴보자.

## 준비

선호하는 개발 환경을 준비한다. 코틀린 코드를 작성하고 실행할 수 있다면 어느 것을 사용해도 좋다. 코틀린 컴파일러와 함께 커맨드라인에서 작업해도 된다.

https://try.kotlinlang.org/에서 온라인 통합개발 환경을 이용할 수 있으며 이 절의 코틀린 코드를 실행해볼 수 있다.

또한 인텔리제이를 사용할 수도 있다.

## 실행

다음에서 이어지는 단계의 예제들을 통해 익명함수를 배워보자.

① 람다함수를 선언하는 것부터 시작해보자.

```
fun main(args: Array<String>) {
    val funcMultiply = {a:Int, b:Int -> a*b}
```

```
    println(funcMultiply(4,3))
    val funcSayHi = {name: String -> println("Hi $name")}
    funcSayHi("John")
}
```

앞의 코드 블록에서 두개의 정수를 받아 하나의 정수를 반환하는 함수(funcMultiply), 하나의
문자열을 받아 Unit을 반환하는, 즉 아무것도 반환하지 않는(funcSayHi) 함수 이렇게 2개의
람다함수를 정의하였다.

② 앞의 예에서는 인수 타입과 반환 타입을 선언할 필요가 없지만 경우에 따라 인수타입과 반
환타입을 명시적으로 선언해야 한다. 다음과 같은 방법으로 익명함수를 사용한다.

```
fun main(args: Array<String>) {
    var funcMultiply = fun (a: Int, b: Int): Int {return a*b}
    println(funcMultiply(4,3))
    fun(name: String): Unit = println("Hi $name")
}
```

③ 이제 익명함수가 어떻게 동작하는지에 대해 이해했으므로 함수에 함수를 전달하는 고차원
함수를 살펴보자.

다음 코드를 보자.

```
fun main(args: Array<String>) {
    var funcMultiply = fun(a: Int, b: Int): Int { return a*b }
    var funcSum = fun(a: Int, b: Int): Int { return a+b }
    performMath(3,4,funcMultiply)
    performMath(3,4,funcSum)
}

fun performMath(a:Int, b:Int, mathFunc : (Int, Int) -> Int) : Unit {
    println("Value of calculation: ${mathFunc(a,b)}")
}
```

④ 기본적으로 익명함수는 일반적인 함수처럼 선언되지만 이름은 없다. 다음 예제와 같이 함수
본문은 표현식이 될 수도 있고 앞선 예제와 같은 코드블록이 될 수도 있다. 주목해야 할 점은
람다식과는 달리 익명함수의 경우 매개변수가 항상 괄호 안에 전달된다.

```
fun main(args: Array<String>) {
    performMath(3,4,fun(a: Int, b: Int): Int = a*b )
    performMath(3,4,fun(a: Int, b: Int): Int = a+b )
}

fun performMath(a:Int, b:Int, mathFunc : (Int, Int) -> Int) : Unit {
    println("Value of calculation: ${mathFunc(a,b)}")
}
```

⑤ 람다와 익명함수의 또 다른 흥미로운 차이점은 람다에서는 return 문이 둘러싸는 함수에서 반환되는 반면 익명함수에서는 단순히 함수 자체에서 반환된다.

⑥ 자체적으로 유추할 수 있는 경우 익명함수에서도 매개변수 타입과 반환타입을 생략할 수 있다.

⑦ 익명함수는 클로저 내부의 변수에 접근하고 수정할 수 있다.

기본적으로 익명함수는 이름이 없는 일반 함수처럼 선언할 수 있고, 표현식 또는 코드 블록이 될 수 있다.

# chapter 5

# 객체지향 프로그래밍

이 장에서는 다음과 같은 것들을 다룬다.

- 코틀린의 인터페이스
- 코틀린에서 다중 오버라이드된 메소드로 복잡한 인터페이스를 구현하는 방법
- 코틀린에서 클래스 확장하기 (상속 및 확장 함수)
- 코틀린에서 제네릭을 사용하는 방법
- 코틀린에서 다형성을 구현하는 방법
- 클래스 계층 구조 제한

## 소개

줄여서 OOP로 불리우는 객체 지향 프로그래밍은 객체를 기반으로 한 프로그래밍 패러다임이다. 이 프로그래밍 패러다임에서 객체는 필드 형식의 데이터와 객체 내의 데이터를 수정하는데 사용되는 메소드 형태의 코드를 가지고있다. 일부 객체 지향 프로그래밍 언어에서 객체는 클래스의 인스턴스이다(예 : 자바, 코틀린 등). 객체 지향 프로그래밍에서 코드는 서로 상호 작용하는 객체로 구성된다. 이 장에서는 인터페이스, 클래스, 클래스 계층 구조 및 제네릭과 같은 OOP의 주요 구성 요소에 대해 학습한다.

## 코틀린의 인터페이스

OOP에서 인터페이스는 일종의 약속과 같다. 인터페이스는 행동이나 규칙을 정의한다. 인터페이스를 구현한 클래스는 인터페이스에 정의된 동작을 구현해야 한다. 하지만 코틀린의 인터페이스는 훨씬 더 많은 것을 제공한다. Java 8 이전에는 인터페이스에서 메소드를 구현할 수 없었지만 코틀린에서는 이를 허용한다. 이번 절에서는 코틀린의 인터페이스를 다루는 방법에 대해 살펴보자.

### 준비

선호하는 개발 환경을 준비한다. 코틀린 코드를 작성하고 실행할 수 있다면 어느 것을 사용해도 좋다. 코틀린 컴파일러와 함께 커맨드라인에서 작업해도 된다.

### 실행

앞서 이야기한 것처럼 코틀린에서 인터페이스는 메소드의 구현부를 가질 수 있다. 다음 단계들을 통해 확인해보자.

① DemoInterface라는 이름의 인터페이스를 만들어보자.

```
interface DemoInterface {
    fun implementatedMethod() {
        println("From demo interface")
    }
}
```

인터페이스에서 구현을 포함하여 메소드를 정의하는 것은 클래스안에서 메소드를 정의하는 것과 동일하다.

② 이제 앞의 인터페이스를 구현하는 클래스를 살펴보자.

```
class IntefaceImplementation: DemoInterface
```

③ 그런 다음 메소드를 다음과 같이 호출할 수 있다.

```
fun main(args: Array<String>) {
    var interfaceImplementation = IntefaceImplementation()
    interfaceImplementation.implementatedMethod()
}
```

출력 결과는 다음과 같다.

```
From demo interface
```

④ 이 새로운 유형의 인터페이스에서는 메소드 구현을 허용하므로 여러 인터페이스의 동작을 가져다 사용할 수 있다는 이점이 있다.

```
fun main(args: Array<String>) {
    var interfaceImplementation = IntefaceImplementation()
    interfaceImplementation.foo()
    interfaceImplementation.bar()
}

interface A {
    fun foo() {
        println("foo from A")
    }
}

class IntefaceImplementation: A, B

interface B {
    fun bar() {
        println("foo from B")
    }
}
```

앞의 코드에서 보았듯이 다중 인터페이스를 구현하면 인터페이스 2개의 동작을 포함할 수 있다. 이는 다중상속과 비슷하게 보인다.

5️⃣ 다음과 같이 두가지 유형의 인터페이스가 있으며 둘 다 이름이 같은 메소드가 있다고 가정해보자.

```kotlin
interface A {
    fun foo() {
        println("foo from A")
    }
}

interface B {
    fun foo() {
        println("foo from B")
    }
}
```

6️⃣ 클래스에 두 인터페이스를 모두 구현하려고 하면 컴파일러가 에러를 발생시킨다.

```
Error:(24, 1) Kotlin: Class 'IntefaceImplementation' must override
public open fun foo(): Unit defined in packageB.A because it
inherits multiple interface methods of it
```

7️⃣ 이유는 간단하다. 컴파일러가 어떤 메소드를 호출해야 할지 모르기 때문이다. 따라서 코틀린은 사용자에게 다음과 같은 방법으로 메소드를 구현하고 그 안에서 적절한 메소드를 선택해 호출할 것을 요구하게 된다.

```kotlin
class IntefaceImplementation: A, B {
    override fun foo() {
        super<A>.foo()
        super<B>.foo()
    }
}
```

8️⃣ 이제 다시 foo 메소드를 호출해보자.

```kotlin
fun main(args: Array<String>) {
    var interfaceImplementation = IntefaceImplementation()
```

```
        interfaceImplementation.foo()
    }
```

출력 결과는 다음과 같다.

```
foo from A
foo from B
```

코틀린의 인터페이스는 메소드의 구현을 가질 수 있지만 상태를 가질 수는 없다. 즉, 인터페이스 안에 속성을 선언하고 상태를 저장할 수는 없다. 인터페이스를 구현하는 클래스는 이를 오버라이드를 하거나 접근자를 구현해야 한다.

예를 들어, 인터페이스에서 다음과 같이 a를 가질수는 있지만 val a = 23 과 같이 값을 지정할 수는 없다.

```
val a: Int
    get() = 2
```

대신 인터페이스에서는 간단히 정의만 하고 구현하는 클래스에서 다음과 같이 오버라이드해야 한다.

```
class InterfaceImplementation: A,B {
    override val a: Int = 25
}
```

다음으로, 코틀린의 인터페이스 위임에 대해 살펴보자.

① 위임패턴에서 객체(https://en.wikipedia.org/wiki/Object_(computer_science))는 요청을 두 번째 객체에 위임하여 처리한다. 다음 코드를 살펴 보자.

```
fun main(args: Array<String>) {
    var interfaceImplementation = InterfaceImplementation(object: A {})
    interfaceImplementation.someMethod()
}

class InterfaceImplementation(var a: A){
    fun someMethod(){
        a.foo()
    }
```

```
    }

interface A {
    fun foo() {
        println("foo from A")
    }
}
```

**2** 앞의 예제에서는 foo 메소드에 대한 호출을 A 인터페이스를 구현한 객체에 위임한다. 앞의 코드는 문제 없이 동작하지만 코틀린에서는 인터페이스의 함수를 자신의 것처럼 직접 사용하도록 할 수도 있다. 다음 코드를 보자.

```
class InterfaceImplementation(var a: A) : A by a {
    fun someMethod(){
        foo()
    }
}
```

**3** InterfaceImplementation 클래스가 A 인터페이스를 구현하고 있지만, 매개변수로 받는 객체에 구현을 위임한다.

## 자세히 보기

코틀린은 인터페이스 내의 메소드 구현을 지원한다. 그렇다면 이제 인터페이스와 추상 메소드의 차이가 무엇인지 궁금할 것이다.

인터페이스에서는 속성을 정의할 수는 있지만 이 속성을 이용하기 위해서는 구현 클래스에서 속성을 오버라이드해야 한다. 그러나 추상 클래스에서는 파생 클래스에서 오버라이드할 수 없는 속성과 메소드를 가질 수 있다. 추상 클래스에서는 파생 클래스와 동일한 상태와 메소드를 정의할 수 있다.

또 다른 중요한 차이점은 추상 클래스에서 final 멤버를 가질 수 있지만 인터페이스에서는 final 멤버를 가질 수 없다. 또한 인터페이스는 protected나 internal 접근 제어자를 지원하지 않는다. 오직 private만 지원한다.

# 코틀린에서 다중 오버라이드된 메소드로 복잡한 인터페이스를 구현하는 방법

SOLID는 다섯가지의 객체지향 디자인 원칙을 정의하는 데 사용되는 연상기호 약어이다.

- 단일 책임 원칙(Single Responsibility Principle)
- 개방-폐쇄 원칙(Open-Closed Principle)
- 리스코프 치환 원칙(Liskov Substitution Principle)
- 인터페이스 분리 원칙(Interface Segregation Principle)
- 의존성 역전 원칙(Dependency Inversion Principle)

인터페이스 분리 원칙(Interface Separation Principle)은 인터페이스가 너무 길 때 클라이언트가 관심이 없는 인터페이스를 구현할 필요가 없도록 인터페이스를 더 작은 부분으로 분할하는 것이 좋다고 말한다. 이번 절에서는 이것이 무엇이며 왜 중요한지에 대해 이해하게 될 것이다.

## 준비

코드를 작성하기 위해 Android Studio 3.x를 사용한다.

## 실행

인터페이스 분리 원칙이 도움이 되는 예제를 살펴보자.

① "뚱뚱한" 인터페이스의 간단한 예

```kotlin
button.setOnClickListener(object : View.OnClickListener {
    fun onClick(View v) {
        // TODO: 뭔가를 처리함
    }

    fun onLongClick(View v) {
        // 필요없음
    }

    fun onTouch(View v, MotionEvent event) {
        // 필요없음
    }
});
```

② 큰 사이즈의 인터페이스를 사용할 때의 문제는 메소드 안에서 할일이 없더라도 모든 메소드를 구현해야 한다는 것이다.

③ 간단한 해결책은 다음 코드처럼 인터페이스를 작은 인터페이스들로 쪼깨는 것이다.

```kotlin
interface OnClickListener {
    fun onClick( v:View )
}

public interface OnLongClickListener {
    fun onLongClick( v: View)
}

interface OnTouchListener {
    fun onTouch( v: View, event: MotionEvent)
}
```

④ 예제에서 사용한 큰 인터페이스를 별개로 사용될 수 있는 개별적인 인터페이스로 분리했음에 유념하자.

⑤ 앞서 배웠듯이 코틀린은 인터페이스가 직접 메소드 구현부를 가질 수 있다. 다음 코드를 보며 이해해보자.

```kotlin
fun main(args: Array<String>) {
    Simple().callMethod()
}

class Simple : A {
    fun callMethod() {
        bar()
    }
}

interface A {
    fun bar() {
        println("Printing from interface")
    }
}
```

⑥ 보이는 것처럼 인터페이스에서 전체 메소드를 구현했으며 해당 인터페이스를 구현한 클래스에서 인터페이스의 메소드를 호출할 수 있다.

⑦ 공통적으로 사용되는 메소드를 인터페이스 자체에 넣을 수 있기 때문에 코틀린의 이러한 특징은 인터페이스 분리 원칙을 따르는데도 사용될 수 있다. 인터페이스를 상속할 때마다 꼭 구현할 필요는 없다는 의미이다.

# 코틀린에서 클래스 확장하기(상속 및 확장 함수)

이 절에서는 코틀린의 확장 함수를 사용하여 클래스를 확장하는 방법에 대해 살펴보자. 상속은 대개 객체 지향 프로그래밍에서 배우는 첫 번째 개념일 것이다. 상속은 기존 클래스에서 새로운 클래스가 파생되는 메커니즘이다. 이를 통해 클래스는 다른 클래스의 속성 및 메소드를 상속받아 사용할 수 있다. 반면 확장 함수는 기능에 대한 래퍼 클래스 생성을 건너 뛰고 클래스에 추가 기능을 더할 수 있게 한다. 이제 상속 및 확장 기능에 대해 모두 살펴보자.

## 준비

예제를 위해 안드로이드 스튜디오 3.x 버전을 사용한다. 소스 코드는 https://gitlab.com/aanandshekharroy/kotlin-cookbook 레파지토리의 1-recycler-view-in-kotlin 브랜치에서 찾을 수 있다.

## 실행

다른 클래스에서 파생된 클래스는 서브클래스라고 부르고 서브클래스를 파생시킨 클래스는 수퍼클래스라고 부른다. 이 예제에서 수퍼클래스 A와 서브 클래스 B를 만들 것이다. 클래스 B를 확장하려면 클래스 선언 뒤에 ":"를 사용하고 기본 생성자와 함께 수퍼 클래스 이름을 추가해야 한다.

① 중요한 것은 코틀린의 클래스가 기본적으로 확장에 대해 닫혀 있으므로 수퍼클래스가 될 클래스 선언 앞에 open 키워드를 추가해야 한다는 것이다. 그래서 수퍼 클래스 A는 다음과 같다.

```
open class A
```

② 그러면 다음과 같이 클래스 A를 확장해 B를 만들 수 있다.

```
class B : A()
```

③ 이제 클래스 A가 문자열을 받는 기본 생성자를 가졌다고 가정하자.

```
open class A(var str:String)
```

이제 클래스 A를 확장해 B를 만들려면 다음과 같은 2가지 방법이 있다.

B의 기본 생성자에서 A를 초기화한다. 이 방법은 B의 기본 생성자에서 매개변수를 전달하여 A를 초기화한다.

다음 예제를 보자.

```
class B(var randomString: String) : A(randomString)
```

클래스 B에 기본 생성자가 없는 경우 클래스 B에서는 모든 부가 생성자에서 super 키워드를 통해 A를 초기화해주어야 한다.

```
class B : A {
    constructor(randomString: String) : super(randomString)
    constructor(randomString: String, randomInt: Int) : super(randomString)
}
```

④ 클래스를 상속받을 때에는 수퍼클래스의 기능을 그대로 이용할 수도 있고 독자적인 구현을 하고 싶을 때도 있다. 클래스와 마찬가지로 메소드도 기본적으로 닫혀있으므로 open 키워드를 추가해줘야 오버라이드할 수 있다.

```
open class A(var str: String) {
    open fun foo() {
        println("foo from A")
    }
}

class B(var string: String) : A(string) {
    override fun foo() {
        println("foo from B")
    }
}
```

⑤ 메소드를 "final"로 처리해 다른 서브 클래스가 이를 오버라이드 못하게 할 수도 있다. 다음 예제를 보자.

```
open class A(var str: String) {
    final fun foo() {
        println("foo from A")
    }
}
```

⑥ 추상클래스로 클래스를 상속받는다면 모든 추상메소드를 구현해야 한다. 하지만 이 메소드를 open으로 둘 필요는 없다. 추상화라는 것 자체가 재정의를 필수로 하기 때문이다.

```
class B(var string: String) : C() {
    override fun methodC() {
        // 뭔가 작업을 한다.
    }
}

abstract class C {

    abstract fun methodC()
    fun impl() {}
}
```

## 확장 함수

확장 함수는 실제로 대상 클래스를 수정하지 않고 기능을 확장할 수 있으므로 매우 유용하다. 예를 들어 Imageview 내부에 이미지를 배치하기 위해 Glide 또는 Picasso 라이브러리를 사용해보았다면 다음과 같은 코드에 익숙할 것이다.

```
Glide.with(context)
    .load(image_url)
    .into(imageView)
```

확장 함수를 사용하면 이를 훨씬 보기 좋게 만들 수 있다. imageView에서 loadImage(imageUrl) 함수를 호출해보자. 그러면 당연히 컴파일 오류가 생길 것이다.

```
var image_url="https://images.google.com/images/branding/googleg/1x/googleg_standard_color_128dp.png"
imageView.loadImage(image_url)
```

안드로이드 스튜디오는 이 오류를 해결하기 위해 두 가지를 방법을 제안하는데, 그 중 하나는 확장 함수를 만드는 것이다.

"Create extension function"를 클릭하면 다음 스크린샷에서 보는 것처럼 대상을 선택하라는 팝업이 뜬다.

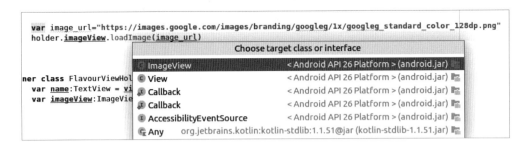

우리는 ImageView에 확장 함수를 만들 것이니 ImageView를 클릭하자.

그러면 현재 파일에 다음과 같은 확장 함수가 자동으로 생성된다.

```
private fun ImageView.loadImage(image_url: String) {
}
```

여기에 이미지 로딩에 필요한 Glide/Picasso 코드를 작성할 수 있다.

```
private fun ImageView.loadImage(image_url: String) {
    Glide.with(context)
        .load(image_url)
        .into(this)
}
```

따라서 ImageView 클래스에 loadImage 함수가 없더라도, 이 함수가 ImageView 클래스의 일부였던 것처럼 확장하고 사용할 수 있다. 심지어 ImageView 클래스는 조금도 수정하지 않았다. 확장 함수는 ImageView의 기능을 클래스 외부에서 확장하는 것이다.

## 어떻게 동작하나

확장 함수의 접두사(점 앞에 오는 이름)를 리시버타입이라 부르며 이는 확장되는 대상 타입이다. 이 리시버 객체는 함수 내에서 this 키워드를 사용하여 접근할 수 있다. 확장 함수는 정적으로 처리된다. 즉, 이것들은 일반적인 스태틱 메소드고, 인스턴스를 매개변수로 받는다는 것 이외에는 확장하는 클래스와의 직접적인 연결은 없다. 이것이 수정할 수 없는 클래스도 확장할 수 있는 이유이다. 확장 함수는 스태틱 메소드이기 때문에 모든 곳에 사용하면 안 된다. 스태틱 메소드는 테스트하기 어렵고, 따라서 무책임하게 사용한다면 유지보수가 어려워질 수 있다.

## 자세히 보기

멤버 함수의 이름과 동일한 이름으로 확장 함수를 만들면 어떻게 될까? 예를 들어, 다음 코드에서 c.foo()를 호출하면 어떻게 될까 생각해보자.

```
fun main(args: Array<String>) {
    var c = C()
    c.foo()
}

class C {
    fun foo() {
        println("from member")
    }
}

private fun C.foo() {
    println("from extension")
}
```

결과는 다음과 같다.

```
from member
```

같은 이름을 가졌다면 멤버함수가 우선순위를 가지게 된다.

# 코틀린에서 제네릭을 사용하는 방법

제네릭 메소드 및 클래스는 다양한 유형에 대해 동일한 메소드 또는 클래스를 사용하도록 만드는 데 도움이 된다. 제네릭을 쓰게 되면 코드의 재사용성이 향상된다. 이번 절에서는 제네릭이 무엇인지에 대해 알아보고 또 코틀린에서 어떻게 사용하는지에 대해 살펴볼 것이다. 코틀린의 제네릭은 자바의 제네릭과 유사하지만 제네릭을 좀 더 직관적으로 만들어주는 추가적인 키워드들이 있으니 유념하여 살펴보자.

## 준비

선호하는 개발 환경을 준비한다. 코틀린 코드를 작성하고 실행할 수 있다면 어느 것을 사용해도 좋다. 코틀린 컴파일러와 함께 커맨드라인에서 작업해도 된다.

## 실행

코틀린에서 제네릭이 어떻게 동작하는지 알아보기 위해 다음의 예제들을 따라 해보자.

① 아무 타입이나 사용해 인스턴스화할 수 있는 제네릭 클래스를 보자.

```kotlin
fun main(args: Array<String>) {
    val intger: GenCl<Int> = GenCl<Int>(10)
    println(intger.a)
    // 코틀린 컴파일러가 타입을 추론하게 한다.
    val strgen = GenCl("A string")
    println(strgen.a)
}

class GenCl<T>(t: T) {
    var a = t
}
```

출력 결과는 다음과 같다.

```
10
A string
```

② 또한 제네릭 클래스에서 허용되는 타입을 다음과 같이 제한할 수도 있다.

```
fun main(args: Array<String>) {
    val intgen: GenCl<Int> = GenCl<Int>(10)
    println(intgen.a)
    val flgen = GenCl(1.0)
    println(flgen.a)
}


// 숫자 타입만 가능하게 제한한다.
class GenCl<T : Number>(t: T) {
    var a = t
}
```

③ 앞의 클래스를 Number가 아닌 유형 (예 : String 등)으로 사용하려고 하면 다음과 같은 오류가 발생한다.

```
Error:(8, 17) Type parameter bound for T in constructor GenCl<T : Number>(t: T) is
not satisfied: inferred type String is not a subtype of Number
```

④ 이제 제네릭 메소드 예제를 살펴보자.

```
fun main(args: Array<String>) {
    fun <T> addTwo(a: List<T>) {
        for (x in a) {
            println(x)
        }
    }
    addTwo(listOf(10, 20, 30, 40))
    addTwo(listOf("a", "b", "c", "d", "e"))
}
```

출력 결과는 다음과 같다.

```
10
20
30
40
a
b
c
d
e
```

## 자세히 보기

자바의 제네릭타입은 불변이므로 List⟨String⟩은 List⟨Object⟩의 서브타입이 아니다. 그러므로 자바에서는 Object 타입의 리스트에 Float을 넣을 수가 없다. 코틀린에서는 와일드카드 인수를 사용하는 더 나은 방법이 있는데 이는 E 뿐만이 아니라 E의 서브타입까지 받을 수 있다는 것을 의미한다. 여기에는 어떤 타입이 들어올지 모르기 때문에 읽기에는 사용하지만 쓰기에는 사용하지 않는다.

## 코틀린에서 다형성을 구현하는 방법

다형성은 상황에 따라 객체가 다양한 형태를 취할 수 있는 특성이다. 코틀린은 다음의 두가지 타입의 다형성을 제공한다.

- 컴파일타임의 다형성과 런타임의 다형성

### 준비

선호하는 개발 환경을 준비한다. 코틀린 코드를 작성하고 실행할 수 있다면 어느 것을 사용해도 좋다. 코틀린 컴파일러와 함께 커맨드라인에서 작업해도 된다.

### 실행

이 절에서는 코틀린에서 다형성을 이용하는 방법에 대해 살펴보자.

① 컴파일 타임 다형성부터 시작하자. 다음 함수는 함수의 이름은 동일하지만 매개변수와 반환 타입이 다르다. 컴파일러는 컴파일 타임에 매개변수의 타입에 따라 호출할 함수를 결정한다. 다음 코드를 실행해 결과를 확인해보자.

```
fun main(args: Array<String>) {
    println(doubleOf(4))
    println(doubleOf(4.3))
    println(doubleOf(4.323))
}
```

```
fun doubleOf(a: Int): Int {
    println(1);
    return 2 * a
}

fun doubleOf(a: Float): Float {
    println(1);
    return 2 * a
}

fun doubleOf(a: Double): Double {
    println(1);
    return 2.00 * a
}
```

출력 결과는 다음과 같다.

```
8
8.6
8.646
```

② 이제 런타임 다형성에 대해 이야기 해보자. 컴파일러는 런타임에 오버라이드 및 오버로드
된 메소드에 대한 호출을 처리한다. 메소드 오버라이드를 이용해 런타임 다형성을 사용할 수
있다. 클래스를 상속하여 멤버 메소드 중 하나를 오버라이드하는 예제를 살펴보자.

```
fun main(args: Array<String>) {
    var a = Sup()
    a.method1()
    a.method2()
    var b = Sum()
    b.method1()
    b.method2()
}

open class Sup {
    open fun method1() {
        println("Printing method 1 from inside Sup")
    }
```

```
    fun method2() {
        println("Printing method 2 from inside Sup")
    }
}

class Sum : Sup() {
    override fun method1() {
        println("Printing method 1 from inside Sum")
    }
}
```

실행결과는 다음과 같다.

```
Printing method 1 from inside Sup
Printing method 2 from inside Sup
Printing method 1 from inside Sum
Printing method 2 from inside Sup
```

여기서 컴파일러는 어떤 메소드를 이용할지를 런타임에 결정하게 된다.

# 클래스 계층 구조 제한

이번 절에서는 코틀린의 클래스 계층 구조를 제한하는 방법을 배울 것이다.

## 준비

이번 절의 코드는 안드로이드 스튜디오에서 실행한다.

## 실행

값이나 클래스가 타입이나 서브타입의 수에 제한을 가진다고 확실할 때 클래스의 구조를 제한할 수 있다.

열거형과 비슷하다고 생각할지도 모르지만, 클래스의 구조 제한은 좀 더 많은 것을 뜻한다. 열거형 상수는 오직 단일 인스턴스로만 존재하지만 sealed 클래스의 서브클래스는 개별적인 상태를 가지는 여러 개의 인스턴스를 가질 수 있다. 다음 예제를 확인해보자.

① ToastOperations라는 sealed 클래스를 정의하고 같은 소스파일 내에 ShowMessageToast 서브 클래스도 정의한다.

```
sealed class ToastOperation

class ShowMessageToast(val message: String) : ToastOperation()
```

② 그리고 ShowErrorToast 객체도 정의한다.

```
object ShowErrorToast : ToastOperation()
```

③ ShowErrorToast 객체에는 아무런 상태가 없으므로 전체 클래스 선언보다는 객체를 정의했다.

이제 다음과 같이 when 구문을 사용할 수 있다.

```
fun doToastOperation(toastOperation: ToastOperation) {
    when (toastOperation) {
        is ShowMessageToast -> Toast.makeText(this,
            toastOperation.message, Toast.LENGTH_LONG)
            .show()
        ShowErrorToast -> Toast.makeText(this, "Error..Grr!", Toast.LENGTH_LONG).show()
    }
}
```

④ 가장 편리한 것은 디폴트 블록으로 사용될 else 블록이 필요하지 않다는 것이다.

공식문서에 따르면, sealed 클래스는 서브클래스를 가질 수 있지만 반드시 sealed 클래스와 같은 파일 내에 정의되어야 한다. 그러나 서브 클래스의 서브 클래스는 동일한 파일에 정의될 필요가 없다.

sealed 클래스의 구조는 다음과 같다.

```
sealed class ToastOperation {
}
object ShowErrorToast:ToastOperation()
class ShowMessageToast(val message:String):ToastOperation()
```

sealed 클래스를 정의한 동일한 소스 파일 내에 모든 하위 클래스를 가지고 있다.

## 어떻게 동작하나

앞의 예제에서 에러 toast와 사용자 정의 메시지가 있는 toast 두가지 타입의 toast 만 있다고 가정했다. 그렇기때문에 sealed 클래스 ToastOperation과 2개의 서브 클래스를 만들었다. 유념할 부분은 하위 클래스의 타입을 확신할 수 없을 경우에는 seal 클래스를 사용하지 말아야 한다는 것이다. 그런 경우에는 Enum 클래스를 사용하는 것이 더 적합하다.

## 자세히 보기

1.1이전의 Kotlin 버전을 사용하고 있다면, 다음과 같이 sealed 클래스 내에 서브 클래스를 구현해야 한다.

```kotlin
sealed class ToastOperation {
    object ShowErrorToast: ToastOperation()
    class ShowMessageToast(val message:String): ToastOperation()
}
```

코틀린의 새 버전에서도 1.1이전의 방법을 사용할 수 있다.

# chapter 6

# 컬렉션 프레임워크

이 장에서는 다음과 같은 것들을 다룬다.

- 두 개의 컬렉션을 병합하는 방법
- 원본 컬렉션을 컬렉션쌍으로 분할
- 지정된 비교자로 리스트 정렬
- 내림차순으로 정렬
- Gson을 사용하여 JSON 응답구문 분석하기
- 람다식을 사용하여 필터링 및 매핑하는 방법
- 객체 목록을 정렬하고 끝에 null 객체를 유지하는 방법
- 코틀린에서 lazy 리스트를 구현하는 방법
- 코틀린에서 문자열을 채우는 법
- 다차원 배열이나 맵을 1차원으로 바꾸는 방법
- 코틀린에서 여러 필드로 컬렉션을 정렬하는 방법
- 코틀린 리스트에서 limit 사용 방법
- 코틀린에서 2차원 배열을 만드는 방법
- 코틀린에서 처음 N 개의 항목을 건너 뛰는 방법

## 소개

컬렉션 프레임워크는 컬렉션의 항목들을 처리할 때 유용하다. 자바를 사용해봤다면 아마도 컬렉션 프레임워크에 익숙할 것이다. 컬렉션 프레임워크의 가장 일반적인 사용은 Map, Set, List 등이다. 코틀린 역시 컬렉션 프레임워크를 가지고 있는데, 코틀린에서는 함수형 프로그래밍 방식을 활용하여 코드를 보다 간결하고 쉽게 작업할 수 있기 때문에 자바의 컬렉션 프레임워크보다 훌륭하다. 다음에 나올 절들을 통해 코틀린의 컬렉션 프레임워크에 대해 알아보자.

## 두 개의 컬렉션을 병합하는 방법

이번 절에서는 두 개이상의 컬렉션을 하나로 병합하는 방법을 살펴보자. 더 나아가기에 앞서 가변형과 불변형의 차이에 대한 이해가 필요하다. 불변타입 객체는 변경할 수 없는 객체다. 예를 들어, 불변 리스트를 정의하면 다른 개체를 추가할 수 없다. 이러한 점을 기억하고 이번 절의 내용을 살펴보자.

### 준비

선호하는 개발 환경을 준비한다. 코틀린 코드를 작성하고 실행할 수 있다면 어느 것을 사용해도 좋다. 코틀린 컴파일러와 함께 커맨드라인에서 작업해도 된다.

### 실행

코틀린에서는 listOf 메소드를 사용하여 리스트를 만들 수 있다. 다만, 이 메소드를 통해 만들어지는 리스트는 불변 리스트이므로 리스트에 객체를 추가하려면 가변 리스트를 만들어야 한다. 다음에서 확인해보자.

① 다음과 같이 listA, listB 2개의 리스트를 만든다.

```
var listA= mutableListOf<String>("a","a","b")
var listB= mutableListOf<String>("a","c")
```

② 이제 listA의 내용을 listB에 추가해보자. 이 작업을 위해 addAll() 메소드가 필요하다.

```
fun main(args: Array<String>) {
    val listA = mutableListOf<String>("a","a","b")
    val listB = mutableListOf<String>("a","c")
    listB.addAll(listA)
    println(listB)
}
```

출력 결과는 다음과 같다.

```
[a, c, a, a, b]
```

③ 두 리스트를 병합하는 또 다른 방법은 union을 사용하는 것이다. union은 병합된 컬렉션의 중복값을 제거한 고유한 값들만 반환한다.

```
fun main(args: Array<String>) {
    val listA= mutableListOf<String>("a","a","b")
    val listB= mutableListOf<String>("a","c")
    val listC=listB.union(listA)
    println(listC)
}
```

출력 결과는 다음과 같다.

```
[a, c, b]
```

④ 마찬가지로, 가변 Set도 병합할 수 있다. 유일한 차이점은 Set의 addAll이 union 메소드의 결과와 유사하다는 것이다. Set은 집합이기 때문에 유일한 값만 허용된다.

```
val setA= mutableSetOf<String>("a","b","c")
val setB= mutableSetOf<String>("a","b","c","d")
setB.addAll(setA)
println(setB)
println(setB.union(setA))
```

출력 결과는 다음과 같다.

```
[a, b, c, d]
[a, b, c, d]
```

두 개의 맵을 병합하려면 addAll이나 union 함수가 맵에 존재하지 않으므로 putAll() 메소드가 필요하다.

```
val mapA= mutableMapOf<String,Int>("a" to 1, "b" to 2)
val mapB= mutableMapOf<String,Int>("a" to 2, "d" to 4)
mapA.putAll(mapB)
println(mapA)
```

출력 결과는 다음과 같다.

```
{a=2, b=2, d=4}
```

키 a는 두 맵 모두에 정의되어 있지만, 나중에 나오는 맵(이 경우 mapB)의 값으로 결정된다.


## 원본 컬렉션을 컬렉션쌍으로 분할

for 루프나 while 루프를 사용하지 않고 리스트를 나누고 싶을 때가 있다. 코틀린은 이럴 때 사용할 수 있는 함수를 제공한다. 이번 절에서는 몇가지 기준에 따라 리스트를 어떻게 나누는지 살펴보자.


### 준비

선호하는 개발 환경을 준비한다. 코틀린 코드를 작성하고 실행할 수 있다면 어느 것을 사용해도 좋다. 코틀린 컴파일러와 함께 커맨드라인에서 작업해도 된다.


### 실행

코틀린은 파티션 함수를 제공한다. 파티션 함수의 관한 공식문서에 따르면 파티션 함수는 다음과 같은 일을 한다.

원본 배열을 조건이 참이 되는 아이템들을 가진 첫 번째 리스트와 조건이 거짓인 아이템들을 가진 두 번째 리스트 한 쌍으로 분리한다.

다음 예제를 통해 좀 더 명확히 이해해보자.

① 이번 예제에서는 숫자형 리스트를 만들고 이 리스트를 하나는 홀수, 나머지 하나는 짝수를 가지는 2개의 리스트로 나누어 보자.

```kotlin
fun main(args: Array<String>) {
    val listA= listOf(1,2,3,4,5,6)
    val pair=listA.partition {
        it%2==0
    }
    println(pair)
}
```

출력 결과는 다음과 같다.

```
([2, 4, 6], [1, 3, 5])
```

② 앞의 예에서 볼 수 있듯이 조건을 파티션 블록 내부에 넣어야 한다. 파티션 함수가 반환하는 객체는 2개의 서브리스트를 보관, 유지하는 Pair 객체이다.

③ 파티션 함수는 Set과도 비슷한 방식으로 동작한다.

```kotlin
val setA= setOf(1,2,3,4,5,6)
val pair=setA.partition {
    it%2==0
}
println(pair)
```

출력 결과는 다음과 같다.

```
([2, 4, 6], [1, 3, 5])
```

## 어떻게 동작하나

코틀린의 파티션 함수 구현을 살펴보자.

```
public inline fun <T> Iterable<T>.partition(predicate: (T) -> Boolean):
Pair<List<T>, List<T>> {
    val first = ArrayList<T>()
    val second = ArrayList<T>()
    for (element in this) {
        if (predicate(element)) {
            first.add(element)
        } else {
            second.add(element)
        }
    }
    return Pair(first, second)
}
```

보시다시피, 파티션 함수는 추상화된 함수일 뿐이므로 루프 내부로직을 구현하지 않도록 해주지만, 내부적으로는 이전과 동일하다.

## 자세히 보기

파티션 함수는 배열과 비슷한 방식으로 동작한다. 아래에서 다양한 용도의 파티션 함수들을 보여줄 것이다. 각각의 파티션 함수는 유사하게 작동하며, 단지 다른 유형의 컬렉션들을 처리할 수 있도록 할 뿐이다.

```
// 두 개의 리스트로 분할한다
inline fun <T> Array<out T>.partition(
    predicate: (T) -> Boolean
): Pair<List<T>, List<T>>

// ByteArray를 두개의 Byte 리스트로 분할한다
inline fun ByteArray.partition(
    predicate: (Byte) -> Boolean
): Pair<List<Byte>, List<Byte>>

// ShortArray를 두개의 Short 리스트로 분할한다
inline fun ShortArray.partition(
    predicate: (Short) -> Boolean
): Pair<List<Short>, List<Short>>

// IntArray를 두개의 Int 리스트로 분할한다
```

```
inline fun IntArray.partition(
    predicate: (Int) -> Boolean
): Pair<List<Int>, List<Int>>

// LongArray를 두개의 Long 리스트로 분할한다
inline fun LongArray.partition(
    predicate: (Long) -> Boolean
): Pair<List<Long>, List<Long>>

// FloatArray를 두개의 Float 리스트로 분할한다
inline fun FloatArray.partition(
    predicate: (Float) -> Boolean
): Pair<List<Float>, List<Float>>

// DoubleArray를 두개의 Double 리스트로 분할한다
inline fun DoubleArray.partition(
    predicate: (Double) -> Boolean
): Pair<List<Double>, List<Double>>

// BooleanArray를 두개의 Boolean 리스트로 분할한다
inline fun BooleanArray.partition(
    predicate: (Boolean) -> Boolean
): Pair<List<Boolean>, List<Boolean>>

// CharArray를 두개의 Char 리스트로 분할한다
inline fun CharArray.partition(
    predicate: (Char) -> Boolean
): Pair<List<Char>, List<Char>>
```

# 지정된 비교자로 리스트 정렬

리스트 정렬은 리스트에서 가장 빈번하게 하는 작업중 하나이다. 사용자 정의 객체 리스트를 정리할 때, 비교자를 지정해야 한다.

지정된 비교자로 리스트를 정렬하는 방법을 살펴보자.

## 준비

선호하는 개발 환경을 준비한다. 코틀린 코드를 작성하고 실행할 수 있다면 어느것을 사용해도 좋다. 코틀린 컴파일러와 함께 커맨드라인에서 작업해도 된다.

## 실행

다음 예제에서 우리는 특성 속성을 이용하여 객체들을 정렬할 것이다. 이것을 활용하면 비교자를 이용하여 정렬하는 것에 대해 이해할 수 있을 것이다.

① age 속성을 가진 Person 클래스를 생성 해보자. 연령에 따라 Person 리스트를 정렬할 것이다.

```kotlin
fun main(args: Array<String>) {
    val p1=Person(91)
    val p2=Person(10)
    val p3=Person(78)
    val listOfPerson= listOf(p1,p2,p3)
    var sortedListOfPerson=listOfPerson.sortedBy {
        it.age
    }
}

class Person(var age:Int)
```

② 특정 비교자로 정렬할 때는 sortedBy 함수를 사용한다.

```kotlin
fun main(args: Array<String>) {
    val p1=Person(91)
    val p2=Person(10)
    val p3=Person(78)
    val listOfPerson= listOf(p1,p2,p3)
    var sortedListOfPerson=listOfPerson.sortedBy {
        it.age
    }
}

class Person(var age:Int)
```

③ 코틀린은 sortedWith 메소드도 제공한다. 이 메소드에서 비교자를 직접 구현할 수도 있다.

```kotlin
fun main(args: Array<String>)
{
    val p1=Person(91)
    val p2=Person(10)
    val p3=Person(78)
    val listOfPerson= listOf(p1,p2,p3)
    var sortedListOfPerson=listOfPerson
    .sortedWith<Person>(object:Comparator<Person>{
        override fun compare(p0: Person, p1: Person):Int {
            if(p0.age>p1.age){
                return 1
            }

            if(p0.age==p1.age){
                return 0
            }
            return -1
        }
    })
}

class Person(var age:Int)
```

## 어떻게 동작하나

sortedBy 함수는 개발자가 사용하기 편하게 한 번 가공을 거친 함수라고 보면 된다. 내부적으로 비교자를 사용하는 sortedWith 메소드를 호출하고 있다.

이제 sortedBy 함수구현을 살펴보자.

```kotlin
public inline fun <T, R : Comparable<R>> Iterable<T>.sortedBy(crossinline
selector: (T) -> R?): List<T> {
    return sortedWith(compareBy(selector))
}
```

sortedBy 함수는 sortedWith 메소드를 내부에서 호출한다.

```
public fun <T> Iterable<T>.sortedWith(comparator: Comparator<in T>):
List<T> {
    if (this is Collection) {
        if (size <= 1) return this.toList()
        @Suppress("UNCHECKED_CAST")
        return (toTypedArray<Any?>() as Array<T>).apply {
            sortWith(comparator) }.asList()
    }
    return toMutableList().apply { sortWith(comparator) }
}
```

## 내림차순으로 정렬

지난 절에서 지정한 비교자로 리스트를 정렬해보았다. 코틀린은 내림차순으로 리스트의 아이템을 정렬하는 메소드를 제공해준다. 이번 절에서는 사용자 정의 객체 뿐만 아니라 primitive 객체의 컬렉션을 내림차순으로 정렬하는 방법을 살펴볼 것이다.

### 준비

선호하는 개발 환경을 준비한다. 코틀린 코드를 작성하고 실행할 수 있다면 어느 것을 사용해도 좋다. 코틀린 컴파일러와 함께 커맨드라인에서 작업해도 된다.

### 실행

다음 예제들을 통해 내림차순으로 정렬하는 방법을 알아보자.

① 먼저 간단한 정수형 리스트를 정렬해보자.

```
val listOfInt= listOf(1,2,3,4,5)
var sortedList=listOfInt.sortedDescending()
sortedList.forEach {
    print("${it} ")
}
```

출력 결과는 다음과 같다.

```
5 4 3 2 1
```

② 이제, 앞절에서 사용한 Person 리스트를 사용하자. 내림차순으로 정렬하려면 다음과 같이 sortedByDescending을 호출한다.

```
val p1=Person(91)
val p2=Person(10)
val p3=Person(78)
val listOfPerson= listOf<Person>(p1,p2,p3)
val sortedListOfPerson=listOfPerson.sortedByDescending {
    it.age
}
sortedListOfPerson.forEach {
    print("${it.age} ")
}
```

출력 결과는 다음과 같다.

```
91 78 10
```

## 어떻게 동작하나

sortedByDescending은 sortedBy와 약간 비슷하게 동작한다. 내부적으로 둘 다 sortedWith 함수를 사용한다.

```
public inline fun <T, R : Comparable<R>>
Iterable<T>.sortedByDescending(crossinline selector: (T) -> R?): List<T> {
    return sortedWith(compareByDescending(selector))
}
```

다음은 compareByDescending의 구현부이다.

```
@kotlin.internal.InlineOnly
public inline fun <T> compareByDescending(crossinline selector: (T) ->
Comparable<*>?): Comparator<T> =
    Comparator { a, b -> compareValuesBy(b, a, selector) }
```

내림차순으로 나타내기 위해 변수의 순서만 역순으로 변경되었다.

# Gson을 사용하여 JSON 응답구문 분석하기

이번 절에서는 JSON 구문을 분석하는 방법을 살펴볼 것이다. JSON은 API 응답에 가장 널리 사용되는 데이터 유형이다. 예제에서는 속도가 빠르며 사이즈가 큰 응답에도 잘 동작하는 Google의 오픈 소스 라이브러리인 Gson을 사용한다.

## 준비

예제의 실행을 위해 Android Studio를 사용할 것이며 JSONObject는 Android SDK에서 제공한다. JSON 구문 분석을 위해서는 Gson을 사용한다. build.gradle 파일에 다음 행을 추가하여 프로젝트에서 Gson을 사용할 수 있다.

```
compile 'com.google.code.gson:gson:2.8.0'
```

## 실행

여기에서는 간단한 문자열로 이루어진 JSON을 분석하는 GSON 예제를 살펴볼 것이다.

1 먼저, 문자열을 사용하여 다음과 같이 더미 JSON 데이터를 만들어보자.

```
val jsonStr="""
{
    "name": "Aanand Shekhar",
    "age": 21,
    "isAwesome": true
}
""".trimIndent()
```

2 다음으로 데이터를 저장할 데이터 클래스를 만들자.

```
data class Information(val name:String, val age:Int, val isAwesome:Boolean)
```

3 마지막으로 JSON 문자열 구문분석을 위해 Gson을 사용하자.

```
val information:Information=
Gson().fromJson<Information>(jsonStr,Information::class.java)
```

이제 데이터를 코틀린의 객체처럼 사용할 수 있다.

## 자세히 보기

Android Studio 플러그인을 사용하여 자동으로 데이터 클래스를 만들 수 있다. 가장 널리 사용되는 플러그인 중 하나로 RoboPOJOGenerator(https://github.com/robohorse/RoboPOJOGenerator)가 있다.

# 람다식을 사용하여 필터링 및 매핑하는 방법

이번 절에서는 코틀린의 map 함수를 사용하여 목록을 변환하는 방법과 우리가 선호하는 기준으로 목록을 필터링하는 방법을 살펴보자. 함수형 프로그래밍을 위한 훌륭한 방법들을 제공하는 람다함수를 사용할 것이다.

## 준비

선호하는 개발 환경을 준비한다. 코틀린 코드를 작성하고 실행할 수 있다면 어느 것을 사용해도 좋다. 코틀린 컴파일러와 함께 커맨드라인에서 작업해도 된다.

## 실행

먼저 리스트에서 필터함수를 사용하는 방법을 살펴보자. 필터함수는 주어진 조건과 일치하는 모든 아이템을 포함하는 리스트를 반환한다. 예제에서는 숫자 목록을 만들고 짝수 또는 홀수를 기준으로 목록을 필터링한다. 필터 메소드는 원래의 컬렉션을 수정하지 않고 새로운 컬렉션을 반환하기 때문에 불변 컬렉션에 유용하다. 필터 메소드에서는 필터링에 사용될 조건을 정의해야 한다.

예를 들어 짝수 아이템들은 it % 2 == 0와 같은 조건을 따른다. 이 메소드는 다음과 같을 것이다.

```
val listOfNumbers=listOf(1,2,3,4,5,6,7,8,9)
var evenList=listOfNumbers.filter {
    it%2==0
}
println(evenList)
```

출력 결과는 다음과 같다.

```
[2, 4, 6, 8]
```

필터함수의 또 다른 변형은 filterNot이다. 이름에서 유추할 수 있듯이, 주어진 조건을 만족하지 않는 모든 아이템을 포함하는 리스트를 반환한다. 또 다른 근사한 람다함수는 map이다. map은 리스트를 변환하고 변환된 새로운 리스트를 반환한다.

```
val listOfNumbers=listOf(1,2,3,4,5,6,7,8,9)
var transformedList=listOfNumbers.map {
    it*2
}
println(transformedList)
```

출력 결과는 다음과 같다.

```
[2, 4, 6, 8, 10, 12, 14, 16, 18]
```

map 함수의 변형으로 mapIndexed 함수가 있다. 이 함수는 아이템과 함께 순서에 대한 색인도 제공한다.

```
val listOfNumbers=listOf(1,2,3,4,5)
val map=listOfNumbers.mapIndexed { index, it -> it*index}
println(map)
```

출력 결과는 다음과 같다.

```
[0, 2, 6, 12, 20]
```

# 객체 목록을 정렬하고 끝에 null 객체를 유지하는 방법

앞에서 비교자를 사용하여 지정된 매개변수를 기준으로 리스트를 정렬하는 방법을 이미 살펴보았다. 하지만 지금까지는 null이 아닌 값을 가진 리스트만 살펴보았다. 이번 절에서는 null 속성을 가진 객체를 포함한 리스트를 정렬하는 방법을 살펴보자.

## 준비

선호하는 개발 환경을 준비한다. 코틀린 코드를 작성하고 실행할 수 있다면 어느 것을 사용해도 좋다. 코틀린 컴파일러와 함께 커맨드라인에서 작업해도 된다.

## 실행

다음의 예제를 따라해보며 null 객체를 가진 리스트를 정렬해보자

① null값을 가질 수 있는 age 속성을 가진 Person 객체를 정의하자.

```
class Person(var age:Int?)
```

② 다음으로, Person 객체 리스트를 만들자.

```
val listOfPersons=listOf(Person(10), Person(20), Person(2),
Person(null))
```

③ 마지막으로, null 아이템을 끝에 유지하면서 오름차순으로 정렬해보자.

```
val sortedList=listOfPersons.sortedWith(compareBy(nullsLast<Int>(),{
it.age}))
sortedList.forEach {
    print(" ${it.age} ")
}
```

출력 결과는 다음과 같다.

```
2 10 20 null
```

## 어떻게 동작하나

우리는 startWith 메소드를 사용했다. 공식문서에 따르면 sortedWith는 다음과 같이 동작한다.

*"지정된 비교자에 의해 정렬된 시퀀스를 반환한다."*

그 외에도 kotlin.comparisons 패키지를 사용했는데 이 패키지는 앞의 코드에서 사용된 2가지 주요 함수를 제공한다.

- public inline fun ⟨T: Comparable⟨T⟩⟩ nullsLast() : 이 메소드는 null value를 다른 어떤 value보다 큰 value라고 고려하며, null value를 비교할 수 있는 비교자를 제공한다. null 값을 다른 어떤 값보다 크게 고려하므로 항상 리스트의 끝부분에서 null 항목을 얻을 수 있다.

- compareBy(comparator: Comparator⟨in K⟩, crossinline selector: (T) -⟩ K) : 이 함수는 nullsLast() 함수와 같은 비교자를 수용하고, 비교자를 위한 값들을 제공하며 이것들을 조합하여 새로운 비교자를 만든다.


# 코틀린에서 lazy 리스트를 구현하는 방법

컬렉션이나 객체의 요소 또는 표현식의 값이 정의될 때 계산되지 않고 처음 액세스될 때 계산되는 경우, 이를 lazy evaluated라고 말한다. lazy 키워드를 사용하면 많은 경우에 편리하다. 예를 들어, 리스트 A가 있고 그 리스트에서 특정 조건으로 필터링된 리스트 B를 얻으려고 할 때, 다음과 같이 코드를 작성하면 B가 선언되는 동안 필터 작업이 수행된다.

```
val A= listOf(1,2,3,4)
var B=A.filter {
    it%2==0
}
```

이렇게 하면 프로그램에서 B가 정의되는 즉시 B를 초기화한다. 크기가 작은 목록에서는 큰 문제가 아니지만 더 큰 개체를 사용하면 대기 시간이 길어질 수 있다. 이러한 상황을 피하기 위해, 객체 생성이 필요할 때까지 객체 생성을 지연시킬 수 있다. 이번 절에서는 lazy 리스트를 구현하는 방법을 살펴보자.


## 준비

선호하는 개발 환경을 준비한다. 코틀린 코드를 작성하고 실행할 수 있다면 어느 것을 사용해도 좋다. 코틀린 컴파일러와 함께 커맨드라인에서 작업해도 된다.

## 실행

lazy 리스트를 만들기 위해 리스트를 시퀀스로 변환해야 한다. 시퀀스는 lazy하게 동작하는 컬렉션을 나타낸다. 예제를 살펴보자.

① 우선 A 리스트를 아이템 기준으로 짝수인 것만 필터링하여 B 리스트를 만들자.

```
fun main(args: Array<String>) {
    val A= listOf(1,2,3,4)
    var B=A.filter {
        println("checking ${it}")
        it%2==0
    }
}
```

출력 결과는 다음과 같다.

```
checking 1
checking 2
checking 3
checking 4
```

앞의 예제에서 필터함수는 객체가 정의될때 실행되었다.

② 이제 목록을 시퀀스로 변환한다. .asSequence () 메소드 또는 Sequence {createIterator ()}를 사용하여 모든 리스트를 시퀀스로 변환할 수 있다.

```
fun main(args: Array<String>) {
    val A= listOf(1,2,3,4).asSequence()
    var B=A.filter {
        println("checking ${it}")
        it%2==0
    }
}
```

③ 앞의 코드를 실행해보면 어떠한 출력 결과도 볼수 없다. 왜냐하면 B 리스트는 아직 만들어지지 않았기 때문이다. B 리스트는 처음 접근될 때 만들어질 것이다.

```
fun main(args: Array<String>) {
    val A= listOf(1,2,3,4).asSequence()
```

```
    var B=A.filter {
        println("checking ${it}")
        it%2==0
    }

    B.forEach {
        println("printing ${it}")
    }
}
```

출력 결과는 다음과 같다.

```
checking 1
checking 2
printing 2
checking 3
checking 4
printing 4
```

필터 함수가 B 리스트가 정의될 때 수행되지 않고, B 리스트를 이용하는 시점에 수행되었다. 이것이 바로 lazy evaluated이다.

## 어떻게 동작하나

코틀린의 시퀀스는 제한이 없으며 미리 목록의 길이를 알수 없는 경우에 사용된다(자바8의 스트림과 비슷함). 무한할 수 있기 때문에 이러한 유형의 구조에는 lazy evaluated가 필요하다. 다음 예제를 보자.

```
val seq= generateSequence(1){it*2}
seq.take(10).forEach {
    print(" ${it} ")
}
```

여기서 generateSequence는 무한한 수열을 생성하지만 take(10)를 호출하면 10개의 항목만 계산되고 출력된다.

# 코틀린에서 문자열을 채우는 법

가끔씩 문자열의 길이를 일정하게 유지하기 위해 문자열을 특정한 글자로 채워야할 때가 있다. 예를 들면, 대부분의 통신 프로토콜에서 데이터의 표준 길이를 유지하는 것은 매우 중요하다. 코틀린에서 특정한 글자로 문자열의 길이를 채우는 것은 굉장히 쉽다. 다음에서 그 방법을 살펴보자.

## 준비

선호하는 개발 환경을 준비한다. 코틀린 코드를 작성하고 실행할 수 있다면 어느 것을 사용해도 좋다. 코틀린 컴파일러와 함께 커맨드라인에서 작업해도 된다.

## 실행

이번 절에서 코틀린의 kotlin.stdlib 라이브러리를 사용할 것이다. padStart와 padEnd 함수를 사용한 예제를 살펴보자.

① padStart 함수를 사용한 예제

```kotlin
fun main(args: Array<String>) {
    val string="abcdef"
    val pad=string.padStart(10,'-')
    println(pad)
}
```

출력 결과는 다음과 같다.

```
----abcdef
```

② padEnd 함수를 사용한 예제

```kotlin
val string="abcdef"
val pad=string.padEnd(10,'-')
println(pad)
```

출력 결과는 다음과 같다.

```
abcdef----
```

## 어떻게 동작하나

패딩 함수는 함수와 함께 제공된 문자를 사용하여 문자열을 특정 길이로 확장한다. 따라서 패딩된 문자열의 길이가 원래 문자열 길이보다 작으면 원래의 동일한 문자열을 반환한다.

주목할 중요한 점은 기본 패딩문자는 공백 문자이다. 다음은 padStart 함수의 구현소스이다.

```
public fun String.padStart(length: Int, padChar: Char = ' '): String
= (this as CharSequence).padStart(length, padChar).toString()
```

padChar의 기본값은 공백 문자이며 String 객체에서 호출된다.


# 다차원 배열이나 맵을 1차원으로 바꾸는 방법

앞선 절에서 우리는 다차원 배열을 만드는 법을 배웠다. 이번 절에서는 다차원 배열을 1차로 배열로 바꾸는 법을 살펴본다.


## 준비

선호하는 개발 환경을 준비한다. 코틀린 코드를 작성하고 실행할 수 있다면 어느 것을 사용해도 좋다. 코틀린 컴파일러와 함께 커맨드라인에서 작업해도 된다.


## 실행

예제에서는 kotlin.stdlib 라이브러리의 .flatten 메소드를 사용한다. 이 메소드는 컬렉션을 인자로 받은 후 컬렉션의 모든 아이템들을 하나의 리스트로 합쳐서 반환한다.

**배열의 배열을 사용한 예제 :**

```
[[1,2,3],[1,2,3],[1,2,3]] -> [1,2,3,1,2,3,1,2,3]

fun main(args: Array<String>) {
    val a= arrayOf(arrayOf(1,2,3),arrayOf(1,2,3),arrayOf(1,2,3))
    a.flatten().forEach { print(" ${it} ") }
}
```

출력 결과는 다음과 같다.

```
1 2 3 1 2 3 1 2 3
```

리스트의 리스트를 사용한 예제는 다음과 같다.

```
[[1,2,3],[1,2,3],[1,2,3]] -> [1,2,3,1,2,3,1,2,3]
fun main(args: Array<String>) {
    val a= listOf(listOf(1,2,3),listOf(1,2,3),listOf(1,2,3))
    a.flatten().forEach { print(" ${it} ") }
}
```

## 어떻게 동작하나

flatten() 함수의 구현을 살펴보자.

```
public fun <T> Iterable<Iterable<T>>.flatten(): List<T> {
    val result = ArrayList<T>()
    for (element in this) {
        result.addAll(element)
    }
    return result
}
```

지정된 컬렉션의 모든 요소를 새로운 단일 리스트를 돌려준다.


## 코틀린에서 여러 필드로 컬렉션을 정렬하는 방법

이번 절에서는 여러 필드로 컬렉션을 정렬하는 방법을 알아볼 것이다. 한 필드의 값이 모두 같을 때 다른 객체보다 특정 객체에 우선 순위를 부여하려는 경우, 여러 필드로 정렬하는게 유용하다. 예를 들어, Student 객체 리스트를 가지고 있으며 나이 기준 오름차순으로 정렬하려고 하는데 두 명의 학생이 같은 나이를 가진 경우 GPA로 정렬하려고 하는 경우가 있다.

## 준비

선호하는 개발 환경을 준비한다. 코틀린 코드를 작성하고 실행할 수 있다면 어느 것을 사용해도 좋다. 코틀린 컴파일러와 함께 커맨드라인에서 작업해도 된다.

## 실행

객체의 여러 필드를 기준으로 정렬하는 예제를 살펴보자.

① 우선 Stduent 클래스를 만든다.

```
class Student(val age:Int, val GPA: Double)
```

② 그리고 Student 객체 리스트를 만든다.

```
val studentA=Student(11,2.0)
val studentB=Student(11,2.1)
val studentC=Student(11,1.3)
val studentD=Student(12,1.3)
val studentsList=listOf<Student>(studentA,studentB,studentC,studentD)
```

③ Student 리스트를 여러필드로 정렬하기 위해, 다음과 같이 코드를 작성한다.

```
val sortedList=studentsList.sortedWith(compareBy({it.age},{it.GPA}))
```

④ 정렬된 리스트를 출력해보면 다음과 같이 2개의 필드로 정렬된 리스트의 결과를 볼 수 있다.

```
sortedList.forEach {
    println("age: ${it.age}, GPA: ${it.GPA} ")
}
```

출력 결과는 다음과 같다.

```
age: 11, GPA: 1.3
age: 11, GPA: 2.0
age: 11, GPA: 2.1
age: 12, GPA: 1.3
```

## 어떻게 동작하나

예제에서 하나의 비교자를 인수로 받는 sortedWith 함수를 사용했다. 비교자로 compareBy 함수를 사용했다. comparedBy 함수는 복수의 함수를 인자로 받을 수 있도록 오버로드되어 있다.

```
public fun <T> compareBy(vararg selectors: (T) ->
Comparable<*>?):Comparator<T>
```

compareby 함수 코드에서 볼 수 있듯이 가변인수를 취하고 있기 때문에 생성자에서 여러 함수를 받아 하나의 비교자를 sortedWith 함수에 인수로 전달했다.

여러 필드로 정렬하는 것은 필드1, 필드2, 필드3, … 순으로 정렬하는 것과 같다.


# 코틀린 리스트에서 limit 사용 방법

이번 절에서는 kotlin.stdlib 라이브러리를 사용하여 리스트에서 특정 아이템들만 선택하는 방법을 알아볼 것이다.


## 준비

선호하는 개발 환경을 준비한다. 코틀린 코드를 작성하고 실행할 수 있다면 어느 것을 사용해도 좋다. 코틀린 컴파일러와 함께 커맨드라인에서 작업해도 된다.


## 실행

리스트의 아이템을 제한하기 위해 take 함수와 그 변형을 사용할 것이다.

### – take(n) :
리스트의 첫 n개 아이템을 반환한다.

```
fun main(args: Array<String>) {
    val list= listOf(1,2,3,4,5)
    val limitedList=list.take(3)
```

```
    println(limitedList)
  }
```

출력 결과는 다음과 같다.

```
[1,2,3]
```

## – takeLast(n) :

리스트의 마지막 n개의 아이템을 반환한다.

```
fun main(args: Array<String>) {
    val list= listOf(1,2,3,4,5)
    val limitedList=list.takeLast(3)
    println(limitedList)
}
```

출력 결과는 다음과 같다.

```
[3,4,5]
```

## – takeWhile{ predicate } :

주어진 조건을 만족하는 처음 리스트의 아이템들을 반환한다. 즉, 처음으로 조건을 만족하지 않는 아이템이 나타나기 이전 모든 아이템을 반환한다.

```
val list= listOf(1,2,3,4,5)
val limitedList=list.takeWhile { it<3 }
println(limitedList)
```

출력 결과는 다음과 같다.

```
[1,2]
```

## – takeLastWhile{ predicate } :

takeWhile처럼 동작하지만 끝에서부터 아이템을 선택한다는 점이 다르다.

## – takeIf { predicate } :

조건을 만족하면 리스트 자체를 반환하고 그렇지 않으면 null을 반환한다.

```
fun main(args: Array<String>) {
    val list= listOf(1,2,3,4,5)
    var limitedList=list.takeIf { it .contains(1) }
    println(limitedList)
}
```

출력 결과는 다음과 같다.

```
[1,2,3,4,5]
```

takeIf 함수 안에 있는 것은 리스트의 구성요소가 아니라 리스트 그 자체이다.


# 코틀린에서 2차원 배열을 만드는 방법

2차원 배열은 보드 게임, 이미지 등과 같은 특정 상황의 데이터를 표현하는데 효과적이다. 자바에서는 다음과 같이 2차원 배열을 표현했다.

```
int[ ][ ] data = new int[size][size];
```

코틀린은 자바와 다른 새로운 문법을 도입했는데 어떻게 다른지 살펴보자.

## 준비

선호하는 개발 환경을 준비한다. 코틀린 코드를 작성하고 실행할 수 있다면 어느 것을 사용해도 좋다. 코틀린 컴파일러와 함께 커맨드라인에서 작업해도 된다.

## 실행

코틀린에서 2차원 배열을 만들기 위한 예제이다. 따라해보자.

[1] 코틀린에서는 다음과 같은 문법을 사용하여 2차원 배열을 생성할 수 있다.

```
val array = Array(n, {IntArray(n)})
```

여기서, n은 배열의 차원을 나타낸다. 여기에서는 배열(특히, JVM 플랫폼의 자바 배열)을 나타내는 코틀린의 Array 클래스를 사용했다. 배열의 사이즈 및 생성자를 이용하여 배열 객체를 초기화했다.

여기서 n은 배열의 차원을 나타낸다.

```
public inline constructor(size: Int, init: (Int) -> T)
```

[2] n차원의 배열을 만들 때, 생성자에 1차원 배열을 전달한다. 1차원 배열을 전달하면, 생성자는 2차원 배열을 반환한다. 2차원 배열을 특정 값으로 초기화하려면 생성자에서 초기화할 값을 지정해줘야 한다. 다음 예제를 살펴보자.

```
Array<IntArray>(10,{IntArray(10,{-1})})
```

[3] 앞의 2차원 배열의 항목들은 모두 -1로 초기화된다.

[4] 2개의 1차원 배열을 인수로 전달, arrayOf의 생성자를 호출하여 2차원 배열을 만들 수 있다.

```
val even: IntArray = intArrayOf(2, 4, 6)
val odd: IntArray = intArrayOf(1, 3, 5)
val lala: Array<IntArray> = arrayOf(even, odd)
lala.forEach {
    it.forEach {
        print(" ${it} ")
    }
    println()
}
```

출력 결과는 다음과 같다.

```
2 4 6
1 3 5
```

## 자세히 보기

다음과 같이 코틀린코드를 확장하여 사용자 정의 함수를 만들수도 있다.

```
inline fun <reified inside> array2d(sizeOuter: Int, sizeInner: Int, noinline innerInit:
(Int)->inside): Array<Array<inside>> = Array(sizeOuter) { Array<inside>(sizeInner,
innerInit) }
```

다음과 같이 쉬운 방법으로 2차원 배열을 만들 수 있다.

```
array2d(10,10,{0})
```

비슷한 방법으로 리스트의 리스트를 만들수도 있다. 다음 예제를 보자.

```
fun main(args: Array<String>) {
    val a= listOf(listOf(1,2,3), listOf(4,5,6), listOf(7,8,9))
    a.forEach {
        print(" ${it} ")
    }
}
```

출력 결과는 다음과 같다.

```
[1, 2, 3] [4, 5, 6] [7, 8, 9]
```

# 코틀린에서 처음 N 개의 항목을 건너 뛰는 방법

이번 절에서는 컬렉션의 항목을 삭제하는 방법을 배워보자. 먼저, 처음 n개의 항목을 삭제하는 방법을 살펴본 다음 마지막 n개의 항목을 삭제하는 방법을 살펴보고 마지막으로 조건자를 이용하여 컬렉션에서 요소를 삭제하는 방법을 살펴볼 것이다.

## 준비

선호하는 개발 환경을 준비한다. 코틀린 코드를 작성하고 실행할 수 있다면 어느 것을 사용해도 좋다. 코틀린 컴파일러와 함께 커맨드라인에서 작업해도 된다.

## 실행

다음에서 리스트의 처음 n개 항목을 건너뛰는 법을 배워보자.

① 먼저, 컬렉션의 처음 N개의 항목을 삭제하는 방법을 살펴보자. 리스트를 사용할 것이지만 배열에도 적용할 수 있다. kotlin.stdlib를 사용할 것이다. kotlin.stdlib에는 이번 절에서 필요한 함수들이 포함되어 있다. 여기에서는 drop 함수를 사용할 것이다.

```kotlin
fun main(args: Array<String>) {
    val list= listOf<Int>(1,2,3,4,5,6,7,8,9)
    var droppedList=list.drop(2)
    droppedList.forEach {
        print(" ${it} ")
    }
}
```

출력 결과는 다음과 같다.

```
3 4 5 6 7 8 9
```

② 컬렉션에서 마지막 N개의 아이템을 제거하기 위해서 dropLast 함수를 사용한다.

```kotlin
fun main(args: Array<String>) {
    val list= listOf<Int>(1,2,3,4,5,6,7,8,9)
    var droppedList=list.dropLast(2)
    droppedList.forEach {
        print(" ${it} ")
    }
}
```

출력 결과는 다음과 같다.

```
1 2 3 4 5 6 7
```

③ dropWhile 함수는 조건이 충족되는 동안 컬렉션의 아이템을 삭제한다.

```kotlin
val list= listOf<Int>(1,2,3,4,5,6,7,8,9,1,2,3)
val droppedList=list.dropWhile { it<3 }
droppedList.forEach {
```

```
        print(" ${it} ")
    }
```

출력 결과는 다음과 같다.

```
3 4 5 6 7 8 9 1 2 3
```

④ dropLastWhile 함수는 컬렉션의 뒤에서부터 조건을 충족하는 아이템을 삭제한다.

```
fun main(args: Array<String>) {
    val list= listOf<Int&gt;(1,2,3,4,5,6,7,8,9,3,1,2)
    val droppedList=list.dropLastWhile { it<3 }
    droppedList.forEach {
        print(" ${it} ")
    }
}
```

출력 결과는 다음과 같다.

```
1 2 3 4 5 6 7 8 9 3
```

## 어떻게 동작하나

drop 함수는 처음 n개의 항목을 건너 뛰고 남은 아이템들로 만들어진 새로운 리스트를 반환한다. 내부적으로는 일반적인 for 루프를 사용하고 입력이 배열인지, 리스트인지에 대한 검사를 수행한다.

# chapter 7

# 파일 핸들링

이 장에서는 다음과 같은 것들을 다룬다.

- InputReader를 이용해 파일 읽기
- InputReader를 이용해 파일의 모든 데이터 읽기
- InputReader를 이용해 파일로부터 한 줄씩 읽기
- BufferedReader를 이용해 파일 읽기
- BufferedReader를 이용해 파일의 모든 데이터 읽기
- BufferedReader를 이용해 파일로부터 한 줄씩 읽기
- 네트워크로부터 문자열과 JSON 데이터 읽기

## 소개

코틀린을 이용해 파일 입출력을 처리하는 일은 자바에 비해 매우 쉽다. 코틀린은 파일 입출력 및 스트림 처리를 위해 kotlin.io API를 제공하며, 여기에 사용된 몇몇 함수들은 java.io의 클래스들을 확장한 것이다.

# InputReader를 이용해 파일 읽기

kotlin.io는 파일 읽기에 사용되는 깔끔하고 훌륭한 API를 제공한다. 파일을 읽는 간단한 방법 중 하나는 InputReader를 이용하는 것이다. 이번 절에서는 InputReader를 이용해 파일을 읽는 방법에 대해 살펴보도록 하겠다.

### 준비

선호하는 개발 환경을 준비한다. 코틀린 코드를 작성하고 실행할 수 있다면 어느 것을 사용해도 좋다. 코틀린 컴파일러와 함께 커맨드라인에서 작업해도 된다.

### 실행

파일을 읽는 것은 여러가지 방법이 있지만 적절한 방법을 사용하기 위해서는 그 용도를 이해하는 것이 매우 중요하다.

① 먼저 파일로부터 InputStream을 가져와 reader를 이용해 파일의 내용을 읽어보자.

```
import java.io.File
import java.io.InputStream

fun main(args: Array<String>) {
    val inputStream: InputStream = File("lorem.txt").inputStream()
    val inputString = inputStream.reader().use { it.readText() }
    println(inputString)
}
```

② 위 코드에서는 lorem.txt를 읽도록 했는데 만약 코드를 실행하는 위치에 lorem.txt라는 파일이 없으면 오류가 발생하게 된다. 특정 디렉토리에 있는 파일을 읽고싶다면 절대경로를 사용하도록 하자.

```
File("/path/to/file/lorem.txt")
```

③ 이 코드는 파일의 모든 줄을 읽어서 출력한다.

④ 또 다른 방법은 파일로부터 reader를 직접 생성하는 것이다.

```
import java.io.File

fun main(args: Array<String>) {
    val inputString = File("lorem.txt").reader().use {
        it.readText()
    }
    println(inputString)
}
```

⑤ 두 코드 모두 파일의 내용을 출력하는 것으로 같은 결과를 출력한다. lorem.txt 파일의 내용은 다음과 같으며 출력도 동일하다.

```
Lorem ipsum dolor sit amet, consectetur adipiscing elit.
Nunc consequat eleifend mauris, eget congue ipsum consectetur id.
Proin hendrerit felis metus, vitae suscipit mi tempus facilisis.
Proin ut leo tellus. Donec nec lacus vel ante venenatis porttitor
et sit amet purus.
Sed tincidunt turpis ac metus pharetra dapibus.
Integer sed auctor tellus. Morbi a metus luctus, viverra enim vel,
imperdiet est.
Curabitur purus massa, hendrerit id ligula et, finibus elementum
purus.
In ut consectetur lacus.
Suspendisse non mauris eget dolor faucibus pharetra quis sed
turpis.
Vivamus eget lectus vel mi faucibus dignissim.
Class aptent taciti sociosqu ad litora torquent per conubia nostra,
per inceptos himenaeos.
Ut vitae velit non nunc consectetur imperdiet.
Nunc feugiat diam tellus, in pellentesque nisl dapibus quis.
Proin luctus sapien ac ante tempor, eget mollis odio aliquet.
```

6 파일을 한꺼번에 읽는 것이 아닌 줄 단위로 처리하고 싶을 때가 있을 것이다. 이 경우 use( ) 대신 useLines( ) 메소드를 사용할 수 있다.

7 다음 예제를 살펴보자. 줄 단위로 파일을 읽기 위해서 파일로부터 InputStream을 얻어온 후 useLines( ) 메소드를 호출했다.

```kotlin
import java.io.File
import java.io.InputStream

fun main(args: Array<String>) {
    val listOfLines = mutableListOf<String>()
    val inputStream: InputStream = File("lorem.txt").inputStream()
    inputStream.reader().useLines { lines ->
        lines.forEach {
            listOfLines.add(it)
        }
    }
    listOfLines.forEach { println("$ " + it) }
}
```

8 파일로부터 reader를 바로 이용하고 싶은 경우에도 마찬가지로 사용할 수 있다.

```kotlin
import java.io.File

fun main(args: Array<String>) {
    val listOfLines = mutableListOf<String>()
    File("lorem.txt").reader().useLines { lines ->
        lines.forEach {
            listOfLines.add(it)
        }
    }
    listOfLines.forEach { println("$ " + it) }
}
```

출력은 다음과 같을 것이다.

```
$ Lorem ipsum dolor sit amet, consectetur adipiscing elit.
$ Nunc consequat eleifend mauris, eget congue ipsum consectetur id.
$ Proin hendrerit felis metus, vitae suscipit mi tempus facilisis.
$ Proin ut leo tellus. Donec nec lacus vel ante venenatis porttitor
$ et sit amet purus.
```

```
$ Sed tincidunt turpis ac metus pharetra dapibus.
$ Integer sed auctor tellus. Morbi a metus luctus, viverra enim vel,
$ imperdiet est.
$ Curabitur purus massa, hendrerit id ligula et, finibus elementum
$ purus.
$ In ut consectetur lacus.
$ Suspendisse non mauris eget dolor faucibus pharetra quis sed
$ turpis.
$ Vivamus eget lectus vel mi faucibus dignissim.
$ Class aptent taciti sociosqu ad litora torquent per conubia nostra,
$ per inceptos himenaeos.
$ Ut vitae velit non nunc consectetur imperdiet.
$ Nunc feugiat diam tellus, in pellentesque nisl dapibus quis.
$ Proin luctus sapien ac ante tempor, eget mollis odio aliquet.
```

## 어떻게 동작하나

파일을 읽을 때 use()와 useLines() 메소드를 호출한 것을 기억하는가? Closable.use() 메소드는 람다를 실행하고 마지막에 자동으로 Closable.close()를 호출한다. 파일의 내용을 읽기 위해서 Reader.readText() 메소드를 이용할 수도 있지만 readText()는 자동으로 close()를 호출해주지 않는다. use(), Reader.readText() 등 파일의 내용을 읽기 위한 방법이 여러가지 있지만 어떤 메소드를 이용할지는 스트림이 닫혀야하는지 아닌지, Closable.close()를 직접 핸들링할 필요가 있는지, 스트림으로부터 데이터를 읽을 것인지 파일로부터 직접 읽을 것인지 등의 요소들을 기반으로 결정해야 한다.

## 자세히 보기

BufferedReader는 스트림으로부터 한 번에 한 쌍의 문자를 읽어들여 버퍼에 저장하기 때문에 BufferedReader라고 이름붙여졌다. 반면에, InputReader는 스트림으로부터 한 번에 한 개의 문자를 읽어들이며 나머지 문자들은 스트림에 그대로 보관된다. BufferedReader는 버퍼를 관리하고 버퍼로부터 데이터를 읽기 때문에 디스크에서 데이터를 읽는 것에 비해서 속도가 빠르다.

# InputReader를 이용해 파일의 모든 데이터 읽기

파일의 모든 줄을 읽기 위해 InputReader를 사용할 수 있다. 이 절에서는 이를 어떻게 수행하는지 알아보자.

## 준비

선호하는 개발 환경을 준비한다. 코틀린 코드를 작성하고 실행할 수 있다면 어느 것을 사용해도 좋다. 코틀린 컴파일러와 함께 커맨드라인에서 작업해도 된다.

## 실행

InputReader를 이용해 파일을 읽기 위해 다음 절차를 따라해보자.

① 파일을 읽는 것에는 두 가지 방법이 있는데 그 중 하나는 스트림을 이용하는 것이다. InputReader를 통해 이를 수행하는 방법을 알아보자.

```
import java.io.File
import java.io.InputStream

fun main(args: Array<String>) {
    val inputStream: InputStream = File("example2.txt").inputStream()
    val inputString = inputStream.reader().use { it.readText() }
    println(inputString)
}
```

② 스트림을 얻지 않고 파일로부터 내용을 직접 읽는 방법도 있다. 다음 예제를 보자.

```
import java.io.File

fun main(args: Array<String>) {
    val inputString = File("example2.txt").reader().use {
        it.readText()
    }
    println(inputString)
}
```

example2.txt의 내용은 다음과 같으며 출력도 동일할 것이다.

```
A panoramic view of Lower Manhattan as seen at dusk from Jersey City, New
Jersey, in November 2014. Manhattan is the most densely populated borough
of New York City. It is the city's economic and administrative center, and
a major global cultural, financial, media, and entertainment center.
The second paragraph of this file is small.
```

파일을 읽은 후 스트림이 닫히기를 원하기 때문에 use() 메소드를 이용했다.

## 어떻게 동작하나

InputStream을 이용하면 파일의 내용을 바이트스트림으로 얻어올 수 있다. 이렇게 가져온 InputStream으로부터 reader를 이용해 내용을 읽거나 파일로부터 직접 내용을 읽을 수 있다. InputStream의 read() 메소드는 스트림으로부터 다음 바이트를 읽는다. readText() 메소드는 파일의 모든 내용을 문자열로 반환한다.

하지만 readText() 메소드는 크기가 큰 파일에 대해서는 사용하지 않는 것이 권장된다. 내부적으로 크기가 2GB까지의 파일만 읽을 수 있도록 제한이 존재하기 때문이다. 크기가 큰 파일의 경우 스트림으로부터 바이트 단위로 내용을 읽는 것이 권장된다.

# InputReader를 이용해 파일로부터 한 줄씩 읽기

코드를 작성하다 보면 종종 파일을 줄 단위로 읽어서 처리해야 할 필요가 생긴다. 이 때 InputReader를 이용해 간단하게 처리할 수 있다.

## 준비

선호하는 개발 환경을 준비한다. 코틀린 코드를 작성하고 실행할 수 있다면 어느 것을 사용해도 좋다. 코틀린 컴파일러와 함께 커맨드라인에서 작업해도 된다.

## 실행

다음 단계를 따라 InputReader를 이용해 파일을 줄 단위로 읽어보자.

1️⃣ 파일에 InputStream을 이용해 줄 단위로 내용을 읽어보자.

```kotlin
import java.io.File
import java.io.InputStream

fun main(args: Array<String>) {
    val listOfLines = mutableListOf<String>()
    val inputStream: InputStream = File("example2.txt").inputStream()
    inputStream.reader().useLines { lines ->
        lines.forEach {
            listOfLines.add(it)
        }
    }
    listOfLines.forEach { println("* " + it) }
}
```

2️⃣ 모든 줄의 앞에 "*"을 추가했다. 출력은 다음과 같을 것이다.

```
* A panoramic view of Lower Manhattan as seen at dusk from Jersey City, New
* Jersey, in November 2014. Manhattan is the most densely populated borough
* of New York City. It is the city's economic and administrative center, and
* a major global cultural, financial, media, and entertainment center.
* The second paragraph of this file is small.
```

3️⃣ 파일로부터 직접 reader를 사용해 줄 단위로 읽어들일 수도 있다. 다음은 이를 실행하는 코드이다.

```kotlin
import java.io.File

fun main(args: Array<String>) {
    val listOfLines = mutableListOf<String>()
    File("example2.txt").reader().useLines { lines ->
        lines.forEach {
            listOfLines.add(it)
        }
    }
    listOfLines.forEach { println("* " + it) }
}
```

## 어떻게 동작하나

useLines() 메소드는 파일의 전체를 줄 단위로 순회할 수 있는 반복자를 제공한다. 이를 이용해 모든 줄에 "*"을 붙였고 결과를 출력했다.

# BufferedReader를 이용해 파일 읽기

BufferedReader는 문자들을 읽어 버퍼에 저장한다. 이는 읽기를 더 효율적이고 빠르게 만들어준다. 이 절에서는 BufferedReader를 이용해 파일의 내용을 읽는 것에 대해 살펴볼 것이다.

## 준비

선호하는 개발 환경을 준비한다. 코틀린 코드를 작성하고 실행할 수 있다면 어느 것을 사용해도 좋다. 코틀린 컴파일러와 함께 커맨드라인에서 작업해도 된다.

## 실행

BufferedReader에 대해 알아보기 위해 다음 단계들을 따라해보자.

① 모든 내용을 읽기 위해서 다음 코드처럼 파일에 직접 BufferedReader를 사용할 수 있다.

```kotlin
import java.io.File

fun main(args: Array<String>) {
    val inputString = File("lorem.txt").bufferedReader().use {
        it.readText()
    }
    println(inputString)
}
```

② 위 코드의 실행 결과는 다음과 같다.

```
Lorem ipsum dolor sit amet, consectetur adipiscing elit.
Nunc consequat eleifend mauris, eget congue ipsum consectetur id.
Proin hendrerit felis metus, vitae suscipit mi tempus facilisis.
```

```
Proin ut leo tellus. Donec nec lacus vel ante venenatis porttitor
et sit amet purus.
Sed tincidunt turpis ac metus pharetra dapibus.
Integer sed auctor tellus. Morbi a metus luctus, viverra enim vel,
imperdiet est.
Curabitur purus massa, hendrerit id ligula et, finibus elementum
purus.
In ut consectetur lacus.
Suspendisse non mauris eget dolor faucibus pharetra quis sed
turpis.
Vivamus eget lectus vel mi faucibus dignissim.
Class aptent taciti sociosqu ad litora torquent per conubia nostra,
per inceptos himenaeos.
Ut vitae velit non nunc consectetur imperdiet.
Nunc feugiat diam tellus, in pellentesque nisl dapibus quis.
Proin luctus sapien ac ante tempor, eget mollis odio aliquet.
```

③ 파일을 줄 단위로 처리하고싶다면 필요한 내용을 줄 단위로 읽을 수도 있다. 다음 코드에서는 줄 단위로 파일 내용을 읽어 각 줄의 시작 부분에 문자열의 길이를 추가했다.

```kotlin
import java.io.File

fun main(args: Array<String>) {
    val listOfLines = mutableListOf<String>()
    File("lorem.txt").bufferedReader().useLines { lines ->
        lines.forEach {
            var x = "> (" + it.length + ") " + it;
            listOfLines.add(x)
        }
    }
    listOfLines.forEach { println(it) }
}
```

④ 위의 코드에서 우리는 파일에서 직접 reader를 사용했다. 하지만 스트림을 가져다 사용해야 할 경우가 생긴다. 이 경우에는 파일로부터 InputStream을 가져와 BufferedReader를 사용할 수 있다.

⑤ 다음 코드는 파일의 InputStream으로부터 BufferedReader를 생성해 줄 단위로 파일의 내용을 읽는 예제이다.

```
import java.io.File
import java.io.InputStream

fun main(args: Array<String>) {
    val listOfLines = mutableListOf<String>()
    val inputStream: InputStream = File("lorem.txt").inputStream()
    inputStream.bufferedReader().useLines { lines ->
        lines.forEach {
            var x = "> (" + it.length + ") " + it
            listOfLines.add(x)
        }
    }
    listOfLines.forEach { println(it) }
}
```

⑥ BufferedReader에 캐릭터셋을 지정할 수도 있다.

```
bufferedReader(charset).use { it.readText() }
```

⑦ 위 코드의 실행은 다음과 같다.

```
> (56) Lorem ipsum dolor sit amet, consectetur adipiscing elit.
> (65) Nunc consequat eleifend mauris, eget congue ipsum consectetur id.
> (64) Proin hendrerit felis metus, vitae suscipit mi tempus facilisis.
> (65) Proin ut leo tellus. Donec nec lacus vel ante venenatis porttitor
> (18) et sit amet purus.
> (47) Sed tincidunt turpis ac metus pharetra dapibus.
> (66) Integer sed auctor tellus. Morbi a metus luctus, viverra enim vel,
> (14) imperdiet est.
> (64) Curabitur purus massa, hendrerit id ligula et, finibus elementum
> (6) purus.
> (24) In ut consectetur lacus.
> (60) Suspendisse non mauris eget dolor faucibus pharetra quis sed
> (7) turpis.
> (46) Vivamus eget lectus vel mi faucibus dignissim.
> (67) Class aptent taciti sociosqu ad litora torquent per conubia nostra,
> (23) per inceptos himenaeos.
> (46) Ut vitae velit non nunc consectetur imperdiet.
> (60) Nunc feugiat diam tellus, in pellentesque nisl dapibus quis.
> (61) Proin luctus sapien ac ante tempor, eget mollis odio aliquet.
```

## 어떻게 동작하나

InputStream을 이용해 파일의 스트림을 얻을 수 있다. 혹은 파일로부터 직접 내용을 읽을 수도 있다. 두 경우 모두 BufferedReader는 빠른 속도를 위해 일부 데이터를 미리 읽어오기 때문에 InputReader에 비해 읽기 성능이 훨씬 좋다.

Reader.readText() 대신에 use()나 useLines()를 사용하여 실행이 끝난 후 input stream을 자동으로 닫을 수도 있다. 이는 파일 입출력 작업에서 매우 편리하고 유용한 기능이다. 정 필요하다면 Reader.readText()를 이용해 스트림을 닫는 것을 직접 핸들링할 수도 있다.

## BufferedReader를 이용해 파일의 모든 데이터 읽기

파일이나 스트림을 읽는 데 BufferedReader를 사용할 수 있다. BufferedReader는 일부 데이터를 미리 읽어 저장하고 있으므로 읽기 작업이 매우 빨라진다. 이번 절에서는 BufferedReader를 이용해 파일의 모든 데이터를 읽는 방법에 대해 살펴보자.

### 준비

선호하는 개발 환경을 준비한다. 코틀린 코드를 작성하고 실행할 수 있다면 어느 것을 사용해도 좋다. 코틀린 컴파일러와 함께 커맨드라인에서 작업해도 된다.

### 실행

다음 단계를 따라 BufferedReader를 사용해 파일의 모든 데이터를 읽는 방법을 배울 것이다.

① 파일의 InputStream을 가지고 BufferedReader를 만들어 파일의 내용을 읽어보자.

```
import java.io.File
import java.io.InputStream

fun main(args: Array<String>) {
    val inputStream: InputStream = File("lorem.txt").inputStream()
    val inputString = inputStream.bufferedReader().use {
        it.readText()
```

```
    }
    println(inputString)
}
```

② 출력은 파일의 내용과 동일했을 것이다. 이번에는 다른 캐릭터셋을 이용해 파일의 내용을 읽어 출력해보자.

```
import java.io.File
import java.io.InputStream

fun main(args: Array<String>) {
    val inputStream: InputStream = File("lorem.txt").inputStream()
    val inputString =
            inputStream.bufferedReader(Charsets.ISO_8859_1).use {
                it.readText()
            }
    println(inputString)
}
```

③ 이번에는 InputStream 없이 사용하는 방법을 보자.

```
import java.io.File

fun main(args: Array<String>) {
    val inputString = File("lorem.txt").bufferedReader().use {
        it.readText()
    }
    println(inputString)
}
```

④ 출력은 다음과 같다.

```
Lorem ipsum dolor sit amet, consectetur adipiscing elit.
Nunc consequat eleifend mauris, eget congue ipsum consectetur id.
Proin hendrerit felis metus, vitae suscipit mi tempus facilisis.
Proin ut leo tellus. Donec nec lacus vel ante venenatis porttitor
et sit amet purus.
Sed tincidunt turpis ac metus pharetra dapibus.
Integer sed auctor tellus. Morbi a metus luctus, viverra enim vel,
imperdiet est.
Curabitur purus massa, hendrerit id ligula et, finibus elementum
```

```
purus.
In ut consectetur lacus.
Suspendisse non mauris eget dolor faucibus pharetra quis sed
turpis.
Vivamus eget lectus vel mi faucibus dignissim.
Class aptent taciti sociosqu ad litora torquent per conubia nostra,
per inceptos himenaeos.
Ut vitae velit non nunc consectetur imperdiet.
Nunc feugiat diam tellus, in pellentesque nisl dapibus quis.
Proin luctus sapien ac ante tempor, eget mollis odio aliquet.
```

## 어떻게 동작하나

BufferedReader는 문자를 미리 버퍼에 저장하고 있기 때문에 읽기 속도가 훨씬 빠르다. 파일이나 스트림에 직접 BufferedReader를 붙이고 이로부터 데이터를 읽어들일 수 있다.

use() 메소드는 실행 후 스트림을 자동으로 닫아주는 것을 보장한다.

# BufferedReader를 이용해 파일로부터 한 줄씩 읽기

이번 절에서는 파일의 내용을 줄 단위로 읽어 처리하는 방법에 대해 알아보자.

## 준비

선호하는 개발 환경을 준비한다. 코틀린 코드를 작성하고 실행할 수 있다면 어느 것을 사용해도 좋다. 코틀린 컴파일러와 함께 커맨드라인에서 작업해도 된다.

## 실행

다음 단계를 따라 BufferedReader를 이용해 파일의 내용을 줄 단위로 읽고 처리하는 방법을 알아보자.

① 먼저, InputStream과 함께 BufferedReader를 사용해 파일의 내용을 줄 단위로 읽어와 처리해보자.

```
import java.io.File
import java.io.InputStream

fun main(args: Array<String>) {
    val listOfLines = mutableListOf<String>()
    val inputStream: InputStream = File("lorem.txt").inputStream()
    inputStream.bufferedReader().useLines { lines ->
        lines.forEach {
            var x = "# (" + it.length + ") " + it.substring(0, 5)
            listOfLines.add(x)
        }
    }
    listOfLines.forEach { println(it) }
}
```

출력은 다음과 같을 것이다.

```
# (56) Lorem
# (65) Nunc
# (64) Proin
# (65) Proin
# (18) et si
# (47) Sed t
# (66) Integ
# (14) imper
# (64) Curab
# (6) purus
# (24) In ut
# (60) Suspe
# (7) turpi
# (46) Vivam
# (67) Class
# (23) per i
# (46) Ut vi
# (60) Nunc
# (61) Proin
```

2 캐릭터셋을 지정해야 한다면 다음과 같이 사용할 수 있다.

```
import java.io.File
import java.io.InputStream
```

```
fun main(args: Array<String>) {
    val listOfLines = mutableListOf<String>()
    val inputStream: InputStream = File("lorem.txt").inputStream()
    inputStream.bufferedReader(Charsets.US_ASCII).useLines { lines ->
        lines.forEach {
            var x = "# (" + it.length + ") " + it.substring(0, 5)
            listOfLines.add(x)
        }
    }
    listOfLines.forEach { println(it) }
}
```

③ 이제 파일로부터 직접 데이터를 읽어보자.

```
import java.io.File

fun main(args: Array<String>) {
    val listOfLines = mutableListOf<String>()
    File("lorem.txt").bufferedReader().useLines { lines ->
        lines.forEach {
            var x = "# (" + it.length + ") " + it.substring(0, 5)
            listOfLines.add(x)
        }
    }
    listOfLines.forEach { println(it) }
}
```

## 어떻게 동작하나

BufferedReader는 파일로부터 데이터를 읽는 데 필요한 많은 메소드들을 제공한다. useLines()
를 이용하면 줄 단위로 파일의 데이터를 읽어 forEach 같은 반복 구문을 적용할 수 있다. 일반
적으로 반복 구문을 종료할 때에는 close()를 호출해주어야 하지만 useLines()가 그것을 대신해
준다.

useLines()의 구현은 다음과 같다.

```
public inline fun <T> Reader.useLines(block: (Sequence<String>) -> T): T =
        buffered().use { block(it.lineSequence()) }
```

## 자세히 보기

readLine()을 사용한다면 스트림을 직접 닫아주어야 한다. readLine()을 이용하는 코드 예제를
보자.

```kotlin
import java.io.File

fun main(args: Array<String>) {
    val listOfLines = mutableListOf<String>()
    val reader = File("lorem.txt").bufferedReader()

    while (true) {
        var line = reader.readLine()
        if (line == null) break
        listOfLines.add("> " + line)
    }

    listOfLines.forEach { println(it) }

    reader.close()
}
```

useLines()이 실행 후 스트림을 자동으로 닫아주는 것은 매우 편리한 기능이다. 게다가 깔끔하고
가독성이 높은 코드를 통해 동일한 일을 할 수 있게 해준다.

똑같이 줄 단위 시퀀스를 반환하는 lineSequence()라는 메소드도 제공한다. 다만 lineSequence()
는 같은 방법으로 이용할 수 있을 뿐 스트림을 자동으로 닫아주지는 않는다.

어느 메소드를 이용할 것인지는 상황에 따라 다를 것이다.


# 네트워크로부터 문자열과 JSON 데이터 읽기

네트워킹은 앱에 있어서 필수적인 요소이다. 대부분의 앱은 인터넷에 연결되어 있고 이를 통해 데
이터를 읽고 쓴다. 이번 절에서는 코틀린으로 네트워크 요청을 날리는 방법에 대해 살펴보도록 하
자. Retrofit이나 Volley같이 이미 잘 만들어진 라이브러리들을 사용할 수도 있지만 이것들이 어
떻게 만들어졌는지를 이해하는 것도 충분히 가치가 있을 것이다.

## 준비

이번에는 안드로이드 앱으로 결과물을 보게 될 것이다. 안드로이드 스튜디오 프로젝트를 만들고 anko-commons 라이브러리를 사용할 수 있도록 준비하자.

## 실행

다음 예제를 따라해보고 네트워크 요청을 어떻게 만드는지 이해하자.

①코틀린에서 네트워크 요청을 만드는 방법은 아주 직관적이고 단순하다. 다음은 인터넷을 통해 데이터를 읽는 코드이다.

```
val response = URL("<api_request>").readText()
```

②위 코드는 다음 자바 코드와 동일하다.

```java
// 1. URL과 HttpUrlConnection을 정의한다.
URL url = new URL("http://www.google.com");
HttpURLConnection conn = (HttpURLConnection) url.openConnection();

// 2. 커넥션의 인풋스트림을 얻어온다.
conn.connect();
InputStream in = conn.getInputStream();

// 3. 스트림으로부터 데이터를 읽어 문자열을 만든다.
StringBuilder stringBuilder = new StringBuilder();
BufferedReader reader = new BufferedReader(new InputStreamReader(in));
String line;
while ((line = reader.readLine()) != null) {
    stringBuilder.append(line);
}
```

③일반적으로 안드로이드에서는 메인 스레드에서 이 코드를 실행하면 NetworkOnMain ThreadException을 만나게 된다. 이를 피하기 위해서는 네트워크 요청을 백그라운드에서 처리하도록 만들어야한다. 그중 한 가지 방법은 비동기 작업을 이용하는 것이다. 자바에서는 비동기 작업을 처리하기가 번거롭지만 코틀린에서는 Anko 라이브러리를 이용해 아주 쉽게 구현이 가능하다. 다음은 Anko를 이용해 비동기 네트워크 요청을 처리하는 코드의 예이다.

```
doAsync {
    val response = URL("<network_url>").readText()
    uiThread {
        // 여기에 UI 핸들링 코드를 넣는다
        toast(" ... ")
    }
}
```

④ 자바에서의 비동기 처리는 안드로이드의 액티비티가 종료되어도 여전히 동작한다는 문제를 안고 있다. 그래서 항상 UI가 여전히 보이고 있는지를 체크하는 등의 방어로직이 필요해진다. 하지만 Anko의 비동기 작업 구현은 액티비티가 종료되면 자동으로 비동기 작업도 중지하도록 되어 있다.

## 어떻게 동작하나

doAsync는 자바의 Future를 반환한다. Future는 미래에 실행될 비동기 작업의 결과를 담고있다. 우리는 Future를 통해 비동기 작업이 종료되었는지를 감지하고 그 결과를 받아 사용할 수 있다. Future를 사용하는 것을 지양하고싶다면 doAsync 생성자에 ExecutorService를 옵션으로 줄 수도 있다.

```
val executor = Executors.newScheduledThreadPool(5)

doAsync(executorService = executor) {
    val response = URL("<network_url>").readText()
    uiThread {
        toast(response)
    }
}
```

위에 언급한대로 uiThread 블록은 액티비티가 종료되면 실행되지 않는다. 컨텍스트 인스턴스에 대해 약한 참조만을 가지고있을 뿐 이를 직접 가지고 있지는 않기 때문이다. 그러므로 블록의 코드가 정상적으로 종료되지 않아도 컨텍스트 누수가 일어나지는 않는다.

# chapter 8

# Anko Commons와 확장 함수

이번 장에서는 다음과 같은 내용을 다룬다.

- Gradle 프로젝트에서 Anko 사용 설정
- 확장 함수로 안드로이드 프레임워크 확장하기
- 확장 기능을 속성으로 사용하기
- Anko에서 intent 사용하기
- Anko를 이용해 전화 걸기
- Anko를 이용해 문자 메시지 보내기
- Anko를 이용해 웹페이지 띄우기
- Anko를 이용해 텍스트 공유하기
- Anko를 이용해 이메일 보내기
- Anko를 이용해 다이얼로그 만들기
- 텍스트 목록이 있는 다이얼로그 만들기
- 뷰에서 Anko 사용
- Anko를 이용해 로그 남기기
- Anko를 이용한 디스플레이 단위 사용
- 안드로이드 버전 체크하기

## 소개

Anko는 안드로이드 개발 경험을 더 낫게 만들려는 노력에서 태어난 코틀린 라이브러리이다. 코틀린 자체만으로도 안드로이드 개발이 쉬워지지만 Anko와 함께 사용한다면 더욱 효율적인 개발이 가능하다. 안드로이드의 대부분의 기능을 쉽게 사용할 수 있도록 만들어주고 반복적인 코드의 양을 대폭 줄여준다.

Anko는 다음과 같은 부분으로 이루어져있다.

- Anko Commons : 인텐트, 다이얼로그, 로깅 등의 반복적인 코드를 대폭 줄여주는 헬퍼.
- Anko Layouts : 기존의 XML 레이아웃을 벗어나 kotlin dsl로 레이아웃을 작성할 수 있도록 해준다. Anko layout은 동적 레이아웃을 만드는 빠르고 안전한 방법을 제공한다.
- Anko SQLite : SQLite로 작업하는 것을 매우 쉽게 만들어주는 SQLite query DSL과 parser 모음.
- Anko Coroutines : 코루틴은 비동기 프로그래밍을 위한 훌륭한 방법이다. Anko coroutines는 kotlinx.coroutines(https://github.com/Kotlin/kotlinx.coroutines) 라이브러리에 기반한 코루틴 유틸리티들을 제공한다.

이 장에서는 안드로이드 개발에 Anko를 사용하는 방법을 배울 것이다.


# Gradle 프로젝트에서 Anko 사용 설정

먼저 프로젝트에 Anko 라이브러리를 사용하도록 설정하는 것부터 시작하자. 프로젝트의 라이브러리 의존성을 관리하기 위해 Gradle을 사용할 것이다.

## 준비

코드 작성을 위해 안드로이드 스튜디오를 사용할 것이다. 다음 git 레파지토리의 1-setting-up-anko-with-gradle branch 브랜치에서 소스코드를 찾을 수 있다.

- https://gitlab.com/ aanandshekharroy/Anko-examples

## 실행

다음 단계를 따라 그레이들 프로젝트에 Anko 라이브러리를 사용할 수 있도록 설정해보자.

① Anko를 사용하는가장 쉬운 방법은 build.gradle에 다음 한 줄을 넣는 것이다.

```
compile "org.jetbrains.anko:anko:$anko_version"
```

② $anko_version을 Anko 최신 버전으로 고쳐넣자. 깃허브에서 최신 버전을 확인할 수 있다.
- https://github.com/Kotlin/anko

③ 위의 한 줄로 Anko의 모든 사용가능한 기능들(Commons, Layouts, SQLite)을 더해줄 수 있다. 만약 개별적인 기능들만을 사용하고 싶다면 별도로 다음 코드들을 사용하자.
- anko-commons : 인텐트, 다이얼로그, 로깅 등의 반복적인 코드를 대폭 줄여주는 헬퍼들을 포함한다

```
compile "org.jetbrains.anko:anko-commons:$anko_version"
```

- anko-layouts : 동적 안드로이드 레이아웃을 위한 DSL

```
compile "org.jetbrains.anko:anko-sdk25:$anko_version" // sdk 15,19,21,23 등도 사용가능
compile "org.jetbrains.anko:anko-appcompat-v7:$anko_version"
```

- anko-sqlite : SQLite 데이터베이스를 사용하는 데 도움을 주는 헬퍼들

```
compile "org.jetbrains.anko:anko-sqlite:$anko_version"
```

- anko-coroutines : 코틀린 코루틴 사용을 더 쉽게 도와주는 라이브러리

```
compile "org.jetbrains.anko:anko-coroutines:$anko_version"
```

# 확장 함수로 안드로이드 프레임워크 확장하기

복잡한 안드로이드 프레임워크를 어떻게 확장할지, 왜 확장해야 하는지에 대해서는 다소 혼란스러울 수가 있다. 확장 함수는 코틀린의 매우 중요한 부분 중 하나이기 때문에 이 절에서는 확장 함수를 사용하는 이유와 방법에 대해 모두 다룰 것이다.

## 준비

안드로이드 스튜디오를 이용해 코드를 작성한다. 그리고 안드로이드 SDK 클래스들의 확장 함수를 작성해볼 것이다.

## 실행

아주 간단한 예부터 살펴보자.

① Student라는 간단한 클래스를 작성한다. 그리고 이 클래스의 확장 함수를 만들어볼 것이다.

```
class Student(val age: Int)
```

② age가 20보다 크다면 true를 반환하고 그렇지 않다면 false를 반환하는 isAgeGreaterThan20이라는 함수를 만들고싶다. 만약 Student 클래스를 수정할 수 없다는 제약이 있을 경우 어떻게 할 것인지 생각해보자.

③ 이 경우 확장 함수는 매우 유용한 기능이 된다. 객체로부터 isAgeGreaterThan20() 메소드를 호출하려고 하면 당연히 오류 메시지를 만나게 될 것이다. 메소드명 위에 커서를 위치시키고 키보드의 option(alt) + enter를 눌러 나오는 팝업 창에서 Create extension function 'Student.isAgeGreaterThan20'을 선택하자.

```
fun main(args: Array<String>) {
    val studentA = Student(25)
    println(studentA.isAgeGreaterThan20())
}

class Student(val age: Int)
```
```
❗ Create member function 'Student.isAgeGreaterThan20'
❗ Rename reference
❗ Create extension function 'Student.isAgeGreaterThan20'
```

④ 다음으로 나오는 대상 클래스 선택 팝업에서 Student를 선택한다.

```
fun main(args: Array<String>) {
    val studentA = Student(25)
    println(studentA.isAgeGreaterThan20())
}

class Student(val age: Int)
```
```
Choose target class or interface
ⓒ Student
ⓒ Any    Gradle: org.jetbrains.kotlin:kotlin-stdlib:1.2.41@jar (k
```

⑤ IDE가 자동으로 메소드를 만들어줄 것이다. 우리가 반환받고싶은 타입은 Boolean이므로 반환 타입을 Booean으로 수정한다.

```
private fun Student.isAgeGreaterThan20(): Boolean {
}
```

⑥ 이제 메소드 블록 안에서 원하는 연산을 통해 결과를 반환한다. 원하는 코드는 age가 20보다 큰 경우에만 true를 반환하는 것이므로 다음과 같을 것이다.

```
private fun Student.isAgeGreaterThan20(): Boolean {
    return this.age > 20
}
```

⑦ 우리가 만든 메소드는 student 객체의 메소드이므로 this 키워드를 이용해 멤버에 접근할 수 있다. 이 경우 this 키워드는 생략도 가능하다.

⑧ 이제 Student 클래스의 다른 메소드들처럼 isAgeGreaterThan20 메소드도 호출이 가능하다.

```
fun main(args: Array<String>) {
    val studentA = Student(25)
    println(studentA.isAgeGreaterThan20())
}
```

결과 출력 :

```
true
```

⑨ 이제 안드로이드와 관련한 예를 들어보자. Picasso나 Glide 같은 서드파티 라이브러리를 사용해보았다면 ImageView에 이미지를 세팅하는 다음과 같은 소스를 기억하고 있을 것이다.

```
Picasso.with(context).from(url).into(imageView);
```

⑩ 이 경우 ImageView에 다음처럼 호출할 수 있는 loadImage 등의 이름을 가진 확장 함수를 만드는 것을 생각해볼 수 있다.

```
imageView.loadImage(url)
```

그리고 이 확장 함수의 구현은 다음과 같을 것이다.

```
private fun ImageView.loadImage(url: String) {
    Picasso.with(this.context).load(url).into(this)
}
```

⑪ loadImage 메소드 내부에서의 this는 이 메소드가 호출된 대상 ImageView 객체를 가리킨다.

## 어떻게 동작하나

확장 함수는 정적으로 처리된다. 즉, 이것들은 일반적인 스태틱 메소드고, 인스턴스를 매개변수로 받는다는 것 이외에는 확장하는 클래스와의 직접적인 연결은 없다. 이것이 수정할 수 없는 클래스도 확장할 수 있는 이유이다.

코틀린 바이트코드를 디컴파일한다면 다음과 같은 자바 코드를 볼 수 있을 것이다.

```java
private static final boolean isAgeGreaterThan20(@NotNull Student $receiver)
{
    return $receiver.getAge() > 20;
}
```

위의 코드에서 볼 수 있듯이 확장 함수는 일반적인 스태틱 메소드이고 클래스 객체를 매개변수로 받는다.

## 자세히 보기

확장 함수의 편리함 덕에 이를 여기저기에 사용하고픈 유혹을 느낄 수도 있다. 하지만 이러한 편리함에는 책임이 따를 수도 있다. 확장 함수는 스태틱 메소드이기 때문에 모든 곳에 사용하면 안된다. 스태틱 메소드는 일반적으로 테스트하기 어렵고, 따라서 무책임하게 사용한다면 유지보수가 어려워질 수 있다.

# 확장 기능을 속성으로 사용하기

앞서 우리는 확장 함수에 대해 배웠다. 이번 절에서는 확장 속성에 대해 알아보도록 하자. 만약 어떤 클래스에 한 개 이상의 속성이 필요하다고 생각되면 확장 속성을 만드는 것을 생각해볼 수 있다. 어떻게 확장 속성을 만드는지 살펴보자.

## 준비

코드 작성을 위해 안드로이드 스튜디오를 이용할 것이다. 되도록이면 최신 버전의 안드로이드 스튜디오를 준비해 코틀린을 지원하는 프로젝트를 생성하자.

## 실행

확장 속성에 대한 예를 하나 들어보자.

① SharedPreferences의 예로 시작하자. 다음과 같은 코드를 통해 SharedPreferences를 사용해왔을 것이다.

```
PreferenceManager.getDefaultSharedPreferences(this)
```

② 이제는 이를 위해 Context에 다음과 같이 preferences라는 확장 속성을 만들어 사용할 수 있다.

```
val Context.preferences: SharedPreferences get() =
PreferenceManager.getDefaultSharedPreferences(this)
```

그리고 다음처럼 사용할 수 있다.

```
context.preferences.getInt("...")
```

## 어떻게 동작하나

확장 함수는 클래스를 수정하지 않았고, 확장 속성도 마찬가지로 클래스를 수정하지는 않는다. 확장 속성은 클래스에 직접 속성을 추가하지 않으므로 멤버 변수가 존재하지 않는다. 멤버 변수가 존재하지 않으므로 이를 초기화할 방법도 없다. 이를 이용하는 방법은 getter와 setter를 정의하는 방법뿐이다.

## 자세히 보기

확장 속성과 유사하게 companion object를 이용해 정적인 방법으로 메소드에 접근하는 방법을 사용할 수 있다. Student라는 클래스가 있다고 가정하고 예를 한 번 살펴보자.

```
class Student(val age: Int) {
    companion object {
    }
}
```

이제 companion object를 이용해 확장 함수를 정의해보자.

```
fun Student.Companion.sayHi() {
    println("Hi")
}
```

이렇게 하면 인스턴스를 생성하지 않고도 정적으로 메소드 호출이 가능하다.

```
Student.sayHi()
```

# Anko에서 intent 사용하기

Intent는 안드로이드에서가장 흔하게 사용되는 요소 중 하나이다. Intent는 안드로이드에서 서로 다른 액티비티 간에 메시지를 전달할 수 있는 방법이기도 하다. 예를 들자면, 액티비티를 시작할 때 Intent를 보내고 Service를 시작할 때에도 Intent를 보낸다. 액티비티를 실행시키기 위해서 가장 먼저 해야할 일은 Intent를 생성하는 일이다. 그 후 startActivity를 호출하게 된다. 다음 예제는 데이터, 플래그와 함께 액티비티를 실행하는 코드이다.

```
val intent = Intent(this, MainActivity::class.java)
intent.putExtra("data", 5)
intent.flags = Intent.FLAG_ACTIVITY_SINGLE_TOP
startActivity(intent)
```

원한다면 위의 코드에 더해 인텐트를 통해 더 많은 데이터를 전달할 수 있다.

Anko는 동일한 동작을 하는 코드를 작성하는 더 쉬운 방법을 제공한다. 이 절에서는 Anko를 이용해 액티비티를 생성하고 실행하는 방법에 대해 살펴보겠다.

## 준비

코드를 작성하기 위해 안드로이드 스튜디오를 사용한다. build.gradle에 다음 코드를 추가해 Anko 라이브러리를 사용할 수 있도록 하자.

```
compile "org.jetbrains.anko:anko-commons:$anko_version"
```

## 실행

Anko를 이용해 액티비티를 실행하는 것은 매우 단순하다. 다음 단계들을 따라해보자.

① 앞의 예제에서 본 코드는 Anko를 이용하면 다음과 같은 한 줄로 대체할 수 있다.

```
startActivity(intentFor<SomeActivity>("data" to 5).singleTop())
```

② 위 코드는 플래그를 추가하지 않는다면 훨씬 더 단순해진다.

```
startActivity<SomeActivity>("data" to 5)
```

③ 추가적인 데이터 전달에도 더 긴 줄이 필요하지만은 않다.

```
startActivity<SomeActivity>("data" to 5, "another_data" to 10)
```

## 어떻게 동작하나

소스코드를 통해 위 코드의 구현이 실제 어떻게 되어있는지를 보자.

```
inline fun <reified T: Any> Context.intentFor(vararg params: Pair<String, Any?>):
Intent = AnkoInternals.createIntent(this, T::class.java, params)
```

intentFor 메소드는 vararg를 매개변수로 받기 때문에 다수의 데이터를 넘길 수 있다. 이 메소드
는 실제로 데이터를 가진 Intent를 만드는 createintent를 호출한다. 이하 코드는 다음과 같다.

```
@JvmStatic
fun <T> createIntent(ctx: Context, clazz: Class<out T>, params: Array<out Pair<String,
Any?>>): Intent {
    val intent = Intent(ctx, clazz)
    if (params.isNotEmpty()) AnkoInternals.fillIntentArguments(intent, params)
    return intent
}

@JvmStatic
private fun fillIntentArguments(intent: Intent, params: Array<out Pair<String, Any?>>)
{
    params.forEach {
```

```kotlin
            val value = it.second
            when (value) {
                null -> intent.putExtra(it.first, null as Serializable?)
                is Int -> intent.putExtra(it.first, value)
                is Long -> intent.putExtra(it.first, value)
                is CharSequence -> intent.putExtra(it.first, value)
                is String -> intent.putExtra(it.first, value)
                is Float -> intent.putExtra(it.first, value)
                is Double -> intent.putExtra(it.first, value)
                is Char -> intent.putExtra(it.first, value)
                is Short -> intent.putExtra(it.first, value)
                is Boolean -> intent.putExtra(it.first, value)
                is Serializable -> intent.putExtra(it.first, value)
                is Bundle -> intent.putExtra(it.first, value)
                is Parcelable -> intent.putExtra(it.first, value)
                is Array<*> -> when {
                    value.isArrayOf<CharSequence>() -> intent.putExtra(it.first, value)
                    value.isArrayOf<String>() -> intent.putExtra(it.first, value)
                    value.isArrayOf<Parcelable>() -> intent.putExtra(it.first, value)
                    else -> throw AnkoException("Intent extra ${it.first} has wrong type
                    ${value.javaClass.name}")
                }
                is IntArray -> intent.putExtra(it.first, value)
                is LongArray -> intent.putExtra(it.first, value)
                is FloatArray -> intent.putExtra(it.first, value)
                is DoubleArray -> intent.putExtra(it.first, value)
                is CharArray -> intent.putExtra(it.first, value)
                is ShortArray -> intent.putExtra(it.first, value)
                is BooleanArray -> intent.putExtra(it.first, value)
                else -> throw AnkoException("Intent extra ${it.first} has wrong type
                ${value.javaClass.name}")
            }
            return@forEach
        }
}
```

위 코드에서 볼 수 있듯이 createIntent 메소드는 전통적인 방법으로 Intent를 만들고 fillIntentArguments 메소드를 호출해 데이터를 세팅해준다.

# Anko를 이용해 전화 걸기

앞서 Anko를 이용해 Intent를 만들고 액티비티를 실행하는 방법을 배웠다. 이어지는 절에서는 Anko를 이용해 문자 메시지를 전송하고, 전화를 걸고, 이메일을 전송하는 등의 방법을 살펴볼 것이다.

## 준비

코드를 작성하기 위해 안드로이드 스튜디오를 사용한다. build.gradle에 다음 코드를 추가해 Anko 라이브러리를 사용할 수 있도록 하자.

```
compile "org.jetbrains.anko:anko-commons:$anko_version"
```

## 실행

다음 절차를 따라서 전화를 걸어보자.

① Anko는 Intent를 사용하는 대부분의 일반적인 코드들에 대해 래퍼를 제공한다. 전화를 거는 코드도 이 중 하나에 해당한다. 이를 위한 래퍼는 makeCall 함수이며, makeCall 함수는 전화번호를 매개변수로 받는다.

```
makeCall("+9195xxxxxxxx")
```

② makeCall은 성공적으로 동작했을 때 true를 반환하고 그렇지 않은 경우 false를 반환한다. 한가지 유의해야 할 점은 manifest 파일에 CALL_PHONE 권한을 기술하는 것이다.

```
<uses-permission android:name="android.permission.CALL_PHONE"/>
```

## 어떻게 동작하나

makeCall이 어떻게 구현되어 있나 코드를 보자.

```
fun Context.makeCall(number: String): Boolean {
    try {
        val intent = Intent(Intent.ACTION_CALL, Uri.parse("tel:$number"))
        startActivity(intent)
```

```
            return true
    } catch (e: Exception) {
            e.printStackTrace()
            return false
    }
}
```

내부적으로는 이제까지 사용했던 방법과 동일하게 Intent.ACTION_CALL을 매개변수로 받는 Intent를 만들고 실행하는 코드로 구현되어있는 것을 알 수 있다.

# Anko를 이용해 문자 메시지 보내기

Anko는 Intent를 사용하는 대부분의 일반적인 코드들에 대해 아주 단순하게 호출할 수 있도록 만들어진 래퍼를 제공한다. SMS를 보내는 행위도 이에 해당한다. 이 절에서는 특정 휴대폰 번호로 메시지를 보내는 방법에 대해 알아보자.

## 준비

코드를 작성하기 위해 안드로이드 스튜디오를 사용한다. build.gradle에 다음 코드를 추가해 Anko 라이브러리를 사용할 수 있도록 하자.

```
compile "org.jetbrains.anko:anko-commons:$anko_version"
```

gitlab.com/aanandshekharroy/Anko-examples의 3-intent-actions 브랜치에서 소스코드를 다운받을 수도 있다.

## 실행

다음 단계를 따라 SMS를 발송해보도록 하자.

① Anko는 전화번호와 메시지를 매개변수로 받는 sendSMS라는 메소드를 제공한다.

```
sendSMS("+9195xxxxxxxx", "Hi")
```

② 이 메소드를 호출하면 메시지 앱을 실행하거나 2개 이상의 메시지 앱이 있다면 어떤 메시지 앱을 실행할지 묻는 팝업이 뜨게 된다. 이 메소드를 사용하기 위해서는 manifest 파일에 다음 권한을 기술해야 한다. 그렇지 않으면 Security Exception을 만나게 될 것이다.

```
<uses-permission android:name="android.permission.SEND_SMS"/>
```

## 어떻게 동작하나

이것이 어떻게 동작하는지 알기 위해 메소드의 구현을 살펴보자.

```
fun Context.sendSMS(number: String, text: String = ""): Boolean {
    try {
        val intent = Intent(Intent.ACTION_VIEW, Uri.parse("sms:$number"))
        intent.putExtra("sms_body", text)
        startActivity(intent)
        return true
    } catch (e: Exception) {
        e.printStackTrace()
        return false
    }
}
```

코드에서 볼 수 있듯이 메시지 앱을 띄우기 위해 명시적 Intent를 사용한다. 이 메소드는 context를 필요로하기 때문에 Fragment에서 호출하기 위해서는 activity.sendSMS(...)로 호출해야 한다.

# Anko를 이용해 웹페이지 띄우기

이 절에서는 웹페이지를 띄우는 데 도움이 되는 Anko 헬퍼에 대해서 살펴보겠다.

## 준비

코드를 작성하기 위해 안드로이드 스튜디오를 사용한다. build.gradle에 다음 코드를 추가해 Anko 라이브러리를 사용할 수 있도록 하자.

```
compile "org.jetbrains.anko:anko-commons:$anko_version"
```

gitlab.com/aanandshekharroy/Anko-examples의 3-intent-actions 브랜치에서 소스코드를
다운받을 수도 있다.

## 실행

이제 Intent를 이용해 브라우저를 띄우는 방법을 보자.

Anko는 웹 주소를 매개변수로 받고 브라우저를 실행시켜주는 browse 함수를 제공한다. 만약 디
바이스에 여러 종류의 브라우저가 설치되어 있다면 브라우저를 선택할 수 있도록 팝업이 뜰 것이
다. 예제 코드를 보자.

```
browse("http://www.google.com")
```

매개변수로 들어가는 웹 주소의 접두사는 http://이나 https://여야 한다. 그렇지 않으면
ActivityNotFound 예외를 만나게 될 것이다.

## 어떻게 동작하나

browse 함수는 기존에 자바에서 작성했던 코드를 쉽게 사용할 수 있도록 랩핑해놓은 것이다. 이
함수의 구현을 보면 이전에 사용하던 자바 코드와 같은 내용의 코드가 들어있다.

```
fun Context.browse(url: String, newTask: Boolean = false): Boolean {
    try {
        val intent = Intent(Intent.ACTION_VIEW)
        intent.data = Uri.parse(url)
        if (newTask) {
            intent.addFlags(Intent.FLAG_ACTIVITY_NEW_TASK)
        }
        startActivity(intent)
        return true
    } catch (e: ActivityNotFoundException) {
        e.printStackTrace()
        return false
    }
}
```

이 함수는 코드가 제대로 동작했는지 여부에 따라 true / false를 반환한다.

# Anko를 이용해 텍스트 공유하기

이번 절에서는 Anko를 이용해 어떻게 텍스트를 공유하는지에 대해 알아보자. 텍스트를 공유하는 것은 매우 일반적인 일이고 Anko는 이를 쉽게 해주는 래퍼 또한 제공한다.

## 준비

코드를 작성하기 위해 안드로이드 스튜디오를 사용한다. build.gradle에 다음 코드를 추가해 Anko 라이브러리를 사용할 수 있도록 하자.

```
compile "org.jetbrains.anko:anko-commons:$anko_version"
```

gitlab.com/aanandshekharroy/Anko-examples의 3-intent-actions 브랜치에서 소스코드를 다운받을 수도 있다.

## 실행

다음 단계를 따라 Intent를 이용해 텍스트를 공유해보자.

1 Anko는 공유할 텍스트를 매개변수로 받고 제목은 옵셔널하게 받는 share 메소드를 제공한다. 제목은 이메일 등의 앱에 텍스트를 공유할 때 유용하게 쓰일 수 있다.

```
share("Hey", "Some subject")
```

2 두 번째 매개변수(제목) 없이 다음처럼 호출할 수도 있다.

```
share("Hey")
```

## 어떻게 동작하나

share 메소드의 구현부를 보면 역시 기존에 자바로 작성하던 것과 같은 내용의 코드를 사용하기 쉽도록 랩핑해놓은 것에 불과하다는 것을 알 수 있다.

```
fun Context.share(text: String, subject: String = ""): Boolean {
    try {
```

```
        val intent = Intent(android.content.Intent.ACTION_SEND)
        intent.type = "text/plain"
        intent.putExtra(android.content.Intent.EXTRA_SUBJECT, subject)
        intent.putExtra(android.content.Intent.EXTRA_TEXT, text)
        startActivity(Intent.createChooser(intent, null))
        return true
    } catch (e: ActivityNotFoundException) {
        e.printStackTrace()
        return false
    }
}
```

# Anko를 이용해 이메일 보내기

이번에는 Anko의 래퍼를 이용해 이메일 보내는 방법을 살펴보자. 이메일 보내기는 대부분의 앱이 제공하는 매우 유용한 기능이다.

## 준비

코드를 작성하기 위해 안드로이드 스튜디오를 사용한다. build.gradle에 다음 코드를 추가해 Anko 라이브러리를 사용할 수 있도록 하자.

```
compile "org.jetbrains.anko:anko-commons:$anko_version"
```

gitlab.com/aanandshekharroy/Anko-examples의 3-intent-actions 브랜치에서 소스코드를 다운받을 수도 있다.

## 실행

이번에는 Anko 라이브러리에서 제공하는 email 함수를 사용할 것이다. 이 함수는 세 개의 매개변수를 받는데 이메일 주소 한 가지만 필수항목이다.

```
email("support@xxxxxx.com", "Subject", "Text")
```

## 어떻게 동작하나

먼저 email 함수의 구현을 보자.

```kotlin
fun Context.email(email: String, subject: String = "", text: String = ""): Boolean {
    val intent = Intent(Intent.ACTION_SENDTO)
    intent.data = Uri.parse("mailto:")
    intent.putExtra(Intent.EXTRA_EMAIL, arrayOf(email))
    if (subject.isNotEmpty())
        intent.putExtra(Intent.EXTRA_SUBJECT, subject)
    if (text.isNotEmpty())
        intent.putExtra(Intent.EXTRA_TEXT, text)
    if (intent.resolveActivity(packageManager) != null) {
        startActivity(intent)
        return true
    }
    return false

}
```

코드를 보면 알 수 있듯이 subject와 text 매개변수가 비어있는지를 체크한 후 이메일 앱을 실행시킨다. email 함수 역시 예전부터 사용해왔던 코드를 사용하기 쉽게 포장해놓은 것이다.


# Anko를 이용해 다이얼로그 만들기

Anko의 정말 멋진 기능 중 하나는 아주 손쉽게 다이얼로그를 띄우는 것이다. 이를 이용하면 획기적으로 줄어든 코드로 다이얼로그를 띄울 수 있다.

## 준비

코드를 작성하기 위해 안드로이드 스튜디오를 사용한다. build.gradle에 다음 코드를 추가해 Anko 라이브러리를 사용할 수 있도록 하자.

```
compile "org.jetbrains.anko:anko:$anko_version"
```

gitlab.com/aanandshekharroy/Anko-examples의 2-creating-dialogs-using-anko 브랜치에서 소스코드를 다운받을 수도 있다.

## 실행

다음 단계를 따라 다이얼로그를 만들어보자.

① 첫 예제로 아주 간단한 경고 박스를 생성해보자. 이를 실행하기 위해서는 다음과 같이 짧은 코드만 작성하면 된다.

```
alert("A simple alert","Alert") { }.show()
```

② 위 코드를 실행하면 다음과 같은 화면이 보일 것이다.

③ 다이얼로그에서 사용자로 하여금 어떤 액션을 수행하게 하고 싶을 때에는 Anko가 제공하는 다음 코드를 사용할 수 있다.

```
alert("작업을 수행하시겠습니까??", "팝업") {
    yesButton {
        toast("OK를 눌렀습니다.")
    }
    noButton {
        toast("CANCEL을 눌렀습니다.")
    }
    neutralPressed("MEH") {
        toast("MEH를 눌렀습니다.")
    }
}.show()
```

④ 위 코드를 실행하면 다음과 비슷한 화면을 보게 될 것이다.

⑤ yesButton과 noButton의 문구를 변경할 수도 있다. 이 경우 positiveButton과 negativeButton을 사용하면 된다. 예제 코드를 보자.

```kotlin
alert("작업을 수행하시겠습니까??", "팝업") {
    positiveButton("네") {
        toast("'네'를 눌렀습니다.")
    }
    negativeButton("아니오") {
        toast("'아니오'를 눌렀습니다.")
    }
    neutralPressed("메") {
        toast("'메'를 눌렀습니다.")
    }
}.show()
```

위 코드를 실행하면 다음과 비슷한 화면을 볼 수 있다.

6 또 다른 흔히 쓰이는 다이얼로그의 유형 중 하나는 프로그레스 다이얼로그다. Anko를 이용해 다음과 같은 프로그레스 다이얼로그를 쉽게 만들 수 있다.

7 이런 프로그레스 다이얼로그는 작업이 얼마나 진행되었는지를 사용자가 인지할 수 있게 하는 데 좋다. 프로그레스 다이얼로그는 프로그레스바를 움직일 수 있는 incrementProgressBy라는 함수도 제공한다. 이와 같이 프로그레스 다이얼로그를 생성하기 위해서는 다음과 같은 코드를 사용하면 된다

```
val dialog = progressDialog(message = "잠시만 기다려주세요...", title = "데이터를 불러오는 중")
dialog.show()
```

⑧ 다음 이미지처럼 진행량이 아닌 무한로딩을 표현하고 싶을 수도 있을 것이다.

```
indeterminateProgressDialog("잠시만 기다려주세요...").show()
```

## 텍스트 목록이 있는 다이얼로그 만들기

앞서 우리는 몇가지 유형의 다이얼로그를 만드는 것에 대해 살펴보았다. 이번에는 다음 이미지처럼 텍스트버튼 목록이 있는 다이얼로그를 만들어보도록 하자.

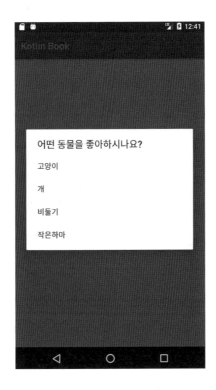

## 준비

코드를 작성하기 위해 안드로이드 스튜디오를 사용한다. build.gradle에 다음 코드를 추가해 Anko 라이브러리를 사용할 수 있도록 하자.

```
compile "org.jetbrains.anko:anko:$anko_version"
```

## 실행

다음 단계를 따라 텍스트 목록을 표시하는 다이얼로그를 띄워보자.

Anko는 텍스트 목록을 표시해주는 팝업을 띄울 수 있는 selector라는 함수를 제공한다. 이 함수는 사용하기 매우 쉽게 작성되어 있다. 타이틀과 텍스트목록만 넘겨주면 다이얼로그를 띄워주고 람다를 통해 목록 중 하나를 눌렀을 때에 실행될 액션 또한 정의할 수 있다. 다음은 selector 함수의 예제이다.

```kotlin
val animals = listOf("고양이", "개", "비둘기", "작은하마")
selector("어떤 동물을 좋아하시나요?", animals, { dialogInterface, i ->
    toast("${animals[i]}을(를) 좋아하시는군요!")
})
```

보다시피 매우 단순하고 간결한 코드로 텍스트 목록이 있는 다이얼로그를 띄울 수 있다. 목록 중 하나를 선택한다면 람다에 정의된대로 토스트 메시지를 볼 수 있을 것이다.

## 어떻게 동작하나

다른 래퍼들과 마찬가지로 Anko는 복잡한 구현을 감추고 단순한 함수로 포장해서 제공한다. 다음은 selector 함수의 구현이다.

```kotlin
fun Context.selector(
        title: CharSequence? = null,
        items: List<CharSequence>,
        onClick: (DialogInterface, Int) -> Unit
) {
    with(AndroidAlertBuilder(this)) {
        if (title != null) {
            this.title = title
        }
        items(items, onClick)
        show()
    }
}
```

보다시피 AndroidAlertBuilder와 그 메소드들이 호출되고 있고 메소드들을 따라가보면 예전 방식의 자바 코드가 그대로 있는 것을 확인할 수 있다.

## 뷰에서 Anko 사용

Anko는 레이아웃을 작성하고 뷰를 조작하는 것을 매우 쉽게 만들어준다. Anko를 이용하면 가독성이 좋은 깔끔한 코드를 손쉽게 작성할 수 있다. 이 절에서는 Anko를 이용해 뷰를 작업하는 것에 대해 살펴보자.

## 준비

코드 작성을 위해 안드로이드 스튜디오 3을 준비하자. 코틀린 지원을 포함한 새 프로젝트를 만들고 빈 액티비티(코틀린)를 생성한다. 이번 단계를 진행하기 위해서는 안드로이드 개발에 대한 이해를 필요로 한다. build.gradle에 다음 코드를 추가해 Anko 라이브러리를 사용할 수 있도록 하자.

```
compile "org.jetbrains.anko:anko:$anko_version"
```

$anko_version은 최신으로 변경한다.

## 실행

Anko는 안드로이드 개발 시 흔하게 사용되는 많은 코드들을 쉽고 짧게 작성할 수 있도록 도와준다. 토스트, 스낵바, 다이얼로그 등이 그 예이다. 일반적으로 이런 뷰들을 보여주려면 상당히 많은 코드들을 작성해야 한다. 이 코드들이 Anko를 이용하면 얼마나 간단해질 수 있는지 알아보자.

### – 다이얼로그 :

뷰의 최상위 레이어에 표시되는 팝업으로 사용자에게 경고나 메시지를 전달하기 위해 사용된다.

다이얼로그를 보여주려면 다음과 같이 코드를 작성하면 된다.

```
alert("안녕하세요?", "저는 작은 하마입니다.") {
    yesButton { toast("기차는 어디 있니?") }
    noButton { toast("너는 아주...") }
}.show()
```

Appcompat 다이얼로그 팩토리를 사용한다면 다음과 같이 작성할 수 있다.

```
alert(Appcompat, "힘세고 강한 아침").show()
프로그레스 다이얼로그들은 다음과 같이 작성한다.
val dialog = progressDialog(message = "잠시만 기다려주십시오.", title = "데이터를 불러오는 중")
dialog.show()

indeterminateProgressDialog("얼마나 걸릴지는 약속드릴 수 없습니다.").show()
```

### - 토스트 :

토스트는 짧은 시간동안 정보를 보여주고 사라지는 인터페이스이다.

토스트 메시지를 보여주기 위해서는 다음 중 하나를 골라서 사용할 수 있다.

```
toast("안녕?")
toast(R.string.greet)
longToast("우리는 잠시 스쳐지났다.")
```

### - 스낵바 :

스낵바는 토스트 메시지와 비슷하지만 사용자로부터 인터랙션을 요구할 수 있다는 점에서 다르다. 스낵바를 사용하기 위해서는 다음 의존성을 추가해야 한다.

```
compile "org.jetbrains.anko:anko-design:$anko_version"
```

스낵바는 문자열을 직접 넣을지 문자열 리소스를 이용할 것인지, 얼마나 길게 띄울 것인지, 인터랙션용 버튼을 배치할 것인지 등에 따라 사용할 수 있는 몇가지 방법이 존재한다. 다음은 몇가지 예이다.

```
snackbar(rootView, "안녕?")
snackbar(rootView, R.string.greet)
longSnackbar(rootView, "나는 조금 더 오래 머무를 생각이야.")
snackbar(rootView, "실행했습니다.", "재시도") {
    toast("재시도했습니다.")
}
```

### - DSL로 레이아웃 작성 :

Anko는 레이아웃을 정의하거나 이미 정의된 XML 레이아웃의 뷰를 조작할 수 있는 쉬운 방법을 제공한다.

DSL로 레이아웃을 작성하는 것은 매우 간단하다. 액티비티에 다음과 같은 코드로 레이아웃을 정의할 수 있다.

```
override fun onCreate(savedInstanceState: Bundle?) {
    super.onCreate(savedInstanceState)
```

```
        rootView = verticalLayout {
            padding = dip(20)
            editText1 = editText {
                hint = " 이름을 입력해주세요"
            }
            editText2 = editText {
                hint = "메시지를 입력해주세요"
            }
            btn = button("입력") {
                onClick {
                    toast(" 이것은 토스트입니다.")
                }
            }
        }
    }
```

또는 AnkoComponent를 상속받은 별도의 클래스에 작성하는 것도 가능하다.

```
class MainActivity : AppCompatActivity() {

    override fun onCreate(savedInstanceState: Bundle?) {
        super.onCreate(savedInstanceState)
        MainActivityUI().setContentView(this)
    }

}

class MainActivityUI : AnkoComponent<MainActivity> {
    override fun createView(ui: AnkoContext<MainActivity>): View = with(ui) {
        verticalLayout {
            padding = dip(20)
            editText {
                hint = " 이름을 입력해주세요."
            }
            editText {
                hint = "메시지를 입력해주세요."
            }
            button("입력") {
                onClick {
                    toast(" 이것은 토스트입니다.")
                }
            }
```

```
            }
        }
    }
```

위 두 예제 모두 다음과 같은 레이아웃을 볼 수 있다.

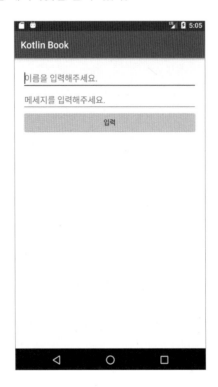

## – XML로 작성된 레이아웃의 뷰 조작하기 :

다음과 같이 XML로 정의된 레이아웃이 있다고 하자.

```
<?xml version="1.0" encoding="utf-8"?>
<android.support.design.widget.CoordinatorLayout xmlns:android="http://
schemas.android.com/apk/res/android"
    xmlns:app="http://schemas.android.com/apk/res-auto"
    xmlns:tools="http://schemas.android.com/tools"
    android:layout_width="match_parent"
    android:layout_height="match_parent"
    tools:context=".MainActivity">

    <LinearLayout xmlns:android="http://schemas.android.com/apk/res/android"
```

```
    xmlns:app="http://schemas.android.com/apk/res-auto"
    xmlns:tools="http://schemas.android.com/tools"
    android:layout_width="match_parent"
    android:layout_height="match_parent"
    android:background="@android:color/white"
    android:orientation="vertical"
    app:layout_behavior="@string/appbar_scrolling_view_behavior">

    <EditText
        android:id="@+id/name"
        android:layout_width="match_parent"
        android:layout_height="wrap_content"
        android:hint=" 이름을 입력해주세요. " />

    <EditText
        android:id="@+id/message"
        android:layout_width="match_parent"
        android:layout_height="wrap_content"
        android:hint="메시지를 입력해주세요." />

    <Button
        android:id="@+id/btn_send"
        android:layout_width="match_parent"
        android:layout_height="wrap_content"
        android:text="입력" />
    </LinearLayout>
</android.support.design.widget.CoordinatorLayout>
```

Anko를 이용하면 이 XML의 뷰에 손쉽게 접근해 조작할 수 있다. 예제 코드를 살펴보자.

```
override fun onCreate(savedInstanceState: Bundle?) {
    super.onCreate(savedInstanceState)
    setContentView(R.layout.activity_main)

    var name = find<EditText>(R.id.name)
    var buttonSend = find<Button>(R.id.btn_send)
    buttonSend.onClick {
        toast("안녕하세요, ${name.text}! 메시지가 입력되었습니다!")
    }
}
```

이름과 메시지를 입력하고 입력 버튼을 누르면 다음과 같은 화면을 볼 수 있을 것이다.

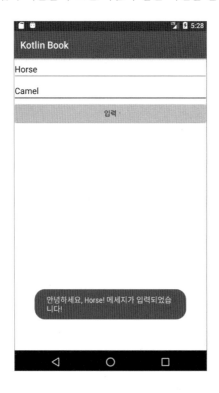

# Anko를 이용해 로그 남기기

로깅은 애플리케이션을 디버깅하는 데 사용할 수 있는 매우 기본적이고도 강력한 방법이다. 지금까지 기본적으로는 andoid.util.Log를 사용해왔을 것이다. 하지만 Log는 모든 메시지에 번번이 태그를 입력해야 하고 태그를 입력하기 위해서는 태그를 정의(태그는 대부분의 경우 클래스명으로 정의하기 때문에 불필요한 작업이라는 인식이 많다)해야 하는 등의 번거로움이 따른다. Anko는 anko-commons에 anko-logger를 제공하며 로거를 사용한다면 예전과 같은 번잡한 코드가 필요하지 않다. 이번 절에서는 anko-logger에 대해 살펴보도록 하자.

## 준비

코드를 작성하기 위해 안드로이드 스튜디오를 사용한다. build.gradle에 다음 코드를 추가해
anko-commons 라이브러리를 사용할 수 있도록 하자. Anko Logger는 anko-commons에 포
함되어 있다.

```
compile "org.jetbrains.anko:anko-commons:$anko_version"
```

## 실행

다음 단계를 따라 Anko Logger를 사용해 로깅하는 방법을 알아보자.

① Anko Logger를 사용해로깅을 하기 위해서는 AnkoLogger를 구현하는 것으로 모든 준비가
끝난다.

```
class MainAcivity: AppCompatActivity(), AnkoLogger {
    …
}
```

② 이제 메소드 내부에서 다음과 같은 코드로 로깅을 할 수 있다.

```
info("이것은 info로그입니다.")
```

③ android.util.Log의 로그 메소드들은 다음 표와 같이 Anko Logger로 대체될 수 있다.

| android.util.Log | AnkoLogger |
| --- | --- |
| v() | verbose() |
| d() | debug() |
| i() | info() |
| w() | warn() |
| e() | error() |
| wtf() | wtf() |

④ AnkoLogger에서 기본적으로 태그는 클래스명이 사용된다. 다른 태그를 사용하고 싶다면 loggerTag 속성을 오버라이드하기만 하면 된다.

```kotlin
class MainActivity: AppCompatActivity(), AnkoLogger {
    override val loggerTag = "CustomTag"
    …
}
```

⑤ 다음과 같은 방법으로 로거를 객체로 사용할 수도 있다.

```kotlin
class MainActivity : AppCompatActivity() {
    private val log = AnkoLogger<MainActivity>()
    private val logWithASpecificTag = AnkoLogger("my_tag")

    override fun onCreate(savedInstanceState: Bundle?) {
        super.onCreate(savedInstanceState)
        setContentView(R.layout.activity_main)

        log.info("log 객체를 통해 로깅")
        logWithASpecificTag.info("logWithSpecificTag 객체를 통해 로깅")
    }
}
```

⑥ 각 로그 메소드는 즉각적인 로깅과 지연 로깅의 두 가지 버전을 가지고 있다.

```kotlin
info("info message")
info {"info message"}
```

⑦ 지연 로깅은 Log.isLoggable(tag, Log.{LEVEL})이 true일 때만 로그를 남긴다.


## Anko를 이용한 디스플레이 단위 사용

XML에서는 디바이스의 물리적 해상도로부터 독립적으로 뷰의 크기를 지정하기 위해서 dp나 dip를 사용하고 폰트 크기를 위해서는 sp를 사용한다. dp는 가상의 픽셀 단위이다. sp는 dp와 비슷하지만 폰트 크기 지정에만 사용되며 사용자 디바이스의 폰트 크기 설정에 영향을 받는다. 이번 절에서는 DSL 레이아웃을 이용해 뷰와 폰트의 크기를 지정하는 방법에 대해 학습한다.

## 준비

코드를 작성하고 실행하기 위해 안드로이드 스튜디오를 준비한다. 코틀린을 지원하는 새 프로젝트를 생성하고 빈 액티비티를 하나 만든다. 이 절의 예제는 안드로이드 개발에 대한 이해를 전제로 한다. build.gradle에 다음 코드를 추가해 Anko 라이브러리를 사용할 수 있도록 하자.

```
compile "org.jetbrains.anko:anko:$anko_version"
```

## 실행

다음 단계를 따라 Anko를 이용해 단위를 변환 및 사용하는 방법을 익혀보자.

① 120dip, 24sp를 정의하는 방법은 다음과 같다.

```
dip(120)
sp(24)
```

② 다음 코드는 dip와 sp를 이용해 텍스트뷰와 버튼을 만든 예제이다. Anko는 TextView의 textSize 속성을 기본적으로 sp 단위로 받기 때문에 달리 sp()를 호출할 필요는 없다.

```
verticalLayout {
    padding = dip(20)
    textView {
        text = "큰 글자"
        textSize = 24f
    }
    button("클릭") {
        onClick {
            toast( " 이것은 토스트입니다.")
        }
    }.lparams(dip(280), dip(80))
}
```

③ 이 레이아웃은 다음과 같을 것이다.

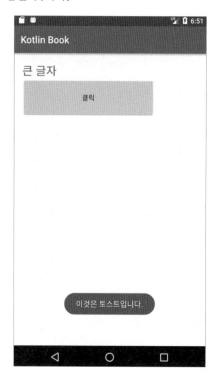

④ Anko는 편의를 위해 픽셀 단위를 dip/sp로 변환하는 px2dip(pixels), px2sp(pixels) 메소드를 제공한다. Anko가 없다면 귀찮은 수식을 작성해야 하는 코드지만 이로 인해 개발 시간이 많이 단축될 수 있다.

## 안드로이드 버전 체크하기

안드로이드 운영체제의 버전은 매우 빈번하게 업데이트되며 최신 버전마다 새로운 기능들이 추가된다. 구글이 하위 호환성을 위해 많은 노력을 기울이지만 항상 완벽하게 지원할 수는 없다. 예를 들어 매터리얼 디자인 컴포넌트들은 하위 호환이 되지 않는다. 이를 사용하기 위해서는 타겟 API 레벨을 21 이상으로 설정해야 한다. 이런 요소들 때문에 개발자들은 항상 어떤 기능이 모든 레벨에서 정상적으로 수행될 수 있는지를 확인하고 버전에 따른 분기를 작성해야 한다. 분기 방법은 다음과 같다.

```
if(Build.VERSION.SDK_INT > Build.VERSION_CODES.JELLY_BEAN) {
    // 젤리빈 이후 버전일 때만
}
```

Anko는 동일한 기능을 하는 조금 더 간단한 문법을 제공한다. 이번 절에서는 이에 대해 알아보도록 하자.

## 준비

코드를 작성하기 위해 안드로이드 스튜디오를 사용한다. build.gradle에 다음 코드를 추가해 Anko 라이브러리를 사용할 수 있도록 하자.

```
compile "org.jetbrains.anko:anko:$anko_version"
```

## 실행

Anko를 이용하면 안드로이드 버전 체크가 매우 쉬워진다. Anko에서 제공하는 함수는 다음과 같다.

- doIfSdk : 버전 코드와 함수를 매개변수로 받는다. 디바이스의 API 레벨이 버전 코드와 같으면 함수가 실행된다. 다음은 예제 코드이다.

```
doIfSdk(Build.VERSION_CODES.LOLLIPOP) {
    // 롤리팝(21)일 때 실행
}
```

- doFromSdk : 버전 코드와 함수를 매개변수로 받는다. 디바이스의 API 레벨이 버전 코드이상이면 함수가 실행된다. 다음은 예제 코드이다.

```
doFromSdk(Build.VERSION_CODES.LOLLIPOP) {
    // 롤리팝(21) 이상일 때 실행
}
```

## 어떻게 동작하나

위 헬퍼 메소드들의 구현은 다음과 같다.

```
doIfSdk:

inline fun doIfSdk(version: Int, f: () -> Unit) {
    if (Build.VERSION.SDK_INT == version) f()
}


doFromSdk:

inline fun doFromSdk(version: Int, f: () -> Unit) {
    if (Build.VERSION.SDK_INT >= version) f()
}
```

보다시피 내부적으로는 Anko가 없던 시절에 자바에서 해왔던 것과 마찬가지의 코드가 감싸져
있다.

# chapter 9

# Anko Layouts

이 장에서는 다음과 같은 내용을 다룬다.

- Anko Layout을 위해 그레이들에 Anko 라이브러리 설정하기
- 코틀린 코드로 유저 인터페이스 만들기
- 이미 작성된 XML 레이아웃 이용하기
- AnkoComponent 인터페이스 이용하기
- Anko에서 안드로이드 테마 설정
- Anko 뷰의 레이아웃 매개변수 설정
- Anko 뷰에이벤트 리스너 추가하기
- DSL에서 XML 레이아웃 삽입하기
- XML 파일을 DSL로 변환하기
- 스낵바 띄우기
- 토스트 띄우기
- 합성 속성을 이용해 뷰에 접근하기
- 확장 함수를 이용해 뷰그룹 안의 뷰에 접근하기

## 소개

Anko는 안드로이드 개발을 쉽고 빠르게 도와주는 코틀린 라이브러리이다. Anko를 이용하면 코드가 깔끔하고 간결해진다. 많은 안드로이드 개발자는 XML을 이용해 UI를 작성하는 것에 익숙하지만 XML 레이아웃에는 타입 안정성, null 체크에 대한 처리 등이 부족하고 중복된 코드도 많이 사용하게 되는 단점이 존재한다. 또한 XML을 파싱하는 과정에서 시간과 배터리를 소모하게 된다. 일부 개발자들은 자바 코드를 이용해 레이아웃을 작성하지만 이는 유지보수가 어렵고 코드 라인이 급격히 증가하게 된다.

Anko를 사용하게 되면 코틀린 DSL로 레이아웃을 정의할 수 있다. DSL로 레이아웃을 정의하면 레이아웃 작성이 쉽고 가독성이 좋아지며 실행 시 오버헤드가 줄어들게 된다. 안드로이드 개발 경험이 있고 XML 레이아웃에 익숙한 개발자라면 부담 없이 Anko layout을 이용할 수 있을 것이다.

## Anko Layout을 위해 그레이들에 Anko 라이브러리 설정하기

어떤 라이브러리를 사용하든 가장 기본적이자 중요한 부분은 프로젝트에 라이브러리 의존성을 추가하는 일이다. 이 절에서는 gradle을 이용해 Anko layout 의존성을 추가하는 방법을 살펴보자.

### 준비

코드 작성을 위해 안드로이드 스튜디오 3을 준비한다. 그리고 새 프로젝트를 생성하고 빈 액티비티를 하나 만든다. 이 단계는 안드로이드 개발에 대한 이해를 전제로 한다.

### 실행

다음 단계를 따라 프로젝트에 Anko를 추가하자.

[1] build.gradle에 다음 한 줄을 추가함으로써 Anko의 모든 컴포넌트들을 이용할 수 있다.

```
compile "org.jetbrains.anko:anko:$anko_version"

// $anko_version은 최신 버전으로 사용한다.
```

② gradle sync를 통해 anko 의존성이 추가되면 간단한 다이얼로그 코드를 작성해 테스트한다. XML 레이아웃에 버튼을 추가하고 onClickListener를 이용해 다음 코드를 실행할 수 있도록 해보자.

```
alert(" 이것은 다이얼로그 메시지입니다.", "다이얼로그") {
    yesButton { toast("OK를 클릭했습니다.") }
    noButton {toast("CANCEL을 클릭했습니다.") }
}.show()
```

③ 앱을 실행시키고 버튼을 클릭하면 다음과 비슷한 화면을 볼 수 있을 것이다.

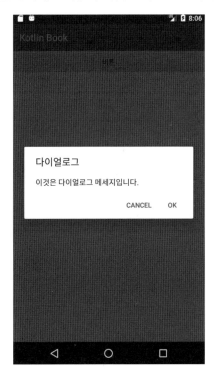

④ Anko의 개별적인 요소만 추가할 수도 있다. 예를 들면 이번 절에서 우리는 Anko layout만 필요로한다. 단계 1에서 build.gradle에 추가한 코드를 제거하고 다음 단계를 따라해보자.

⑤ build.gradle에 다음 코드라인을 삽입한다.

```
compile "org.jetbrains.anko:anko-sdk25:$anko_version"
compile "org.jetbrains.anko:anko-appcompat-v7:$anko_version"
```

6 gradle sync가 끝나고 오류 없이 진행됐다면 프로젝트에서 Anko layout을 이용할 수 있게 되었을 것이다. 레이아웃에는 거의 필연적으로 이벤트 리스너가 필요하므로 Anko coroutines 도 추가해주자.

```
compile "org.jetbrains.anko:anko-sdk25-coroutines:$anko_version"
compile "org.jetbrains.anko:anko-appcompat-v7-coroutines:$anko_version"
```

7 이제 Anko layout을 사용할 준비가 끝났다. 액티비티에 간단한 DSL 레이아웃 코드를 추가 해보자. 액티비티의 onCreate() 메소드에 다음 코드를 추가한다.

```
override fun onCreate(savedInstanceState: Bundle?) {
    super.onCreate(savedInstanceState)
    verticalLayout {
        button("Hello World button!") {
            onClick { toast("Hello, World!") }
        }
    }
}
```

8 디바이스나 에뮬레이터에서 앱을 실행하면 다음과 같은 화면을 보게 될 것이다.

⑨ 버튼을 클릭한다면 다음과 같은 토스트 메시지를 볼 수 있을 것이다.

## 어떻게 동작하나

build.gradle 파일에 의존성을 추가하면 그레이들은 어떤 라이브러리가 필요한지를 판단해 저장소로부터 라이브러리를 다운로드 받는다. 그리고는 필요한 라이브러리들이 프로젝트에서 로드된다. 그레이들은 이처럼 라이브러리 의존성을 아주 쉽고 빠르게 관리할 수 있도록 도와준다.

## 자세히 보기

만약 그레이들을 이용하고싶지 않다면 Anko 라이브러리 JAR 파일을 직접 프로젝트에 추가하는 방법을 고려해볼 수 있다(https://jcenter.bintray.com/org/jetbrains/anko/).

# 코틀린 코드로 유저 인터페이스 만들기

XML로 UI를 작성하는 것은 타입 안정성이나 널 안정성 등과 거리가 멀다. 그리고 연산 시간이나 배터리 소모가 더 심하다. 그렇다고 자바 코드로 UI를 작성한다면 코드량이 너무 많아져 복잡한 UI의 경우 유지보수하기도 어렵다. Anko layout은 이런 문제들의 해법이 될 수 있다. Anko layout을 이용하면 코틀린 DSL로 쉽게 UI를 만들 수 있고 오버헤드 또한 줄어든다. 이번 절에서는 코틀린 DSL로 UI를 작성하는 방법에 대해 조금 더 자세히 살펴보도록 하자.

## 준비

코드 작성과 실행을 위해 안드로이드 스튜디오 버전 3 이상을 준비한다. 코틀린 지원이 포함된 새 프로젝트를 만들고 빈 액티비티를 생성하자. 그리고 Anko 라이브러리를 사용할 수 있도록 설정한다.

이 내용은 안드로이드 개발에 대한 이해를 전제로 한다.

## 실행

먼저 간단한 예제부터 살펴보자.

[1] 앞서 생성한 빈 액티비티에 Anko를 이용해 레이아웃을 작성해보겠다.

```
verticalLayout {
    padding = dip(20)
    val name = editText {
        hint = " 이름을 입력해주세요."
    }
    val message = editText {
        hint = "메시지를 입력해주세요."
    }
    button("전송") {
        onClick {
            toast("안녕하세요, ${name.text}님! 메시지가 성공적으로 등록되었습니다!")
        }
    }
}
```

[2] 앞의 코드에서 우리는 기본적인 컨택트 폼을 만들었다. 이를 위해서 20dp의 내부 여백을 가진 verticalLayout을 만들었고, 그 안에 이름과 메시지를 입력할 두 개의 editText를 위치시켰다. 그 아래에 위치한 버튼을 클릭했을 때에는 입력 필드로부터 데이터를 받아 토스트 메시지로 뿌려준다. 이 화면은 다음과 같을 것이다.

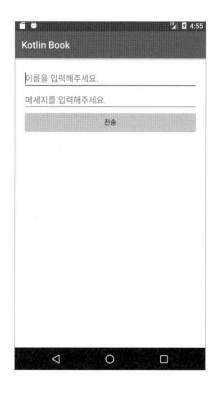

③ Anko Layout DSL은 짧은 코드로 UI를 작성할 수 있는 방법을 제공한다. 이는 작성하기 쉽고 가독성도 좋다. 더불어 XML 레이아웃에 비해 실행 시 오버헤드 또한 적다. Anko layout 은 XML 코드도 지원하며, 커스텀 컴포넌트나 이벤트 리스너를 위해 코루틴을 이용할 수도 있 다. Anko layout 코드에 대해서 미리보기까지도 가능하다.

④ 앞의 레이아웃을 앱바와 함께 coordinaorLayout에 넣는 예제를 살펴보자. coordinatorLayout을 사용하기 위해서는 Anko design support 라이브러리 의존성을 추가해 야 한다. 다음 코드를 build.gradle에 추가하고 gradle sync 작업을 진행하자.

```
compile "org.jetbrains.anko:anko-design:$anko_version"
```

⑤ Anko에는 Android support 라이브러리를 위한 많은 도구들을 지원한다. 다음은 Anko가 제공하는 라이브러리 리스트이다.

```
// Appcompat-v7 (only Anko Commons)
compile "org.jetbrains.anko:anko-appcompat-v7-commons:$anko_version"
// Appcompat-v7 (Anko Layouts)
```

```
compile "org.jetbrains.anko:anko-appcompat-v7:$anko_version"
compile "org.jetbrains.anko:anko-coroutines:$anko_version"
// CardView-v7
compile "org.jetbrains.anko:anko-cardview-v7:$anko_version"
// Design
compile "org.jetbrains.anko:anko-design:$anko_version"
compile "org.jetbrains.anko:anko-design-coroutines:$anko_version"
// GridLayout-v7
compile "org.jetbrains.anko:anko-gridlayout-v7:$anko_version"
// Percent
compile "org.jetbrains.anko:anko-percent:$anko_version"
// RecyclerView-v7
compile "org.jetbrains.anko:anko-recyclerview-v7:$anko_version"
compile "org.jetbrains.anko:anko-recyclerview-v7- coroutines:$anko_version"
// Support-v4 (only Anko Commons)
compile "org.jetbrains.anko:anko-support-v4-commons:$anko_version"
// Support-v4 (Anko Layouts)
compile "org.jetbrains.anko:anko-support-v4:$anko_version"
```

6 이제 전체 화면을 차지하는 coordinatorLayout을 만들어 그 안에 앱바와 앞서 만든 verticalLayout 및 그 내용물을 배치시켜보자. 아래의 예제 코드를 보기 전에 먼저 시도해보기 바란다.

```
coordinatorLayout {
    fitsSystemWindows = true

    lparams {
        width = matchParent
        height = matchParent
    }

    appBarLayout {
        toolbar {
            setTitleTextColor(Color.WHITE)
            setTitle("컨택트폼")
        }.lparams(width = matchParent, height = wrapContent)
    }.lparams(width = matchParent, height = wrapContent)

    verticalLayout {
        verticalLayout {
            backgroundColor = Color.LTGRAY
```

```kotlin
            gravity = Gravity.CENTER

            textView("로고") {
                textColor = R.color.colorAccent
                textSize = 24f
            }.lparams(width = wrapContent, height = wrapContent) {
                horizontalMargin = dip(5)
                topMargin = dip(10)
            }
        }.lparams(width = matchParent, height = dip(200)) {
            horizontalMargin = dip(5)
            topMargin = dip(10)
        }
        padding = dip(20)

        val name = editText {
            hint = " 이름을 입력해주세요."
        }
        val message = editText {
            hint = "메시지를 입력해주세요."
        }
        button("Send") {
            onClick {
                toast("안녕하세요, ${name.text}님! 메시지가 성공적으로 등록되었습니다!")
            }
        }
    }.lparams {
        width = matchParent
        height = matchParent
        behavior = AppBarLayout.ScrollingViewBehavior()
    }
}
```

☑ 위에서 사용된 lparams는 레이아웃에 매개변수를 설정하기 위한 확장 함수이다. 위 코드를 실행시키면 다음과 같은 화면을 볼 수 있다.

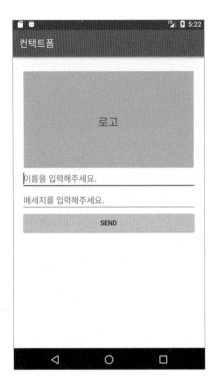

DSL로 레이아웃을 만드는 것은 XML과 크게 다를 것은 없기 때문에 XML 레이아웃에 익숙한 사람이라면 금방 적응할 수 있다. 그리고 동적으로 뷰를 추가할 때에 빠르게 대응할 수 있도록 해준다.

## 어떻게 동작하나

런타임에 레이아웃을 생성한다면 XML을 파싱하는 작업 등에서 큰 오버헤드를 가져온다. 복잡한 레이아웃의 경우 화면이 늦게 표시되면서 사용자에게 좋지 못한 UX를 제공할 수 있다.

Anko layout은 런타임에 레이아웃을 생성해도 상대적으로 오버헤드가 적으며 타입 안정성이나 null 안정성 등의 이점을 제공받을 수 있다. 당연히 findViewById()를 사용하면서 형 변환을 시도할 필요도 없다.

# 이미 작성된 XML 레이아웃 이용하기

Anko Layout의 큰 장점 중 하나는 이미 작성된 XML 레이아웃과의 호환이 가능하다는 것이다. XML 레이아웃으로부터 뷰를 가져와 속성을 제어할 수도 있다. 이 절에서는 Anko layout을 이용해 기존에 작성된 XML 레이아웃을 편하게 활용하는 방법에 대해 알아보자.

## 준비

코드 작성과 실행을 위해 안드로이드 스튜디오 버전 3 이상을 준비한다. 코틀린 지원이 포함된 새 프로젝트를 만들고 빈 액티비티를 생성하자. 그리고 Anko 라이브러리를 사용할 수 있도록 설정한다.

이 내용은 안드로이드 개발에 대한 이해를 전제로 한다.

## 실행

다음 단계를 따라 Anko layout과 함께 XML 레이아웃을 사용하는 방법에 대해 살펴보자.

① 먼저 다음과 같이 XML 레이아웃을 만들어 앞서 생성한 액티비티의 컨텐츠로 설정한다.

```xml
<?xml version="1.0" encoding="utf-8"?>
<LinearLayout xmlns:android="http://schemas.android.com/apk/res/android"
    xmlns:app="http://schemas.android.com/apk/res-auto"
    xmlns:tools="http://schemas.android.com/tools"
    android:layout_width="match_parent"
    android:layout_height="match_parent"
    android:orientation="vertical"
    android:padding="20dp"
    app:layout_behavior="@string/appbar_scrolling_view_behavior"
    tools:context=".MainActivity"
    tools:showIn="@layout/activity_main">

    <EditText
        android:id="@+id/name"
        android:layout_width="match_parent"
        android:layout_height="wrap_content"
        android:hint=" 이름을 입력해주세요." />
```

```
    <EditText
        android:id="@+id/message"
        android:layout_width="match_parent"
        android:layout_height="wrap_content"
        android:hint="메시지를 입력해주세요." />

    <Button
        android:id="@+id/btn_send"
        android:layout_width="match_parent"
        android:layout_height="wrap_content"
        android:text="전송" />

</LinearLayout>
```

② 지금까지 액티비티 안에서 뷰의 속성을 제거하거나 이벤트를 처리하고 싶을 때 findViewById()와 setOnClickListener()를 이용해왔다. 그러나 Anko layout을 이용하면 이 작업도 훨씬 쉬워지게 된다.

```
override fun onCreate(savedInstanceState: Bundle?) {
    super.onCreate(savedInstanceState)
    setContentView(R.layout.activity_main)

    var name = find<EditText>(R.id.name)
    var msg = find<EditText>(R.id.message)
    var buttonSend = find<Button>(R.id.btn_send)

    buttonSend.onClick {
        toast("안녕하세요, ${name.text}님! 메시지가 성공적으로 입력되었습니다.")
    }
}
```

③ 액티비티의 onCreate() 메소드 안에 위의 코드를 넣는다. find()는 findViewById()와 같다.

④ find() 메소드 없이 id 만으로도 뷰에 접근해 속성을 제어하고 이벤트를 핸들링하는 것이 가능하다. 이렇게 되면 군더더기 없는 깔끔한 코드가 완성된다. 다음의 코드를 확인해보자.

```
override fun onCreate(savedInstanceState: Bundle?) {
    super.onCreate(savedInstanceState)
    setContentView(R.layout.activity_main)
```

```
    var nameText = name.text
    var msg = message.text
    btn_send.onClick {
        toast("Hello, $nameText we have recorded your message!")
    }
}
```

⑤ 앞의 코드에서 name, message, btn_send 변수는 XML 레이아웃에서 뷰의 id에 해당한다.

## 어떻게 동작하나

Anko는 뷰에 접근할 수 있는 확장 함수와 확장 속성을 제공한다. 일부 함수나 속성은 안드로이드 JAR 파일을 생성할 때에 타입세이프한 빌더로 준비된다.

## 자세히 보기

코틀린이 어떻게 동작하는지 이해하는 것은 매우 가치있는 일이다. 코틀린은 XML의 뷰 id와 같은 이름의 속성을 사용할 수 있도록 부가적인 코드들을 생성해준다. 이 속성에 처음 접근할 때에는 findViewById()를 호출하지만 이후에는 캐시에 저장된 것을 사용하기 때문에 훨씬 빨라진다.

# AnkoComponent 인터페이스 이용하기

앞서 onCreate() 메소드 안에 직접 레이아웃을 정의했다. 그러나 액티비티 코드가 증가할수록 UI 코드를 분리하는 것이 유지보수상 좋을 때가 많다. 이번 절에서는 AnkoComponent 인터페이스를 이용해 별도의 파일에 UI를 작성하는 것에 대해 살펴보자.

## 준비

코드 작성과 실행을 위해 안드로이드 스튜디오 버전 3 이상을 준비한다. 코틀린 지원이 포함된 새 프로젝트를 만들고 빈 액티비티를 생성하자. 그리고 Anko 라이브러리를 사용할 수 있도록 설정한다.

이 내용은 안드로이드 개발에 대한 이해를 전제로 한다.

## 실행

다음 단계를 따라 AnkoComponent 인터페이스를 구현하는 방법을 알아보자.

① 별도의 클래스 파일을 만들어 AnkoComponent 인터페이스를 구현하고 그 안에 UI 코드를 작성하는 것으로 시작해보자.

```kotlin
class MainActivityUI : AnkoComponent<MainActivity> {

    lateinit var name: EditText
    lateinit var message: EditText
    lateinit var btnSend: Button

    override fun createView(ui: AnkoContext<MainActivity>): View = with(ui) {
        verticalLayout {
            padding = dip(20)
            name = editText {
                hint = " 이름을 입력해주세요."
            }
            message = editText {
                hint = "메시지를 입력해주세요."
            }
            btnSend = button("입력") {
            }
        }
    }
}
```

② 앞의 클래스는 AnkoComponent 인터페이스를 구현하고 있다는 것에 유념하자. 이후 createView() 메소드를 오버라이드하고 이 메소드에서 DSL 레이아웃을 반환해야 한다. 이제 이렇게 만든 레이아웃 파일을 어떻게 액티비티에 적용하는지 코드 예제를 보자. 다음은 수정된 액티비티의 onCreate() 메소드다.

```kotlin
override fun onCreate(savedInstanceState: Bundle?) {
    super.onCreate(savedInstanceState)
    MainActivityUI().setContentView(this)
}
```

③ 이제 액티비티 내부에서 레이아웃의 뷰에 접근해보도록 하자. MainActivityUI에서 생성한 뷰에 접근하는 방법에는 여러가지가 있지만 이번에는 MainActivityUI 인스턴스를 활용하는

방법을 살펴보자. 다음은 액티비티의 onCreate() 메소드에서 MainActivityUI의 뷰에 접근하는 예제 코드이다.

```kotlin
override fun onCreate(savedInstanceState: Bundle?) {
    super.onCreate(savedInstanceState)
    val mainUI = MainActivityUI()
    mainUI.setContentView(this)

    mainUI.btnSend.onClick {
        toast("안녕하세요, ${mainUI.name.text} 님! 메시지가 성공적으로 전송되었습니다.")
    }
}
```

④ 위 코드를 실행시키면 다음과 같은 결과를 볼 수 있다.

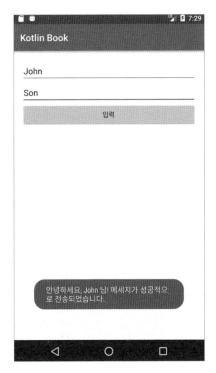

## 어떻게 동작하나

verticalLayout 블록은 Anko에서 제공되는 확장 함수이다. 이 블록은 뷰 인스턴스를 생성하고 부모 뷰에 생성된 뷰를 추가한다. Anko layout은 안드로이드 프레임워크의 모든 뷰에 대해 이러한 확장 함수를 제공한다. 예를 들어, 앞의 예제에서는 button과 editText를 사용했다. 이러한 확장 함수들은 button()의 형태로 사용할 수도 있고 블록 내부에서 속성들을 제어하도록 button { ... } 형태로도 사용할 수 있다.

## 자세히 보기

DSL 레이아웃을 분리하기 위해 AnkoComponent를 사용했다면 Anko support 플러그인을 이용해 레이아웃 미리보기가 가능하다.

이를 위해서는 안드로이드 스튜디오의 플러그인에 Anko support 플러그인을 추가해야 한다. 그리고 MainActivityUI의 코드를 연 상태로 Anko Layout Preview 윈도우를 열면 미리보기 창이 표시된다. Anko Layout Preview 메뉴는 View 메뉴 아래의 **Tool Windows 〉 Anko Layout Preview**에 있다.

만약 미리보기가 제대로 되지 않는다면 프로젝트를 다시 빌드해본다. 다음은 미리보기 화면의 예시이다.

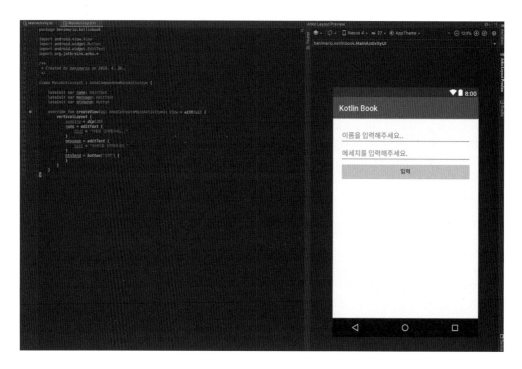

# Anko에서 안드로이드 테마 설정

뷰에 대한 스타일링을 할 수 없다면 앱의 UI는 매우 평범하고 심심할 것이다. Anko layout은 뷰에 커스텀 테마를 적용시킬 수 있는 좋은 방법을 제공한다. 이 절에서는 Anko를 이용해 커스텀 테마를 만드는 방법에 대해 살펴보도록 하자.

## 준비

코드 작성과 실행을 위해 안드로이드 스튜디오 버전 3 이상을 준비한다. 코틀린 지원이 포함된 새 프로젝트를 만들고 빈 액티비티를 생성하자. 그리고 Anko 라이브러리를 사용할 수 있도록 설정한다.

이 내용은 안드로이드 개발에 대한 이해를 전제로 한다.

## 실행

다음 단계를 따라 커스텀 테마를 설정하는 방법을 익혀보자.

① 버튼을 위한 스타일을 생성하는 일부터 시작하자. 커스텀 스타일은 res/values 디렉토리 하위의 styles.xml 파일에 정의한다. newButton이라는 이름의 스타일을 정의해보자. 다음 코드를 styles.xml 파일에 작성한다.

```
<style name="newButton" parent="android:Widget.Holo.Light.Button">
    <item name="android:colorButtonNormal">@color/colorAccent</item>
    <item name="android:textColor">@android:color/white</item>
</style>
```

② 이제 이 스타일을 버튼에 적용해보도록 하자. AnkoComponent를 구현해 액티비티와 레이아웃을 별도의 클래스로 분리하고 커스텀 테마가 적용된 버튼을 배치한다. 여기에서는 MainActivityUI 파일에 레이아웃을 정의하도록 하겠다. 다음은 MainActivityUI 클래스의 코드이다.

```
class MainActivityUI : AnkoComponent<MainActivity> {

    lateinit var name: EditText
    lateinit var message: EditText
```

```
    lateinit var btnSend: Button

    override fun createView(ui: AnkoContext<MainActivity>): View = with(ui) {
        verticalLayout {
            padding = dip(20)
            name = editText {
                hint = " 이름을 입력해주세요.."
            }
            message = editText {
                hint = "메시지를 입력해주세요."
            }
            btnSend = themedButton("입력", theme = R.style.newButton) {
            }
        }
    }
}
```

③ 액티비티의 레이아웃으로 MainActivityUI를 사용하기 위해 onCreate() 메소드를 다음과
같이 작성했다.

```
override fun onCreate(savedInstanceState: Bundle?) {
    super.onCreate(savedInstanceState)
    MainActivityUI().setContentView(this)
}
```

④ 다음은 앞의 코드를 실행한 결과 화면의 일부이다. styles.xml에 정의한대로 버튼의 색상이
변경된 것을 확인하자.

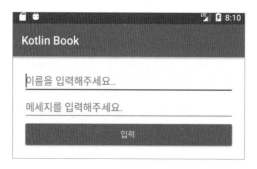

⑤ 뷰에 테마를 설정하는 방법에 대해서 간단하게 살펴보았다. 뷰를 정의하는 확장 함수 앞에
themed를 붙여서 테마를 설정할 수 있는 뷰를 생성하고 매개변수로 테마를 전달했다.

# Anko 뷰의 레이아웃 매개변수 설정

레이아웃 매개변수 없이는 우리가 레이아웃에 대해서 조작할 수 있는 부분이 거의 없다. 여기에서는 DSL 레이아웃에서 어떻게 레이아웃 매개변수를 이용하는지 알아보겠다.

## 준비

코드 작성과 실행을 위해 안드로이드 스튜디오 버전 3 이상을 준비한다. 코틀린 지원이 포함된 새 프로젝트를 만들고 빈 액티비티를 생성하자. 그리고 Anko 라이브러리를 사용할 수 있도록 설정한다.

이 내용은 안드로이드 개발에 대한 이해를 전제로 한다.

## 실행

다음 단계를 따라 Anko에서 뷰에 레이아웃 매개변수를 설정하는 방법을 익혀보자.

① AnkoComponent를 구현한 별도의 클래스에 뷰를 정의하도록 한다. 뷰에 레이아웃 매개변수를 추가하기 위해서는 Anko에서 제공하는 lparams()라는 확장 함수 뷰 블록 뒤에 붙여서 호출한다. 다음은 호출의 예이다.

```
message = editText {
    hint = "메시지를 입력해주세요."
}.lparams {
    // 여기에 레이아웃 매개변수를 정의해넣는다.
}
```

② verticalLayout 과 함께 간단한 예제를 만들어보자. 다음 예제 코드를 참고한다(굵은 글씨에 집중해서 보자).

```
verticalLayout {
    verticalLayout {
        backgroundColor = Color.LTGRAY
        gravity = Gravity.CENTER
        textView("logo") {
            textColor = context.getColor(R.color.colorAccent)
```

```
            textSize = 24f
    }.lparams(width = wrapContent, height = wrapContent) {
        horizontalMargin = dip(5)
        topMargin = dip(10)
    }
}.lparams(width = matchParent, height = dip(200)) {
    horizontalMargin = dip(5)
    topMargin = dip(10)
}
padding = dip(20)
val name = themedEditText(theme = R.style.newEditText) {
    hint = " 이름을 입력해주세요."
}
val message = editText {
    hint = "메시지를 입력해주세요."
}
val btnSend = themedButton("전송", theme = R.style.newButton) {
}
}
```

③ themedEditText와 themedButton이 사용되었지만 테마를 적용하지 않을 거라면 그냥 theme 매개변수를 제거하고 editText와 button으로 대체할 수 있다.

④ 페이지의 타이틀을 설정할 수 있도록 별도로 툴바를 넣는 또다른 예제를 살펴보자. 다음 예제 코드에는 coordinatorLayout, appBarLayout, toolbar가 추가되었다.

```
coordinatorLayout {
    fitsSystemWindows = true
    lparams {
        width = matchParent
        height = matchParent
    }
    appBarLayout {
        toolbar {
            setTitleTextColor(Color.WHITE)
            setTitle("Contact us")
        }.lparams {
            width = matchParent
            height = wrapContent
        }
    }.lparams { width = matchParent }
    verticalLayout {
        verticalLayout {
            backgroundColor = Color.LTGRAY
            gravity = Gravity.CENTER
            textView("logo") {
                textColorResource = R.color.colorAccent
                textSize = 24f
            }.lparams(width = wrapContent, height = wrapContent) {
                horizontalMargin = dip(5)
                topMargin = dip(10)
            }
        }.lparams(width = matchParent, height = dip(200)) {
            horizontalMargin = dip(5)
            topMargin = dip(10)
        }
        padding = dip(20)
        val name = themedEditText(theme = R.style.newEditText) {
            hint = " 이름을 입력해주세요."
        }
        val message = editText {
            hint = "메시지를 입력해주세요."
        }
        val button = themedButton("전송", theme = R.style.newButton) {
        }
```

```
    }.lparams {
        width = matchParent
        height = matchParent
        behavior = AppBarLayout.ScrollingViewBehavior()
    }
}
```

이 코드는 다음과 같은 화면을 출력한다.

## 어떻게 동작하나

lparams도 역시 Anko에서 제공하는 확장 함수로서 뷰에 추가되어 있다. 그리고 이를 이용해 레이아웃 매개변수를 속성값으로 제어할 수 있다. 만약 lparams에서 width와 height를 생략하면 XML에서와 마찬가지로 기본 속성이 wrapContent로 설정되게 된다. lparam 블록 내부에서 horizontalMargin, verticalMargin 등의 여러 속성들을 제어할 수 있다. XML 과 마찬가지로 서로 다른 레이아웃마다 각각의 다른 속성과 메소드들이 존재한다. 예를 들어, relativeLayout에는 alignParentBottom(), alignParentTop(), alignParentStart(),leftOf(view IdOfReferenceVie w), topOf(viewIdOfReferenceView) 등의 메소드들이 있다.

relativeLayout을 루트로 사용하는 다음 예제 코드를 보자.

```
relativeLayout {
    val ID_BTN_OK = 1

    val okButton = button("Ok") {
        id = ID_BTN_OK
    }
    okButton.lparams {
        alignParentEnd()
    }

    button("Cancel") {
    }
    .lparams {
        leftOf(okButton)
    }
    lparams(matchParent, matchParent)
}
```

위 코드는 다음과 같은 화면을 출력한다.

# Anko 뷰에 이벤트 리스너 추가하기

안드로이드의 뷰에는 이벤트 리스너가 존재한다. Anko가 이벤트 리스너 활용을 어떻게 쉽게 만들어주는지 살펴보자.

## 준비

코드 작성과 실행을 위해 안드로이드 스튜디오 버전 3 이상을 준비한다. 코틀린 지원이 포함된 새 프로젝트를 만들고 빈 액티비티를 생성하자. 그리고 Anko 라이브러리를 사용할 수 있도록 설정한다.

이 내용은 안드로이드 개발에 대한 이해를 전제로 한다.

## 실행

다음 단계를 따라 뷰에 이벤트 리스너를 추가해보자.

① 버튼 클릭 시 발생하는 간단한 이벤트 리스너부터 등록해보자.

```
btn_send.onClick { toast("안녕하세요?") }
```

② 앞의 코드는 다음과 동일한 기능을 한다.

```
var btn = find<EditText>(R.id.btn_send)
btn.setOnClickListener(object : OnClickListener {
    override fun onClick(v: View) {
        toast("Hello there we have recorded your message!")
    }
})
```

③ 이제 버튼과 별점 인터페이스를 가진 레이아웃을 하나 만들어보자. 버튼에는 onLongClick 이벤트 리스너를 추가할 것이고 별점 인터페이스에는 onRatingBarChange 리스너를 추가할 것이다. 다음 코드를 보자.

```
verticalLayout {
    padding = dip(20)
```

```
    val name = editText {
        hint = " 이름을 입력해주세요."
    }
    val message = editText {
        hint = "메시지를 입력해주세요."
    }
    button("입력") {
        onLongClick {
            toast("점수가 입력되었습니다.")
        }
    }
    var rating = ratingBar {
        onRatingBarChange { ratingBar, rating, fromUser ->
            toast(rating.toString())
        }
    }.lparams(wrapContent, wrapContent)
}
```

앞의 코드를 굵은 글씨에 주의하면서 보자. 우리는 뷰를 정의할 때에 바로 이벤트 리스너를 등록할 수 있다. 코드를 실행시키면 다음과 같은 화면을 볼 수 있다.

④ 입력 버튼을 길게 누르고 있으면 다음과 같은 토스트 메시지가 출력된다.

⑤ 마찬가지로 별점을 바꾸면 토스트 메시지가 출력된다.

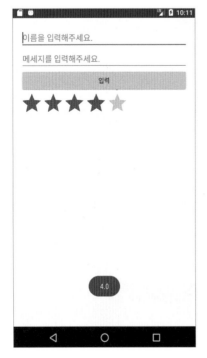

⑥ 다음 코드처럼 액티비티에서 레이아웃으로부터 이벤트 리스너를 분리해서 등록할 수도 있다.

```
override fun onCreate(savedInstanceState: Bundle?) {
    super.onCreate(savedInstanceState)
    val mainUI = MainActivityUI()
    mainUI.setContentView(this)

    mainUI.btnSend.onLongClick {
        toast("리뷰가 등록되었습니다.")
    }
}
```

이 경우 MainActivityUI에는 btnSend가 멤버변수로 선언되어 있어야 한다.

## 어떻게 동작하나

Anko는 코루틴을 지원하는 리스너 헬퍼들을 확장 함수로 제공한다. onLongClick 메소드의 경우 구현부는 다음과 같은 모습이다.

```
fun android.view.View.onLongClick(
        context: CoroutineContext = UI,
        returnValue: Boolean = false,
        handler: suspend CoroutineScope.(v: android.view.View?) -> Unit
) {
    setOnLongClickListener { v ->
        launch(context) {
            handler(v)
        }
        returnValue
    }
}
```

이 헬퍼는 많은 메소드를 가지고 있는 리스너를 등록할 경우 특히 유용하다. 다음 seekBarChangeListener의 예를 생각해보자.

```
seekBar.setOnSeekBarChangeListener(object : OnSeekBarChangeListener {
    override fun onProgressChanged(seekBar: SeekBar, progress: Int, fromUser: Boolean)
    {
        // 무언가 하는 코드
```

```
        }
        override fun onStartTrackingTouch(seekBar: SeekBar?) {
            // 아무 일도 하지 않는 빈 메소드이더라도 구현해야 한다
        }
        override fun onStopTrackingTouch(seekBar: SeekBar) {
            // 아무 일도 하지 않는 빈 메소드이더라도 구현해야 한다
        }
    })
```

이 경우 Anko의 장점을 이용하면 다음고 같이 간단하게 작성할 수 있다.

```
seekBar {
    onSeekBarChangeListener {
        onProgressChanged { seekBar, progress, fromUser ->
            // 무언가 하는 코드
        }
    }
}
```

만약 내부에 onProgressChanged()와 onStartTrackingTouch()를 같은 뷰 안에 정의한다면 이렇게 일부만 정의된 메소드들이 Anko에 의해 합쳐진다. 만약 똑같은 메소드가 여러번 정의된다면 마지막 메소드가 적용된다.

# DSL에서 XML 레이아웃 삽입하기

때때로 XML 레이아웃을 DSL 레이아웃 안에 넣어야 할 필요가 생기게 된다. Anko는 이에 대한 해결책 또한 제공한다. 이 절에서는 XML을 DSL 레이아웃 안에 넣는 방법에 대해 설명한다.

## 준비

코드 작성과 실행을 위해 안드로이드 스튜디오 버전 3 이상을 준비한다. 코틀린 지원이 포함된 새 프로젝트를 만들고 빈 액티비티를 생성하자. 그리고 Anko 라이브러리를 사용할 수 있도록 설정한다.

이 내용은 안드로이드 개발에 대한 이해를 전제로 한다.

## 실행

다음 단계를 따라 XML 레이아웃을 DSL 레이아웃에 넣어보자.

① XML 레이아웃을 DSL 레이아웃 안에 넣기 위해서 include() 메소드를 사용할 수 있다. include() 메소드로 생성된 뷰에는 여러 속성들을 제어할 수도 있으며 레이아웃 매개변수 또한 추가할 수 있다. 다음 코드를 보자.

```
include<View>(R.layout.layout_name) {
    hint = "Some hint"
    text = "Some text"
}.lparams() {}
```

② DSL 레이아웃에 XML 레이아웃을 넣어보기 위해 먼저 다음처럼 XML 레이아웃을 만들자. test.xml이라는 이름으로 파일을 만들고 LinearLayout 안에 버튼을 배치한다.

```xml
<?xml version="1.0" encoding="utf-8"?>
<LinearLayout
    xmlns:android="http://schemas.android.com/apk/res/android"
    android:orientation="vertical"
    android:layout_width="wrap_content"
    android:layout_height="wrap_content"
    android:padding="10dp">
    <Button
        android:id="@+id/btn_test"
        android:layout_width="wrap_content"
        android:layout_height="wrap_content"
        android:text="Send"
        android:background="@color/colorAccent"
        android:textColor="@android:color/white"/>
</LinearLayout>
```

③ test.xml은 다음과 같이 연두색 배경 10dp 안쪽으로 배치된 버튼이다.

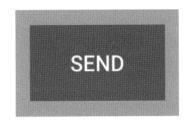

④ 이제 DSL 레이아웃 안에서 test.xml을 불러와보자. DSL 레이아웃이 액티비티의 onCreate() 내부에 있든 AnkoComponent를 구현한 별도의 클래스 파일로 분리되어있든 관계는 없다. 굵은 글씨에 주의하여 다음 DSL 레이아웃 코드를 보자.

```
verticalLayout {
    padding = dip(20)
    val name = editText {
        hint = " 이름을 입력해주세요."
    }
    val message = editText {
        hint = "메시지를 입력해주세요."
    }
    button("전송") {
        onClick {
            toast("메시지가 전송되었습니다.")
        }
    }
    include<View>(R.layout.test) {
        backgroundColor = Color.CYAN
    }.lparams(width = matchParent) { }
}
```

코드를 실행하면 다음과 같이 test.xml이 추가된 레이아웃을 볼 수 있을 것이다.

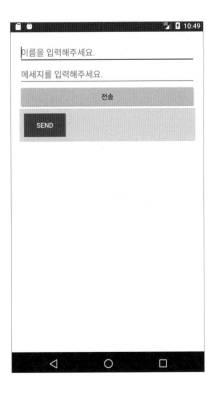

5 이제 코틀린을 사용해 include()로 포함시킨 레이아웃 뷰의 속성 제어 및 이벤트 핸들링이 가능해졌다. find()나 findViewById() 등을 사용해 id를 가진 자식 뷰에 접근이 가능하다. test.xml의 버튼에 onClick 이벤트 리스너를 추가해 확인해보자. test.xml의 버튼은 btn_test라는 id를 가지고있다.

```kotlin
override fun onCreate(savedInstanceState: Bundle?) {
    super.onCreate(savedInstanceState)
    val mainUI = MainActivityUI()
    mainUI.setContentView(this)

    btn_test.onClick {
        toast("테스트 클릭")
    }
}
```

6 앞의 예제 코드에서는 다음 구문을 넣어 test.xml에 포함된 모든 뷰를 불러왔다.

```kotlin
import kotlinx.android.synthetic.main.test.*
```

# XML 파일을 DSL로 변환하기

만약 Anko를 즐겨 이용하게 되었다면 예전에 작성했던 XML을 힘들이지 않고 DSL 레이아웃으로 변환하고 싶을 것이다. 이 절에서는 어떻게 XML 레이아웃을 손쉽게 DSL 레이아웃으로 변화하는지에 대해 살펴보자.

## 준비

코드 작성과 실행을 위해 안드로이드 스튜디오 버전 3 이상을 준비한다. 코틀린 지원이 포함된 새 프로젝트를 만들고 빈 액티비티를 생성하자. 그리고 Anko 라이브러리를 사용할 수 있도록 설정한다.

이 내용은 안드로이드 개발에 대한 이해를 전제로 한다.

## 실행

① 먼저 XML 레이아웃을 DSL 레이아웃으로 변환하는 실습을 하기 위해 XML 파일을 작성한다. 여기에서는 다음의 XML 레이아웃을 DSL 레이아웃으로 변환할 것이다.

```xml
<?xml version="1.0" encoding="utf-8"?>
<android.support.design.widget.CoordinatorLayout xmlns:android=
"http://schemas.android.com/apk/res/android"
    xmlns:app="http://schemas.android.com/apk/res-auto"
    xmlns:tools="http://schemas.android.com/tools"
    android:layout_width="match_parent"
    android:layout_height="match_parent"
    tools:context=".MainActivity">

    <android.support.design.widget.AppBarLayout
        android:layout_width="match_parent"
        android:layout_height="wrap_content"
        android:theme="@style/AppTheme">

        <android.support.v7.widget.Toolbar
            android:id="@+id/toolbar"
            android:layout_width="match_parent"
            android:layout_height="?attr/actionBarSize"
```

```xml
                    android:background="?attr/colorPrimary"
                    app:popupTheme="@style/AppTheme" />
        </android.support.design.widget.AppBarLayout>

        <LinearLayout
            android:layout_width="match_parent"
            android:layout_height="match_parent"
            android:gravity="center"
            android:orientation="vertical">

            <TextView
                android:id="@+id/text1"
                style="@style/TextAppearance.AppCompat.Title"
                android:layout_width="wrap_content"
                android:layout_height="wrap_content"
                android:layout_margin="10dp"
                android:text="텍스트1" />

            <CalendarView
                android:id="@+id/calendarView"
                android:layout_width="match_parent"
                android:layout_height="180dp"
                android:layout_margin="10dp" />

            <Button
                android:id="@+id/btn_done"
                android:layout_width="wrap_content"
                android:layout_height="wrap_content"
                android:layout_margin="10dp"
                android:background="@color/colorAccent"
                android:text="끝" />

        </LinearLayout>

        <android.support.design.widget.FloatingActionButton
            android:id="@+id/fab"
            android:layout_width="wrap_content"
            android:layout_height="wrap_content"
            android:layout_gravity="bottom¦end"
            android:layout_margin="10dp"
            app:srcCompat="@android:drawable/ic_dialog_email" />
</android.support.design.widget.CoordinatorLayout>
```

② XML 파일을 연 채로 안드로이드 스튜디오의 Code 메뉴 하위의 Convert to Anko Layout DSL을 클릭한다.

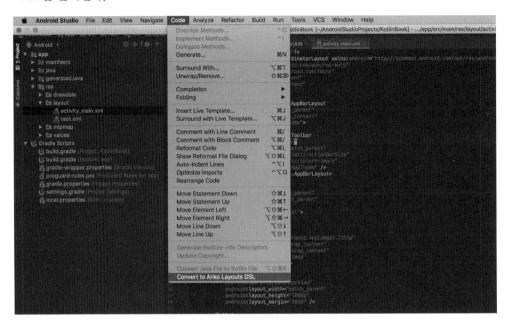

③ XML을 DSL 레이아웃으로 자동 변환하는 것의 경우 완벽하지는 않지만 레이아웃의 구조나 속성 등은 대부분 충분히 표현이 된다. 해당 기능을 사용하면 대략 다음과 비슷한 코드가 생성될 것이다.

```kotlin
class SomeActivity : Activity() {
    override fun onCreate(savedInstanceState: Bundle?) {
        super<Activity>.onCreate(savedInstanceState)

        android.support.design.widget.CoordinatorLayout {
            android.support.design.widget.AppBarLayout {
                theme = R.style.AppTheme

                android.support.v7.widget.Toolbar {
                    background = "?attr/colorPrimary"
                    id = Ids.toolbar
                    app:popupTheme = @style/AppTheme
                }.lparams(width = matchParent, height = ?attr/actionBarSize)
            }.lparams(width = matchParent, height = wrapContent)
            linearLayout {
                gravity = Gravity.CENTER
```

```
                orientation = LinearLayout.VERTICAL

                textView("텍스트1") {
                    id = Ids.text1
                }.lparams(width = wrapContent, height = wrapContent) {
                    margin = dip(10)
                }
                calendarView {
                    id = Ids.calendarView
                }.lparams(width = matchParent, height = dip(180)) {
                    margin = dip(10)
                }
                button("끝") {
                    backgroundResource = R.color.colorAccent
                    id = Ids.btn_done
                }.lparams(width = wrapContent, height = wrapContent) {
                    margin = dip(10)
                }
            }.lparams(width = matchParent, height = matchParent)
            android.support.design.widget.FloatingActionButton {
                id = Ids.fab
                app:srcCompat = @android:drawable/ic_dialog_email
            }.lparams(width = wrapContent, height = wrapContent)
        }
    }

    private object Ids {
        val btn_done = 1
        val calendarView = 2
        val fab = 3
        val text1 = 4
        val toolbar = 5
    }
}
```

④ 생성된 코드를 DSL 레이아웃에 맞게 수정한다. 앞의 생성 파일을 수정한 결과는 다음과 같다.

```
coordinatorLayout {
    appBarLayout {
        toolbar {
            backgroundResource = R.color.colorPrimary
        }
    }.lparams(width = matchParent, height = wrapContent)

    linearLayout {
        gravity = Gravity.CENTER
        orientation = LinearLayout.VERTICAL

        textView("텍스트1") {
            id = Ids.text1
        }.lparams(width = wrapContent, height = wrapContent) {
            margin = dip(10)
        }
        calendarView {
            id = Ids.calendarView
        }.lparams(width = matchParent, height = dip(180)) {
            margin = dip(10)
        }
        button("끝") {
            backgroundResource = R.color.colorAccent
            id = Ids.btn_done
        }.lparams(width = wrapContent, height = wrapContent) {
            margin = dip(10)
        }
    }.lparams(width = matchParent, height = matchParent)

    floatingActionButton {
        id = Ids.fab
        imageResource = R.drawable.abc_btn_check_material
    }.lparams(width = wrapContent, height = wrapContent) {
        gravity = Gravity.BOTTOM or Gravity.END
        margin = dip(10)
    }
}
```

⑤ 수정한 코드를 실행하면 다음과 같은 화면을 볼 수 있다.

## 스낵바 띄우기

스낵바는 유저에게 메시지를 전달하고 피드백을 받을 수 있는 좋은 방법이다. 스낵바는 디바이스의 하단(큰 디바이스의 경우 하단 좌측)에 메시지를 띄워주며 액션 버튼을 포함할 수 있다. 스낵바는 일정 시간 후에 자동으로 혹은 스와이프 액션을 통해 사라질 수 있다.

전통적인 방법으로 스낵바를 띄우는 일은 다소 번거롭다. Anko는 이를 매우 간단하게 할 수 있도록 도와준다. 이번 절에서는 Anko를 이용해 스낵바를 이용하는 방법에 대해 알아보도록 하자.

## 준비

코드 작성과 실행을 위해 안드로이드 스튜디오 버전 3 이상을 준비한다. 코틀린 지원이 포함된 새 프로젝트를 만들고 빈 액티비티를 생성하자. 그리고 Anko 라이브러리를 사용할 수 있도록 설정한다.

이 내용은 안드로이드 개발에 대한 이해를 전제한다.

## 실행

다음 단계를 따라 Anko를 이용해 스낵바 띄우는 방법에 대해 학습해보자.

① 먼저 버튼 몇 개를 만들어보자. 각 버튼에는 onClick 리스너도 추가하자. 다음 코드는 스낵바를 띄우는 몇가지 방법이다. 이 코드를 참고해서 버튼을 눌렀을 때 서로 다른 스낵바를 띄워보자.

```
snackbar(parentView, "feedback message")
snackbar(parentView, R.string.message_string)
longSnackbar(parentView, "longer message")
snackbar(parentView, "message for action snackbbar", "Action name") {
    doSomething()
}
```

② 다음은 버튼을 이용해 스낵바를 띄우는 예제 코드이다.

```
verticalLayout {
    padding = dip(20)
    button("스낵바1") {
        onClick {
            snackbar(rootView, "저는 스낵바1 입니다.")
        }
    }
    button("스낵바2") {
        onClick {
            snackbar(rootView, "저는 스낵바2 입니다.")
        }
    }
    button("스낵바3") {
        onClick {
            longSnackbar(rootView, "저는 스낵바3 입니다.")
        }
    }
}
```

위 코드를 실행시키면 다음과 같은 화면이 나온다.

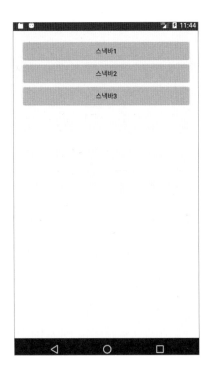

버튼 중 하나를 누르면 다음 이미지처럼 스낵바를 볼 수 있다.

다음은 액션 버튼이 추가된 스낵바의 예제이다.

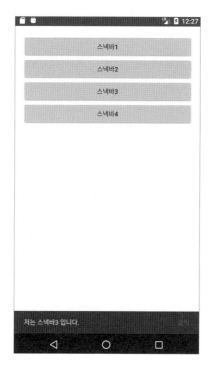

## 토스트 띄우기

토스트는 안드로이드에서 간단한 메시지를 보여주는 용도로 많이 이용된다. 토스트 메시지는 일정 시간 후에 자동으로 사라지는 특성이 있다. 이번 절에서는 Anko를 이용해 토스트 메시지를 보여주는 방법에 대해 알아보자.

### 준비

코드 작성과 실행을 위해 안드로이드 스튜디오 버전 3 이상을 준비한다. 코틀린 지원이 포함된 새 프로젝트를 만들고 빈 액티비티를 생성하자. 그리고 Anko 라이브러리를 사용할 수 있도록 설정한다.

이 내용은 안드로이드 개발에 대한 이해를 전제로 한다.

## 실행

레이아웃에 버튼을 배치한다. 그리고 그 버튼을 눌렀을 때 토스트 메시지를 띄워줄 것이다.

다음은 Anko를 이용해 토스트 메시지를 보여주는 예제 코드이다.

```
toast("a toast message")
toast(R.string.message_string)
longToast("a long duration toast message")
```

다음의 코드를 보기 전에 버튼을 눌렀을 때 토스트 메시지를 띄워주는 코드를 스스로 작성해보기 바란다. 3개의 버튼을 배치한 뒤 각각을 클릭했을 때 다른 토스트 메시지를 보여주도록 작성해보자.

여기서는 액티비티의 onCreate() 안에 레이아웃을 작성하겠다. AnkoComponent를 구현한 별도의 레이아웃 클래스에 코드를 작성해도 무방하다.

```
verticalLayout {
    padding = dip(20)
    button("햄치즈 토스트") {
        onClick {
            toast("햄치즈 토스트입니다!")
        }
    }
    button("베이컨에그") {
        onClick {
            toast("베이컨에그입니다!")
        }
    }
    button("좀더 긴 토스트") {
        onClick {
            longToast("길으면 기차 기차는 빨라")
        }
    }
}
```

앞의 코드를 실행시켜 버튼을 눌렀을 때 다음과 같이 토스트 메시지를 볼 수 있다.

## 합성 속성을 이용해 뷰에 접근하기

이제까지 Anko가 어떤 방법으로 레이아웃과 뷰를 간단히 조작할 수 있도록 만들어주는지에 대해 살펴보았다. 코틀린은 뷰에 접근하는 방법이나 그 속성들을 제어하는 방법을 아주 편하게 제공한다. 만약 findViewById() 메소드를 이용해봤다면 이 코드가 얼마나 오류가 발생하기 쉬운지 잘 알고 있을 것이다. 이를 대체하기 위한 많은 라이브러리가 존재하지만 코틀린은 이를 기본적인 플러그인으로 내장하고 있다.

### 준비

코드 작성과 실행을 위해 안드로이드 스튜디오 버전 3 이상을 준비한다. 코틀린 지원이 포함된 새 프로젝트를 만들고 빈 액티비티를 생성하자. 그리고 Anko 라이브러리를 사용할 수 있도록 설정한다.

이 내용은 안드로이드 개발에 대한 이해를 전제로 한다.

## 실행

다음 단계를 따라 합성 속성을 이용해 뷰에 접근하는 방법을 살펴보자.

① 먼저 XML 레이아웃을 하나 만든다. 빈 액티비티를 생성하고 XML 레이아웃 파일을 만들어 원하는 레이아웃을 작성해 넣는다. 여기에서는 아래와 같은 레이아웃을 사용하겠다.

```xml
<?xml version="1.0" encoding="utf-8"?>
<android.support.design.widget.CoordinatorLayout xmlns:android=
"http://schemas.android.com/apk/res/android"
    xmlns:app="http://schemas.android.com/apk/res-auto"
    xmlns:tools="http://schemas.android.com/tools"
    android:layout_width="match_parent"
    android:layout_height="match_parent"
    tools:context=".MainActivity">

    <android.support.design.widget.AppBarLayout
        android:layout_width="match_parent"
        android:layout_height="wrap_content"
        android:theme="@style/AppTheme">

        <android.support.v7.widget.Toolbar
            android:id="@+id/toolbar"
            android:layout_width="match_parent"
            android:layout_height="?attr/actionBarSize"
            android:background="?attr/colorPrimary"
            app:popupTheme="@style/AppTheme" />
    </android.support.design.widget.AppBarLayout>

    <LinearLayout xmlns:android="http://schemas.android.com/apk/res/android"
        xmlns:app="http://schemas.android.com/apk/res-auto"
        xmlns:tools="http://schemas.android.com/tools"
        android:layout_width="match_parent"
        android:layout_height="match_parent"
        android:background="@android:color/white"
        android:orientation="vertical"
        app:layout_behavior="@string/appbar_scrolling_view_behavior">

        <EditText
            android:id="@+id/name"
            android:layout_width="match_parent"
```

```
                android:layout_height="wrap_content"
                android:hint=" 이름을 입력해주세요." />

            <EditText
                android:id="@+id/message"
                android:layout_width="match_parent"
                android:layout_height="wrap_content"
                android:hint="메시지를 입력해주세요." />

            <Button
                android:id="@+id/btn_send"
                android:layout_width="match_parent"
                android:layout_height="wrap_content"
                android:text="전송" />
        </LinearLayout>

</android.support.design.widget.CoordinatorLayout>
```

② 합성 속성을 이용하기 위해서는 액티비티 안에서 다음과 같은 임포트 구문이 필요하다.

```
import kotlinx.android.synthetic.main.xml_layout_name.*
```

③ 이제부터는 XML 레이아웃 상의 뷰 ID를 변수처럼 이용해 뷰를 제어할 수 있다.

```
override fun onCreate(savedInstanceState: Bundle?) {
    super.onCreate(savedInstanceState)
    setContentView(R.layout.activity_main)

    setSupportActionBar(toolbar)
    btn_send.onClick {
        toast("안녕하세요 ${name.text}님. 메시지가 저장되었습니다.")
    }
}
```

다음은 앞의 레이아웃을 포함해 코드를 실행한 결과이다.

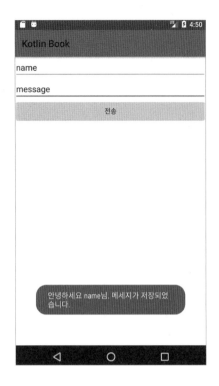

## 어떻게 동작하나

코틀린의 안드로이드 익스텐션은 뷰 인스턴스에 접근하기 위해 클래스 내에 레이아웃의 뷰 ID로 된 가상의 속성을 생성한다. 이렇게 외부 요소와의 조합을 통해 만들어진 속성을 합성 속성이라고 부른다. 이렇게 합성 속성을 통해 뷰에 접근하면 내부적으로는 findViewById()가 호출된다. 매번 findViewById()를 호출하는 일은 성능상 좋지 않으므로 코틀린은 내부에 캐시를 만들어서 불필요한 로드를 줄인다.

## 확장 함수를 이용해 뷰그룹 안의 뷰에 접근하기

클래스에 새로운 기능을 추가하기 위해서 코틀린의 확장 함수를 이용할 수 있다. 이는 수정이 불가능한 클래스에 대해서도 예외가 아니다. RecyclerView와 같은 뷰그룹에도 확장 함수의 적용이 가능하다. 이 절에서는 확장 함수를 이용해 어떻게 RecyclerView에 접근하는지에 대해 학습해보자.

## 준비

코드 작성과 실행을 위해 안드로이드 스튜디오 버전 3 이상을 준비한다. 코틀린 지원이 포함된 새 프로젝트를 만들고 빈 액티비티를 생성하자. 그리고 Anko 라이브러리를 사용할 수 있도록 설정한다. 이 내용은 안드로이드 개발에 대한 이해를 전제로 한다.

## 실행

코틀린에는 우리가 실습에 사용할만한 좋은 연산자가 있다. 우리는 뷰그룹에서 이 연산자 중 하나를 오버라이딩할 것이다.

① 다음과 같이 뷰그룹의 get 메소드를 오버로딩하는 것으로 뷰에 액세스가 가능하다.

```
operator fun ViewGroup.get(position: Int): View {
    return getChildAt(position)
}
```

② 앞서 오버로딩한 get 메소드를 이용해 다음과 같이 뷰그룹으로부터 뷰를 가져올 수 있다.

```
val view = viewContainer.get(2)
// 2는 우리가 접근하고 싶은 뷰의 포지션
```

③ 또는 다음 코드처럼 이용할 수도 있다. 앞에서 get 메소드를 오버로딩했고, 코틀린에서 el.get(index)는 el[index]와 같기 때문이다.

```
val view = viewContainer[2]
// 2는 우리가 접근하고 싶은 뷰의 포지션
```

## 어떻게 동작하나

확장 함수를 이용하면 클래스 수정이나 상속 없이 클래스에 새로운 기능을 추가할 수 있다. 확장 함수는 스태틱하게 처리되며 확장하는 클래스와 아무런 관계가 없다.

코틀린을 이용해 연산자 오버로딩을 통해 사전 정의된 연산자들을 재정의해 제공할 수도 있다. 연산자를 오버로딩하기 위해서는 멤버 함수나 앞의 예제처럼 확장 함수를 이용하면 된다.

# chapter 10

# 데이터베이스와 의존성 주입

이 장에서는 다음과 같은 내용을 다룬다.

- 코틀린에서 SQLite 사용하기
- 데이터베이스 테이블 생성
- 코틀린에서의의존성 주입
- 데이터베이스로부터 데이터 읽기
- 데이터베이스 커서를 객체 리스트로 변환하기
- 널일 수 있는 객체를 위한 parseOpt
- 데이터베이스에 데이터 쓰기
- 싱글톤 객체 생성
- 코틀린에서 Dagger2 사용하기
- 코틀린에서 Butterknife 사용하기

## 소개

애플리케이션을 개발할 때에는 항상 인터넷에 연결되지 않는 상황을 고려해야 한다. 사용자는 엘리베이터에서나 혹은 통신이 불가능한 지역 등에서도 애플리케이션을 이용하려 시도할 수 있다. 좋은 사용자 경험을 제공하려면 인터넷에 연결되지 않았더라도 앱의 일부분이 동작할 수 있어야 한다. 이를 위해서는 앱에 영구적으로 데이터를 저장할 수 있는 메커니즘이 필요하다. 이는 SharedPreferences나 데이터베이스를 사용함으로써 해결될 수 있다. SharedPreferences는 앱 설정 등의 적은 양의 데이터를 저장할 때에 유용하다. 데이터베이스는 구조화된 다량의 데이터를 저장해야 할 때 매우 강력한 해결책이 될 수 있다. 이 장에서는 안드로이드 내장 데이터베이스인 SQLite를 사용하는 방법과 Dagger2를 이용한 의존성 주입 등에 대해 학습한다.


## 코틀린에서 SQLite 사용하기

SQLite는 안드로이드에도 내장되어 있는 관계형 데이터베이스이다. SQLite는 오픈소스 데이터베이스이자 안드로이드 생태계에서 아주 널리 사용되는 데이터베이스 중 하나이다. 그러나 SQLite를 직접 사용하려면 코드 작성과 테스트에 많은 시간을 할애해야 한다. 커서를 통해 작업하거나 로우 단위로 반복하면서 작업하는 일들, try-finally로 코드를 감싸는 일들 등 하나하나가 번거로운 일 투성이다. 물론 SQLite를 지원하는 ORM 라이브러리를 사용할 수도 있지만 작은 규모의 데이터베이스를 필요로 한다면 이 또한 오버헤드이다. 그러나 코틀린에서는 Anko를 통해 아주 손쉽게 SQLite를 사용할 수 있는 방법을 제공한다. 이제부터 코틀린에서 SQLite를 이용하는 방법에 대해 살펴보자.


### 준비

코드를 작성하기 위해 안드로이드 스튜디오 3.x를 사용한다. SQLite를 사용하기 위해 build.gradle에 anko-sqlite 의존성을 추가한다.

```
dependencies {
    compile "org.jetbrains.anko:anko-sqlite:$anko_version"
}
```

anko_version은 최신 버전으로 치환한다.

## 실행

Anko는 내장 SQLite API에 대해 기본적으로 작성해야했던 많은 보일러 플레이트 코드를 제거하고 코드 실행 후 데이터베이스를 닫는 등의 안전 메커니즘을 추가한 래퍼를 제공한다.

SQLite 데이터베이스를 사용하는 데 먼저 해야 할 일은 데이터베이스 헬퍼 클래스를 만드는 일이다. 여기서는 SQLiteOpenHelper 대신에 ManagedSQLiteOpenHelper를 상속받을 것이다. ManagedSQLiteHelper는 동시성 이슈로부터 안전하고 쿼리 수행 후 데이터베이스를 자동으로 닫아준다.

다음 코드를 참고해 간단한 데이터베이스 헬퍼 클래스를 만들어보자.

```
class DatabaseHelper(ctx: Context) : ManagedSQLiteOpenHelper(ctx, "SupportDatabase",
null, 1) {
    companion object {
        private var instance: DatabaseHelper? = null
        @Synchronized
        fun getInstance(context: Context): DatabaseHelper {
            if (instance == null) {
                instance = DatabaseHelper(context.applicationContext)
            }
            return instance!!
        }
    }

    override fun onCreate(db: SQLiteDatabase) {
        db.createTable("Requests", true,
            "id" to INTEGER + PRIMARY_KEY + UNIQUE,
            "name" to TEXT,
            "message" to TEXT)
    }

    override fun onUpgrade(db: SQLiteDatabase, oldVersion: Int, newVersion: Int) {
        db.dropTable("Requests", true)
    }
}
```

기본적으로 onCreate() 안에서는 테이블을 생성하고 onUpgrade에서는 테이블을 업그레이드한다. 여기에서는 데이터베이스에 Requests라는 한 개의 테이블을 생성했다. Requests 테이블에는 name, message 필드가 있으며 id라는 이름의 필드를 PK로 추가했다.

컨텍스트에 확장 함수를 추가함으로써 데이터베이스에 접근하는 방법을 제공할 수 있다. 이렇게 되면 컨텍스트를 가진 어느 클래스에서나 데이터베이스에 접근할 수가 있다. 다음 코드는 확장 함수로 데이터베이스 접근을 구현한 코드이다.

```
val Context.database: DatabaseHelper
    get() = DatabaseHelper.getInstance(getApplicationContext())
```

이 코드를 DatabaseHelper 클래스와 같은 파일에(클래스 바깥 영역에) 작성했다.

다음은 실습을 위해 작성한 액티비티와 UI 코드이다. 이름과 메시지 필드가 있고 엔터 버튼을 추가해 버튼이 눌렸을 때 입력한 데이터가 데이터베이스에 저장되도록 만들 것이다.

```
class MainActivityUI : AnkoComponent<MainActivity> {

    lateinit var name: EditText
    lateinit var message: EditText
    lateinit var btnSend: Button

    override fun createView(ui: AnkoContext<MainActivity>): View = with(ui) {
        verticalLayout {
            gravity = Gravity.CENTER
            padding = dip(20)
            textView {
                gravity = Gravity.CENTER
                text = "요청사항을 입력해주세요."
                textColor = Color.BLACK
                textSize = 24f
            }.lparams(width = matchParent) {
                margin = dip(20)
            }
            name = editText {
                hint = " 이름을 입력해주세요"
            }
            message = editText {
                hint = "메시지를 입력해주세요"
                lines = 3
            }
            btnSend = button("입력") {
                id = R.id.btn_send
            }
        }
    }
}
```

```
class MainActivity : AppCompatActivity() {
    override fun onCreate(savedInstanceState: Bundle?) {
        super.onCreate(savedInstanceState)
        val mainUI = MainActivityUI()
        mainUI.setContentView(this)

        mainUI.btnSend.onClick {
            database.use {
                insert("Requests",
                        "id" to 1,
                        "name" to mainUI.name.text.toString(),
                        "message" to mainUI.message.text.toString())
            }
        }
    }
}
```

굵은 글씨에 집중해 코드를 살펴보자. use 블록 안에서 데이터베이스 오퍼레이션을 수행할 수 있다. 블록이 실행된 후에는 데이터베이스를 자동으로 닫아준다.

다음은 위 코드를 실행시켰을 때의 모습이다.

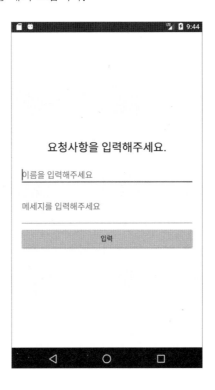

정보를 입력하고 입력 버튼을 눌러 데이터베이스에 데이터를 저장한 후 실제로 데이터가 잘 들어 갔는지 확인해보자. 데이터를 확인할 수 있는 방법은 여러가지가 있지만 안드로이드 에뮬레이터 의 경우 다음과 같은 방법으로 확인해볼 수 있다.

① adb가 있는 디렉토리까지 이동 후 셸에서 다음 명령어로 디바이스를 확인한다.

```
$ adb devices
List of devices attached
emulator-xxxx    device
```

② 다음 명령어를 통해 디바이스의 셸에 접속한다.

```
$ adb -s emulator-xxxx shell
```

③ DB 파일이 있는 디렉토리까지 이동한다.

```
$ cd data/data/<패키지명>/databases/
```

④ 데이터베이스를 연다.

```
$ sqlite3 <데이터베이스파일명> (앞의 코드에서는 SupportDatabase를 사용했다.)
```

⑤ 쿼리를 날려 데이터를 확인한다.

```
sqlite> select * from Requests;
1|name|message test
```

## 데이터베이스 테이블 생성

앞서 우리는 anko-sqlite 라이브러리 의존성을 추가하는 방법과 SQLite를 사용하는 방법에 대해 서 간단히 살펴보았다. 이번 절에서는 데이터베이스 테이블을 생성하는 방법에 대해 알아보자.

## 준비

코드를 작성하고 실행하기 위해 안드로이드 스튜디오 3.x를 사용한다. SQLite를 사용하기 위해

build.gradle에 anko-sqlite 의존성을 추가한다.

## 실행

먼저 Requests와 customers라는 테이블을 생성할 것이다.

① Requests 테이블은 name, message 필드를 가진 테이블이다. database 헬퍼를 이용해 헬퍼 클래스의 onCreate() 안에서 직접 생성해보자.

```
db.createTable("Requests", true,
    "id" to INTEGER + PRIMARY_KEY + UNIQUE,
    "name" to TEXT,
    "message" to TEXT)
```

② customers 테이블은 컬럼명을 가진 데이터 클래스를 정의해 좀더 구조적으로 가져가보자. 다음은 Customer 클래스이다.

```
data class Customer(val id: Int, val name: String, val phoneNumber: String) {
    companion object {
        val TABLE_NAME = "customers"
        val COLUMN_ID = "id"
        val COLUMN_NAME = "name"
        val COLUMN_PHONE_NUM = "phone_num"
    }
}
```

③ Customer 클래스를 선언했다면 다음과 같이 테이블을 생성한다.

```
db.createTable(Customer.TABLE_NAME, true,
    Customer.COLUMN_ID to INTEGER + PRIMARY_KEY + UNIQUE,
    Customer.COLUMN_NAME to TEXT,
    Customer.COLUMN_PHONE_NUM to TEXT)
```

④ 다음은 테이블 생성 구문이 들어간 데이터베이스 헬퍼 클래스이다. onUpgrade()에 드랍까지 처리해주었다.

```
class DatabaseHelper(ctx: Context) : ManagedSQLiteOpenHelper(ctx, "SupportDatabase",
null, 1) {
    companion object {
```

```
        private var instance: DatabaseHelper? = null

        @Synchronized
        fun getInstance(context: Context): DatabaseHelper {
            if (instance == null) {
                instance = DatabaseHelper(context.applicationContext)
            }
            return instance!!
        }
    }

    override fun onCreate(db: SQLiteDatabase) {
        db.createTable("Requests", true,
            "id" to INTEGER + PRIMARY_KEY + UNIQUE,
            "name" to TEXT,
            "message" to TEXT)

        db.createTable(Customer.TABLE_NAME, true,
            Customer.COLUMN_ID to INTEGER + PRIMARY_KEY + UNIQUE,
            Customer.COLUMN_NAME to TEXT,
            Customer.COLUMN_PHONE_NUM to TEXT)
    }

    override fun onUpgrade(db: SQLiteDatabase, oldVersion: Int, newVersion: Int) {
        db.dropTable("Requests", true)
    }
}

val Context.database: DatabaseHelper
    get() = DatabaseHelper.getInstance(getApplicationContext())
```

5 이제 앱을 실행시키고 두 개의 테이블이 잘 생성되었는지 확인하자.


## 코틀린에서의 의존성 주입

안드로이드 개발에 있어서 Dagger2는 의존성 주입을 도와주는 라이브러리 중 가장 유명한 하나이다. 의존성 객체를 정의하고 Dagger 컴포넌트를 사용해 원하는 위치에 주입할 수 있다. 이 절에서는 의존성을 주입하는 방법에 대해 살펴본다. Dagger2를 사용하는 자세한 벙법에 대해서는 다루지 않는다. 이를 위해서는 이 장의 "코틀린에서 Dagger2 사용하기" 절을 참고하기 바란다.

## 준비

코드를 작성하고 실행하기 위해 안드로이드 스튜디오 3.x 버전을 준비한다. Dagger2 사용을 위해 build.gradle에 다음 의존성을 정의해넣는다.

```
apply plugin: 'kotlin-kapt'

dependencies {
    compile "com.google.dagger:dagger:$daggerVersion"
    kapt "com.google.dagger:dagger-compiler:$daggerVersion"
}
```

daggerVersion은 2.x로 설정한다.


## 실행

모듈 클래스에서 필요한 모든 의존성 객체를 정의했다면 이를 주입해 사용할 수 있다. 다음 코드를 보고 몇가지 의존성 주입 방법을 살펴보자.

① 객체를 주입하기 위해서는 변수 앞에 @Inject 어노테이션을 추가하면 된다. 다음 예제 코드를 보자.

```
@Inject
lateinit var mPresenter: AddActivityMvpPresenter
```

변수를 이용하기 전 널 체크를 피하기 위해 lateinit 키워드를 이용했다.

② 또 다른 방법은 생성자를 통해 의존성을 주입하는 것이다. 다음 코드를 보며 이에 대해 이해해보자.

```
@Module
class AddActivityModule {
    @Provides
    @ControllerScope
    fun providesAddActivityPresenter(addActivityPresenter: AddActivityPresenter)
        : AddActivityMvpPresenter = addActivityPresenter
}
```

③ 코드에서 볼 수 있듯이 providesAddActivityPresenter에서 AddActivityPresenter를 매개변수로 받는다. 이 코드는 일반적으로 다음과 같이 AddActivityPresenter 클래스를 정의하지 않으면 동작하지 않는다.

```
class AddActivityPresenter @Inject constructor(var mDataManager: DataManager)
    : AddActivityMvpPresenter()
```

## 어떻게 동작하나

생성자에 @Inject 어노테이션을 붙이게 되면 이 클래스는 생성 전에 DataManager 객체를 필요로 한다는 것을 의미한다. Dagger2는 이 의존성 트리를 참조하여 가능한 경우 객체를 제공한다.

# 데이터베이스로부터 데이터 읽기

앞서 우리는 데이터베이스 테이블을 생성하는 방법에 대해 살펴보았다. 이번 절에서는 데이터베이스로부터 데이터를 읽는 방법에 대해 알아보자.

## 준비

코드를 작성하고 실행하기 위해 안드로이드 스튜디오 3.x를 사용한다. SQLite를 사용하기 위해 build.gradle에 anko-sqlite 의존성을 추가한다. 이번에는 코틀린에서 SQLite 사용하기 절에 이어서 코드를 재사용한다. 이 코드를 이용해 Requests 테이블에 데이터를 미리 입력해두자.

## 실행

다음 단계를 따라 데이터베이스로부터 데이터를 읽는 방법에 대해 살펴보자.

① 앞서 만들었던 레이아웃에 버튼을 하나 추가한다. 버튼을 클릭하면 Requests 테이블의 모든 데이터를 읽어올 것이다. 다음의 업데이트된 코드를 살펴보자. 추가된 버튼과 그 onClick 이벤트 리스너에 유념한다.

```
class MainActivity : AppCompatActivity(), AnkoLogger {
    override fun onCreate(savedInstanceState: Bundle?) {
        super.onCreate(savedInstanceState)
        val mainUI = MainActivityUI()
        mainUI.setContentView(this)

        mainUI.btnSend.onClick {
            database.use {
                insert("Requests",
                    "name" to mainUI.name.text.toString(),
                    "message" to mainUI.message.text.toString())
            }
        }

        mainUI.btnRead.onClick {
            var requests = database.use {
                select("Requests").parseList(classParser<Request>())
            }

            for(x in requests) {
                info("${x.name}: ${x.message}")
            }
        }
    }
}


class MainActivityUI : AnkoComponent<MainActivity> {

    lateinit var name: EditText
    lateinit var message: EditText
    lateinit var btnSend: Button
    lateinit var btnRead: Button

    override fun createView(ui: AnkoContext<MainActivity>): View = with(ui) {
        verticalLayout {
            gravity = Gravity.CENTER
            padding = dip(20)
            textView {
                gravity = Gravity.CENTER
                text = "요청사항을 입력해주세요."
                textColor = Color.BLACK
                textSize = 24f
```

```
        }.lparams(width = matchParent) {
            margin = dip(20)
        }
        name = editText {
            hint = " 이름을 입력해주세요"
        }
        message = editText {
            hint = "메시지를 입력해주세요"
            lines = 3
        }
        btnSend = button("입력") {
        }

        btnRead = button("데이터 보기") {
        }
      }
    }
}

data class Request(val id: Int, val name: String, val message: String)
```

② 데이터를 읽기 위해서 select 함수를 이용했다. 문법은 다음과 같다.

```
db.select(tableName, vararg columns) // db는 SQLiteDatabase의 인스턴스이다
```

③ database.use { … } 블록 내부에서 this는 database 인스턴스이기 때문에 직접 select나 insert 등을 이용할 수 있다. 버튼을 이용해 데이터를 넣고 새로 추가된 버튼을 이용해 로그를 출력해보면 다음과 비슷한 로그를 볼 수 있다.

```
06-06 13:29:50.218 4417-4417/xxx.kotlinbook I/MainActivity: name: name
06-06 13:29:50.218 4417-4417/xxx.kotlinbook I/MainActivity: name222222:
mssage 2222222222
06-06 13:29:50.219 4417-4417/xxx.kotlinbook I/MainActivity: name 3333333:
mssage 3333333333
```

④ 다음은 Anko가 제공하는 쿼리빌더 메소드들의 목록이다.

• column(String) : select 쿼리에 컬럼을 추가한다.

• distinct(Boolean) : 쿼리에 distinct를 추가한다.

• whereArgs(String) : where 절을 추가한다.

• whereArgs(Stringg, args) : where 절과 파라미터들을 추가한다.

- whereSimple(String, args) : where 절과 파라미터들을 추가한다. 문자열에 들어가는 ? 문자가 args 변수들로 치환된다.

- groupBy(String) : group by 절을 추한다.

- orderBy(String, [ASC/DESC]) : order by 절을 추가한다.

- limit(Int) : limit 절을 추가한다.

- limit(offset: Int, count: Int) : limit 절을 추가한다. offset 뒤부터 읽어온다.

- having(String) : having 절을 추가한다(raw query).

- having(String, args) : 파라미터와 함께 having 절을 추가한다.

⑤ 다른 예제 코드를 보자. 이 코드에서는 where 절을 사용해 쿼리를 실행할 것이다.

```
select("Requests")
    .whereArgs("(id > {userId})", "userId" to 1)
```

다음은 이 쿼리의 실행 결과를 출력한 것이다.

```
06-06 13:29:50.218 4417-4417/xxx.kotlinbook I/MainActivity: name222222:
mssage 2222222222
06-06 13:29:50.219 4417-4417/xxx.kotlinbook I/MainActivity: name 3333333:
mssage 3333333333
```

⑥ 쿼리 결과를 받으면 이 결과를 파싱해야 한다. 쿼리 결과를 커서로 받을 수도 있지만 Anko 를 이용하면 손쉽게 일반 클래스로 변환할 수 있다. 앞의 예제에서는 다음처럼 Requests라는 클래스를 만들었다.

```
data class Request(val id: Int, val name: String, val message: String)
```

⑦ 이 클래스는 Requests 테이블의 모든 필드를 가지고있다. 다음은 결과를 파싱할 때 사용될 수 있는 메소드들이다.

- parseSingle(rowParser) : T: 한 로우만 파싱한다. 한 개 이상의 로우가 존재할 경우 예외를 던진다.

- parseOpt(rowParser) : T: 0~1개의 로우를 파싱한다. 한 개 이상의 로우가 존재할 경우 예외를 던진다.

- parseList(rowParser) : List⟨T⟩: 0~N개의 로우를 파싱한다.

앞의 예제 코드에서는 parseList 메소드를 사용했다. rowParser나 mapParser를 매개변수로 전 달할 수 있으며 커스텀 클래스를 위해서는 다음과 같이 classParser 또한 사용이 가능하다.

```
val rowParser = classParser<Person>()
```

# 데이터베이스 커서를 객체 리스트로 변환하기

앞의 절에서 데이터베이스 쿼리를 사용하는 방법에 대해 살펴보았다. 쿼리의 결과로는 커서가 반환된다. 이 절에서는 parseList를 이용해 커서를 객체 리스트로 변환하는 방법에 대해 살펴보자.

## 준비

코드를 작성하고 실행하기 위해 안드로이드 스튜디오 3.x를 사용한다. SQLite를 사용하기 위해 build.gradle에 anko-sqlite 의존성을 추가한다. 이 절에서는 앞서 작성한 데이터베이스 헬퍼 코드를 사용한다.

## 실행

다음 단계를 따라 커서를 객체 리스트로 변환해보자.

① customer 테이블을 위한 모델로 다음처럼 Customer 클래스를 만든다.

```kotlin
data class Customer(val id: Int, val name: String, val phoneNumber: String) {
    companion object {
        val TABLE_NAME = "customers"
        val COLUMN_ID = "id"
        val COLUMN_NAME = "name"
        val COLUMN_PHONE_NUM = "phone_num"
    }
}
```

② 이제 customers 테이블을 생성하기 위해 다음과 같이 데이터베이스 헬퍼 클래스를 작성한다.

```kotlin
class DatabaseHelper(ctx: Context) : ManagedSQLiteOpenHelper(ctx, "SupportDatabase",
null, 1) {
    companion object {
        private var instance: DatabaseHelper? = null

        @Synchronized
        fun getInstance(context: Context): DatabaseHelper {
            if (instance == null) {
```

```
                    instance = DatabaseHelper(context.applicationContext)
                }
                return instance!!
            }
        }

        override fun onCreate(db: SQLiteDatabase) {
            db.createTable(Customer.TABLE_NAME, true,
                Customer.COLUMN_ID to INTEGER + PRIMARY_KEY + UNIQUE,
                Customer.COLUMN_NAME to TEXT,
                Customer.COLUMN_PHONE_NUM to TEXT)
        }

        override fun onUpgrade(db: SQLiteDatabase, oldVersion: Int, newVersion: Int) {
            db.dropTable(Customer.TABLE_NAME, true)
        }
    }

val Context.database: DatabaseHelper
    get() = DatabaseHelper.getInstance(getApplicationContext())
```

③ 이제 customer 정보를 입력할 수 있는 폼과 데이터베이스 customers 테이블의 모든 데이터를 출력하는 버튼을 배치한다. parseList 메소드를 사용해 커서의 로우를 리스트로 가져온다. parseList 메소드를 호출할 때에는 맵파서 또는 로우파서를 매개변수로 전달해야 한다. 커서를 객체 리스트로 변환하는 가장 손쉬운 방법은 Anko에서 제공하는 classParser를 이용하는 것이다.

```
var customers = database.use {
    select(Customer.TABLE_NAME)
        .parseList(classParser<Customer.())
}
```

이제 다음의 코드를 보기 전에 먼저 코드를 작성해보기 바란다.

다음은 DSL 레이아웃을 포함한 액티비티 코드이다.

```
class MainActivity : AppCompatActivity(), AnkoLogger {
    override fun onCreate(savedInstanceState: Bundle?) {
        super.onCreate(savedInstanceState)
        val mainUI = MainActivityUI()
        mainUI.setContentView(this)
```

```kotlin
        mainUI.btnSend.onClick {
            database.use {
                insert(Customer.TABLE_NAME,
                    Customer.COLUMN_NAME to mainUI.name.text.toString(),
                    Customer.COLUMN_PHONE_NUM to mainUI.phone.text.toString())
            }

            toast("성공")
            mainUI.name.text.clear()
            mainUI.phone.text.clear()
        }

        mainUI.btnRead.onClick {
            var customers = database.use {
                select(Customer.TABLE_NAME)
                    .parseList(classParser<Customer>())
            }
            for(c in customers) {
                info("${c.name} (${c.phoneNumber})")
            }
        }

        mainUI.btnDelete.onClick {
            database.use {
                delete(Customer.TABLE_NAME, "", null)
            }
        }
    }
}


class MainActivityUI : AnkoComponent<MainActivity> {

    lateinit var name: EditText
    lateinit var phone: EditText
    lateinit var message: EditText
    lateinit var btnSend: Button
    lateinit var btnRead: Button
    lateinit var btnDelete: Button

    override fun createView(ui: AnkoContext<MainActivity>): View = with(ui) {
```

```
verticalLayout {
    padding = dip(20)
    textView {
        gravity = Gravity.CENTER
        text = "고객 정보를 입력해주세요."
        textColor = Color.BLACK
        textSize = 24f
    }.lparams(width = matchParent) {
        margin = dip(20)
    }
    name = editText {
        hint = " 이름"
    }
    phone = editText {
        hint = "전화번호"
    }
    btnSend = button("입력") {
    }
    btnRead = button("고객 정보 보기") {
    }
    btnDelete = button("모든 고객 정보 삭제") {
    }
}
}

}
```

위 코드에서 select 쿼리를 실행하면 customers 테이블의 모든 데이터를 Customer 클래스의 객체로서 사용할 수 있다.


## 널일 수 있는 객체를 위한 parseOpt

쿼리 결과가 여러개일 경우 parseList를 사용했다. 한개의 데이터만 있다면 parseSingle이나 parseOpt를 사용한다. 그런데 parseSingle과 parseOpt의 차이는 무엇일까? 이 절에서는 두 메소드의 차이점에 대해 살펴보고 언제 무엇을 사용해야 할지 익혀보자.

## 준비

코드를 작성하고 실행하기 위해 안드로이드 스튜디오 3.x를 사용한다. SQLite를 사용하기 위해 build.gradle에 anko-sqlite 의존성을 추가한다. 이 절에서는 앞서 작성한 데이터베이스 헬퍼 코드를 사용한다.

## 실행

만약 앞 절들을 잘 따라했다면 이미 customers 테이블이 존재할 것이다. 다음 단계를 따라해보면서 parseSingle과 parseOpt의 차이점에 대해 이해해보자.

1️⃣ 앞의 절에서 우리는 테이블의 데이터들을 객체 리스트로 얻어오기 위해 parseList를 이용했다. 만약 한 개의 데이터만 얻어온다면 parseSingle을 이용할 수 있다. parseSingle의 사용법은 다음과 같다.

```
parseSingle(rowParser): T
```

2️⃣ parseSingle을 앞의 코드에 적용해보자.

```
mainUI.btnRead.onClick {
    var customers = database.use {
        select(Customer.TABLE_NAME)
            .parseSingle(classParser<Customer>())
    }
    info("${c.name} (${c.phoneNumber})")
}
```

3️⃣ 커서에 한 개의 데이터가 있을 경우에 대해서 parseSingle을 사용할 수 있다. 만약 데이터가 하나도 없다면 예외를 던지게 된다.

```
android.database.sqlite.SQLiteException: parseSingle accepts only cursors with a
single entry
```

그러나 우리가 하나의 데이터를 기대하고 있을지라도 데이터가 없을 가능성은 항상 존재한다. 이 경우 언제든 예외를 던질 수가 있는데 parseOpt를 사용하면 이를 해결할 수 있다. parseOpt는 0개 혹은 1개의 데이터를 가진 커서에 사용가능하다. parseOpt가 null 객체를 받게 되면 각 컬럼에 대해 null을 반환하게 된다. 기본적으로 parseOpt는 빈 커서와 null일 수 있는 객체를 위해 사용된다. parseOpt의 사용법은 다음과 같다.

```
parseOpt(rowParser): T? // ?는 null일 수도 있는 객체임을 나타낸다.
```

앞의 코드에 parseOpt를 적용해보자.

```
mainUI.btnRead.onClick {
    var customers = database.use {
        select(Customer.TABLE_NAME)
            .parseOpt(classParser<Customer>())
    }
    info("${c?.name} (${c?.phoneNumber})")
}
```

이제 커서가 비어 있더라도 예외를 마주할 일은 없다. 출력으로는 null 값이 나올 것이다. 다음은 위의 코드에서 비어있는 테이블을 조회한 출력 결과이다.

```
06-06 13:29:50.218 4417-4417/xxx.kotlinbook I/MainActivity: null (null)
```

# 데이터베이스에 데이터 쓰기

Anko SQLite를 이용해 데이터베이스에 데이터를 삽입하는 일은 아주 간단하다. 이 절에서는 데이터를 삽입하는 방법에 대해 알아보자.

## 준비

코드를 작성하기 위해 안드로이드 스튜디오 3.x를 사용한다. SQLite를 사용하기 위해 build. gradle에 anko-sqlite 의존성을 추가한다.

```
dependencies {
    compile "org.jetbrains.anko:anko-sqlite:$anko_version"
}
```

anko_version은 최신 버전으로 치환한다.

## 실행

다음 단계를 따라 데이터베이스에 데이터를 삽입해보자.

① 먼저 데이터베이스 헬퍼를 준비한다. Requests 테이블을 생성하고 name, message, id 필드를 만든다.

```kotlin
class DatabaseHelper(ctx: Context) : ManagedSQLiteOpenHelper(ctx, "SupportDatabase",
null, 1) {
    companion object {
        private var instance: DatabaseHelper? = null

        @Synchronized
        fun getInstance(context: Context): DatabaseHelper {
            if (instance == null) {
                instance = DatabaseHelper(context.applicationContext)
            }
            return instance!!
        }
    }

    override fun onCreate(db: SQLiteDatabase) {
        db.createTable("Requests", true,
            "id" to INTEGER + PRIMARY_KEY + UNIQUE,
            "name" to TEXT,
            "message" to TEXT)
    }

    override fun onUpgrade(db: SQLiteDatabase, oldVersion: Int, newVersion: Int) {
        db.dropTable("Requests", true)
    }
}

val Context.database: DatabaseHelper
    get() = DatabaseHelper.getInstance(getApplicationContext())
```

② 이제 이름과 메시지를 입력할 수 있는 폼을 가진 액티비티를 생성한다. 버튼을 배치하고 버튼을 눌렀을 때 데이터베이스에 값이 저장되도록 할 것이다.

```
class MainActivityUI : AnkoComponent<MainActivity> {

    lateinit var name: EditText
    lateinit var message: EditText
    lateinit var btnSend: Button

    override fun createView(ui: AnkoContext<MainActivity>): View = with(ui) {
        verticalLayout {
            gravity = Gravity.CENTER
            padding = dip(20)
            textView {
                gravity = Gravity.CENTER
                text = "요청사항을 입력해주세요."
                textColor = Color.BLACK
                textSize = 24f
            }.lparams(width = matchParent) {
                margin = dip(20)
            }
            name = editText {
                hint = " 이름을 입력해주세요"
            }
            message = editText {
                hint = "메시지를 입력해주세요"
                lines = 3
            }
            btnSend = button("입력") {
                id = R.id.btn_send
            }
        }
    }
}



class MainActivity : AppCompatActivity() {
    override fun onCreate(savedInstanceState: Bundle?) {
        super.onCreate(savedInstanceState)
        val mainUI = MainActivityUI()
        mainUI.setContentView(this)

        mainUI.btnSend.onClick {
            database.use {
                insert("Requests",
                        "id" to 1,
```

```
                "name" to mainUI.name.text.toString(),
                "message" to mainUI.message.text.toString())
        }
      }
    }
  }
```

③ onClick 리스너를 잘 살펴보자. database.use { … } 블록 내부에서 호출한 데이터베이스 오퍼레이션은 동시성 이슈로부터 안전하고 블록 실행 후 데이터베이스도 자동으로 닫아준다. "데이터베이스 테이블 생성" 절을 보면 테이블을 생성하는 것과 데이터를 삽입하는 과정이 매우 비슷한 것을 알 수 있을 것이다. 사용법은 다음과 같다.

```
db.insert(TABLE_NAME,
    COLUMN_NAME_1 to VALUE_1,
    COLUMN_NAME_2 to VALUE_2,
    COLUMN_NAME_3 to VALUE_3
)
```

위의 코드를 실행하면 다음과 같은 화면을 볼 수 있다.

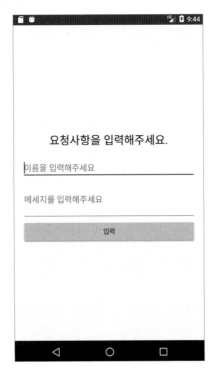

버튼을 눌러 데이터를 삽입하면 데이터베이스에서 해당 데이터를 확인할 수 있을 것이다.

## 싱글톤 객체 생성

싱글톤 클래스는 단 한개의 인스턴스만 생성할 수 있는 클래스이다. 일반적인 구현은 객체 생성 시 객체가 존재하는지를 검사하고 이미 존재한다면 그 객체를 반환하는 것이다. 이번 절에서는 코틀린에서 어떻게 싱글톤 클래스를 만드는지 알아보자.

### 준비

코드를 작성하고 실행하기 위해 안드로이드 스튜디오 3.x를 준비한다.

### 실행

다음 단계를 따라 싱글톤을 생성해보자.

① 코틀린에는 정적 멤버함수나 변수가 없다. 그래서 정적 멤버를 정의하기 위해 companion object를 사용한다. 다음 예제를 보자.

```
class SomeClass {
    companion object {
        var intro = "나는 SomeClass 입니다. 만나서 반가워요."
        fun infoIntro(): String {
            return "나는 SomeClass 입니다. 만나서 반가워요."
        }
    }
}
```

② companion object의 멤버에 접근하기 위해서는 자바에서 정적 멤버에 접근하던 방법과 동일한 방법을 이용할 수 있다.

```
var x = SomeClass.intro
toast(SomeClass.infoIntro())
```

③ 만약 SomeClass를 하나의 객체만 이용할 수 있는 클래스로 만들고 싶으면 어떻게 할까? 다음과 같은 방법이 있다.

```
object SomeClass {
    var intro = "나는 SomeClass 입니다. 만나서 반가워요."
    fun infoIntro(): String {
        return "나는 SomeClass 입니다. 만나서 반가워요."
    }
}
```

이제 다음과 같이 이 클래스의 멤버에 접근할 수 있다.

```
var x = SomeClass.intro
toast(SomeClass.infoIntro())
```

## 어떻게 동작하나

코틀린 바이트코드를 디컴파일하는 것은 이것이 어떻게 구현되었는지를 파악하는 데 매우 유용한 방법이다. 위 코드를 디컴파일해보면 다음과 비슷한 코드를 볼 수 있다. 결국은 객체의 생성을 제한하고 한 개의 인스턴스를 생성해주는 코드인 것이다.

```
public final class SomeClass {
    @NotNull
    private static String intro;
    public static final SomeClass INSTANCE;

    @NotNull
    public final String getIntro() {
        return intro;
    }

    public final void setIntro(@NotNull String var1) {
        Intrinsics.checkParameterIsNotNull(var1, "<set-?>");
        intro = var1;
    }

    @NotNull
    public final String infoIntro() {
        return "I am some class. Pleased to meet you!";
```

```
    }

    private SomeClass() {
        INSTANCE = (SomeClass) this;
        intro = "I am some class. Pleased to meet you!";
    }

    static {
        new SomeClass();
    }
}
```

# 코틀린에서 Dagger2 사용하기

Dagger2는 안드로이드에서 사용할 수 있는 대표적인 오픈소스 의존성 주입 라이브러리로 현재는 구글에서 관리하며 매우 폭넓게 이용되고있다.

의존성 주입은 특정 클래스의 인스턴스가 필요한 경우 직접 생성하지 않고 외부에서 생성해 전달 받는 방법으로 코드를 확장성 있게 만들어주는 대표적인 기법 중 하나이다. 이 절에서는 Dagger2 를 이용해 의존성을 주입하는 방법에 대해 알아본다.

## 준비

코드를 작성하고 실행하기 위해 안드로이드 스튜디오 3.x 버전을 사용한다. Dagger2를 사용하기 위해 build.gradle에 라이브러리 의존성을 추가한다.

```
compile "com.google.dagger:dagger:$daggerVersion"
kapt "com.google.dagger:dagger-compiler:$daggerVersion"
```

## 실행

먼저 Dagger2가 어떻게 동작하는지 알아야한다. Dagger2는 코드를 생성하기 위해 어노테이션을 이용한다. 그리고 private 필드에는 이용할 수 없다.

다음 어노테이션들이 Dagger2에서 이용된다.

- @Module과 @Provides : 의존성을 제공하는 클래스와 메소드들을 정의한다.
- @Inject : 의존성을 요구한다. 생성자, 필드, 메소드에 사용할 수 있다.
- @Component : 해당 모듈을 의존성 주입이 가능하도록 만들어준다.

@Module 어노테이션이 붙은 클래스들은 필요한 객체들을 제공하는 역할을 한다. 이러한 모듈에서 제공하는 객체를 반환하는 메소드들은 @Provides 어노테이션을 추가해야 한다. 이 때 이 메소드가 다른 의존성을 필요로한다면 매개변수로 추가할 수 있다. Dagger2는 의존성 주입을 위해 의존성 트리를 만들고 요구되는 객체들이 제공될 수 있는지를 체크한다. 먼저 모듈의 구현에 대해 살펴보자.

① 네트워크 모듈을 예로 들어보자. 이 모듈은 HttpCache, HttpLoggingInterceptor, GSON 객체 등을 제공할 것이다.

```kotlin
@Module
class NetworkModule {
    @Provides
    @Singleton
    fun getHttpLoggingInterceptor(): HttpLoggingInterceptor =
        HttpLoggingInterceptor().setLevel(HttpLoggingInterceptor.Level.BODY)

    @Provides
    @Singleton
    fun provideHttpCache(@AppContext application: App): Cache {
        val cacheSize = 10 * 1024 * 1024
        val cache = Cache(application.cacheDir, cacheSize.toLong())
        return cache
    }

    @Provides
    @Singleton
    fun provideGson(): Gson {
        val gsonBuilder = GsonBuilder()
        gsonBuilder.setFieldNamingPolicy(FieldNamingPolicy.LOWER_CASE_WITH_UNDERSCORES)
        return gsonBuilder.create()
    }

    @Provides
    @Singleton
    fun provideOkhttpClient(cache: Cache, httpLoggingInterceptor:
        HttpLoggingInterceptor): OkHttpClient =
```

```
        OkHttpClient.Builder().addInterceptor(httpLoggingInterceptor).
            cache(cache).build()

    @Provides
    @Singleton
    fun getRetrofit(okHttpClient: OkHttpClient): Retrofit =
        Retrofit.Builder().addCallAdapterFactory(RxJava2CallAdapterFactory.create())
            .addConverterFactory(GsonConverterFactory.create())
            .client(okHttpClient)
            .baseUrl(AppConstants.INSTAGRAM_BASE_URL)
            .build()
}
```

코드에서 볼 수 있듯이 의존성 주입을 위해 객체를 제공하는 모든 메소드에 @Provides 어노테이션을 사용했다. 싱글톤 객체로 제공되어야 할 메소드에는 @Singleton 어노테이션을 붙였다.

의존성 주입을 위해 제공할 객체를 만드는 메소드에 다른 의존성이 필요하다면 메소드 매개변수로 정의하면 된다. 매개변수로 들어오는 객체들은 다른 곳에서도 의존성 주입을 이용해 주입할 수 있어야 한다.

② Dagger 컴포넌트의 예제를 하나 살펴보자.

```
@Component(dependencies = arrayOf(ApplicationComponent::class),
          modules = arrayOf(AddActivityModule::class))
interface AddActivityComponent {
    fun inject(addActivity: AddActivity)
}
```

컴포넌트는 어떤 모듈(또는 다른 컴포넌트)로부터 의존성을 제공받는지 알려주는 인터페이스 역할을 한다. 앞의 예제 코드에서는 AddActivityModule과 ApplicationComponent 컴포넌트로부터 의존성을 제공하는 컴포넌트를 정의했다.

어느 곳에 객체가 주입될 것인지를 알려주는 inject 메소드도 정의했다.

③ 이렇게 정의가 끝나면 이제 AddActivity에 다음과 같이 의존성 객체들을 주입할 수 있게 된다.

```
class AddActivity : BaseActivity<AddActivityMvpView, AddActivityMvpPresenter>(),
    AddActivityMvpView {
```

```
    @Inject
    lateinit var mPresenter: AddActivityMvpPresenter

    override fun onCreate(savedInstanceState: Bundle?) {
        super.onCreate(savedInstanceState)
        setContentView(R.layout.activity_add)
        DaggerAddActivityComponent.builder()
            .applicationComponent(applicationComponent)
            .build()
            .inject(this)
    }
}
```

앞의 예에서 볼 수 있듯이 Dagger 접두사가 붙은 DaggerAddActivityComponent를 이용해 AddActivity 클래스에 의존성을 주입했다.

그리고 @Inject 어노테이션으로 의존성 주입이 필요한 객체를 표시했다. null 체크를 피하기 위해 lateinit 키워드도 추가했다. @Inject 어노테이션을 추가하면 여기에 필요한 객체를 Dagger가 의존성 트리로부터 찾아서 주입시켜준다.

생성자 레벨에서도 객체를 인스턴스화할 수 있다. 다음 예제를 살펴보자.

```
class AddActivityPresenter @Inject constructor(var mDataManager: DataManager)
```

앞의 코드 예에서는 @Inject 어노테이션을 constructor 키워드 앞에 붙였다. 이는 DataManager 의 인스턴스가 AddActivityPresenter가 생성되기 전에 먼저 생성되어있어야 함을 의미한다. Dagger는 이 의존성 트리를 보고 AddActivityPresenter를 생성한다.

## 코틀린에서 Butterknife 사용하기

안드로이드 생태계에는 어노테이션 프로세싱을 필요로하는 많은 라이브러리가 존재한다. 코드 에 어노테이션을 달기만 하면 코드를 자동으로 생성해준다. Butterknife나 Dagger2를 비롯한 많 은 라이브러리들이 비슷한 방식으로 동작한다. 이 절에서는 코틀린에서 Butterknife를 사용하는 방법에 대해 학습한다. Butterknife에 익숙하지 않은 사람들을 위해 설명하자면, Butterknife는 findViewById()를 호출하지 않고 뷰의 인스턴스를 가져다 사용할 수 있도록 도와주는 라이브러리이다. Butterknife는 안드로이드 생태계에서 아주 널리 알려졌다. 대부분의 코틀린 안드로이드 익스텐션도 비슷한 일을 하며 이는 코틀린에 포함되어있다. 만약 Butterknife가 쓰인 자바 코드를 코틀린으로 옮기려 한다면 이 절이 도움이 될 것이다.

## 준비

코드 작성과 실행을 위해 안드로이드 스튜디오 3.x 버전을 사용한다.

## 실행

Butterknife를 프로젝트에 적용하기 위해서 다음 단계를 따라해보자.

① build.gradle에 다음 코드를 추가한다. annotationProcessor를 kapt로 대체하기 위해서 kotlin-kapt 플러그인도 필요하다. kapt는 자바의 annotationProcessor와 동일하므로 annotationProcessor가 사용된 부분은 kapt로 대체하면 된다.

```
dependencies {
    compile "com.jakewharton:butterknife:$butterknife_version"
    kapt "com.jakewharton:butterknife-compiler:$butterknife_version"
}
```

② 자바에서 Butterknife를 다음과 같이 이용했을 것이다.

```
@BindView(R.id.some_id) TextView textView;
```

코틀린에서는 다음과 같이 처리한다.

```
@BindView(R.id.some_id) lateinit var textView : TextView
```

nullable 객체로 선언하지 않기 위해 lateinit 키워드를 붙인 것이 유념하자. 또한 다음과 같이 onClick 리스너를 정의할 수도 있다.

```
@onClick(R.id.some_button)
internal fun sayHello() {
    // 무언가 동작한다
}
```

## 자세히 보기

어노테이션 프로세서를 이용한 작업은 매우 중요하다. 어노테이션 프로세서는 컴파일러에 대한 혹으로, 어노테이션이 붙은 코드를 분석해 컴파일러 에러, 경고, 부가 코드 생성 등을 도와준다. 이러한 어노테이션 프로세서는 애플리케이션 개발을 빠르게 도와준다. 부가적인 코드 작성을 하지 않고 어노테이션만 붙이면 알아서 코드를 생성해주기 때문이다. Dagger2가 이런 원리로 동작하는 유명한 라이브러리 중 하나이다.

# chapter 11

# 네트워킹과 동시성

이 절에서는 다음과 같은 내용을 다룬다.

- 네트워크로부터 데이터가져오기
- 데이터 클래스를 생성하기
- 데이터 클래스를 수정하면서 복제하기
- JSON 파싱
- 파일 다운로드
- RxJava와 함께 Retrofit 사용하기
- RecyclerView를 이용해 무한 스크롤되는 리스트 만들기
- 안드로이드에서 백그라운드 작업을 위해 Anko 사용하기
- 코루틴을 이용한 멀티스레딩 구현

# 소개

아마 네트워크 통신이 없는 앱은 찾기가 어려울 것이다. 파일 공유, 스트리밍, 소셜 네트워크 서비스 등 대부분의 앱에서 네트워크 통신을 이용한다. 안드로이드 앱에 네트워크 통신을 추가할 경우에는 고려해야 할 요소가 많이 있다. 예를 들면 메인스레드에서 실행할 수 없다는 제약이 있다. 이외에도 네트워크 요청이 실패할 경우를 대비해 사용자에게 피드백을 제공해야 한다. 이 장에서는 코틀린에서 네트워크 통신을 효율적으로 구현하는 방법에 대해 알아본다.

# 네트워크로부터 데이터 져오기

서드파티 라이브러리의 도움 없이 네트워크 통신을 구현하는 일은 매우 번거롭다. 다음의 코드 예를 보자.

```
try {
    URL url = new URL("<api call>");
    urlConnection = (HttpURLConnection) url . openConnection ();
    urlConnection.setRequestMethod("GET");
    urlConnection.connect();
    InputStream inputStream = urlConnection . getInputStream ();
    StringBuffer buffer = new StringBuffer();
    if (inputStream == null) {
        // Nothing to do.
        return null;
    }
    reader = new BufferedReader (new InputStreamReader (inputStream));
    String line;
    while ((line = reader.readLine()) != null) {
        buffer.append(line + "\n");
    }
    if (buffer.length() == 0) {
        return null;
    }
    result = buffer.toString();
} catch (IOException e) {
    Log.e("Request", "Error ", e);
    return null;
} finally {
```

```
        if (urlConnection != null) {
            urlConnection.disconnect();
        }
        if (reader != null) {
            try {
                reader.close();
            } catch (final IOException e) {
                Log.e("Request", "Error closing stream", e);
            }
        }
    }
}
```

이 예의 코드는 매우 지저분하다. 코틀린은 네트워크 통신을 구현하는 번거로움을 줄여준다. 이 절에서는 코틀린에서 네트워크 요청을 만드는 방법에 대해 살펴보자.

## 준비

코드 작성과 실행을 위해 안드로이드 스튜디오 3.x 버전을 사용한다.

## 실행

다음 단계를 따라 코틀린으로 네트워크 요청을 만들어보자.

① 앞에서 예제로 보았던 지저분하고 긴 코드를 기억하고 있을 것이다. 이 너저분한 코드는 단한 줄의 코틀린 코드로 대체할 수 있다. 다음 코드를 보자.

```
var response = URL("<url>").readText()
```

이 코드에 매개변수로 url만 넣으면 끝이다. 그러면 네트워크 응답을 반환한다.

안드로이드에서는 이 코드를 백그라운드 작업으로 실행해야 한다는 것을 명심하자. 그렇지 않으면 NetworkOnMainThreadException을 만나게 될 것이다.

② 이 코드를 비동기 백그라운드 작업으로 수행하려면 doAsync 블록으로 감싸주기만 하면 된다. 이 또한 매우 간단하다. 다음 코드를 보자.

```
doAsync {
    val result = URL("http://some-api-url").readText()
```

```
    uiThread {
        toast(result)
    }
}
```

이제 네트워크 요청을 비동기 블록으로 감쌌다. 그리고 그 안에서 uiThread 블록으로 UI를 조작했다.

③ uiThread는 Anko에서 제공하는 메소드로, 다음 한 줄을 build.gradle에 추가함으로써 사용할 수 있다.

```
implementation "org.jetbrains.anko:anko:1.0"
```

## 자세히 보기

비동기 백그라운드 작업에 대해서는 "안드로이드에서 백그라운드 작업을 위해 Anko 사용하기" 절을 참고하자.

# 데이터 클래스를 생성하기

단순히 데이터를 들고있는 클래스를 만들기 위해서 너무 많은 코드가 필요하다는 것을 생각해본 적이 있을 것이다. 예를 들어 다음 Student 클래스를 보자.

```
public class Student {
    private String name;
    private String roll_number;
    private int age;

    public String getName() {
        return name;
    }

    public void setName(String name) {
        this.name = name;
    }

    public String getRoll_number() {
```

```
        return roll_number;
    }

    public void setRoll_number(String roll_number) {
        this.roll_number = roll_number;
    }

    public int getAge() {
        return age;
    }

    public void setAge(int age) {
        this.age = age;
    }

    @Override
    public int hashCode() {
        return super.hashCode();
    }

    @Override
    public String toString() {
        return super.toString();
    }
}
```

이런 코드에 불필요하게 반복되는 부분이 많다고 느끼면 코틀린의 데이터 클래스는 당신을 위한 것이다.

## 준비

여기서는 코드를 작성하고 실행하기 위해 인텔리제이를 사용하겠다. 코틀린 코드를 작성하고 실행할 수 있다면 어느 환경이어도 관계는 없다.

## 실행

대부분의 프로젝트에서 앞의 Student 클래스의 경우처럼 데이터를 들고 있는 것 이외의 용도로는 사용되지 않는 클래스들을 만들게 된다. 이런 유형의 클래스는 프로젝트가 복잡해질수록 너무 많아질 가능성이 있다. 이로 인해 불필요한 기본 코드를 너무 많이 작성하게 된다. 코틀린은 이를 위한 아주 좋은 방법을 제공한다.

① 이 절의 도입부에서 본 Student 클래스는 코틀린에서 다음과 같이 한 줄로 작성할 수 있다.

```
data class Student(var name: String, var roll_number: String, var age: Int)
```

② 이 Student 클래스를 이용해보자.

```
fun main(args: Array<String>) {
    val student = Student("하마", "2013001", 21)
    println("Student: name: ${student.name}," +
            " roll_number: ${student.roll_number}," +
            " age: ${ student.age }")
}

// 출력 : Student: name: 하마, roll_number: 2013001, age: 21
```

보다시피 getter나 setter가 전혀 필요하지 않고 수많은 코드가 한줄로 줄었다. getter와 setter는 이미 코틀린 속성에 포함되어 있다.

③ 우리가 정의하지 않았지만 toString() 메소드를 살펴보자.

```
println("${student.toString()}")

// 출력 : Student (name=하마, roll_number=2013001, age=21)
```

자바의 toString()보다 훨씬 보기 좋다.

④ 데이터 클래스는 많은 유연성을 제공한다. 예를 들면 setter를 사용하고 싶지 않은 경우 val 키워드를 사용할 수 있다. 이 경우 해당 속성은 읽기 전용이 된다.

⑤ 데이터 클래스를 이용할 때 좋은 점 중 하나는 속성을 얻기 위해 객체를 분해할 수 있다는 것이다. 다음 코드를 보며 이해해보자.

```
fun main(args: Array<String>) {
    val student = Student("큰하마", "2013001", 21)
    val (name, roll_number, age) = student
    println("Student: name: $name, roll_number: $roll_number, age: $age")
}

// 출력 : Student: name: 큰하마, roll_number: 2013001, age: 21
```

6 데이터 클래스의 속성에 기본값을 지정할 수도 있다. 다음 예제 코드를 보자.

```kotlin
data class Student(val name: String = "작은하마", val roll_number: String, var age: Int)

fun main(args: Array<String>) {
    var studentA = Student(roll_number = "2013001", age = 21)
    println(studentA.toString())
}
```

출력 : Student (name=작은하마, roll_number=2013001, age=21)

## 자세히 보기

코틀린 문서에 따르면 데이터 클래스는 다음과 같은 약간의 제약을 가지고 있다.

- 기본 생성자는 최소 하나 이상의 매개변수를 가져야한다.
- 모든 기본 생성자의 매개변수는 val이나 var를 이용해 선언되어야 한다.
- 데이터 클래스는 abstract, open, sealed, inner 클래스가 될 수 없다.
- 데이터 클래스는 다른 클래스를 상속받을 수 없다(인터페이스를 구현할 수는 있다).

# 데이터 클래스를 수정하면서 복제하기

지난 절에서는 데이터 클래스를 이용하면 많은 분량의 코드를 줄일 수 있다는 것을 배웠다. 이번 절에서는 데이터 클래스를 이용해 수정자 없이 쉽게 다른 데이터 클래스를 복제하는 방법에 대해 알아보자.

일반적으로 클래스를 복제하는 방법은 모든 속성을 순회해가며 복제하는 방법이지만 copy 메소드는 이런 번거로움을 줄여준다.

## 준비

여기서는 코드를 작성하고 실행하기 위해 인텔리제이를 사용하겠다. 코틀린 코드를 작성하고 실행할 수 있다면 어느 환경이어도 관계는 없다.

## 실행

명명된 인수를 받아 값이 수정된 복제본을 만드는 copy 메소드를 사용할 것이다. 아래 코드를 살펴보자.

```
fun main(args: Array<String>) {
    var studentA = Student("하마", "2013001", 21)
    var olderStudentA = studentA.copy(age = 25)

    println(olderStudentA.toString())
}

// 출력 : Student(name=하마, roll_number=2013001, age=25)
```

## 자세히 보기

종종 copy와 apply 함수를 착각하기도 한다.

- apply( ) : 함수를 매개변수로 받고 스코프를 호출된 객체로 설정한다. 값을 반환하기 전에 복잡한 로직을 수행할 수 있는 변환 함수이며, 메소드의 결과로 호출된 객체와 같은 객체를 반환한다.
- copy( ) : apply 함수는 스레드 세이프하지 않고 객체를 수정한다. 반면에 copy 함수는 원본 객체의 수정 없이 새로운 객체를 반환한다.

# JSON 파싱

JSON은 네트워크 통신 시 가장 많이 사용되는 형식 중 하나다. 많은 RESTful API는 응답을 JSON 형식으로 반환한다. 안드로이드 앱을 개발할 때 역시 네트워크 통신 시 이 형식을 사용하는 경우가 많다. JSON을 데이터 클래스로 파싱하는 일은 이 형식의 네트워크 응답 등을 POJO 클래스로 사용할 수 있도록 해준다. JSONObject를 이용해 JSON 데이터를 파싱할 수도 있지만 이를 사용한 코드는 매우 지저분하다. 이 절에서는 JSON을 데이터 클래스로 파싱하는 방법에 대해 알아본다. 클래스의 유일한 목적이 데이터를 들고 있는 것이라면 데이터 클래스가 적합하므로 데이터 클래스를 이용한다.

## 준비

안드로이드 스튜디오 3.x 버전을 사용한다. 구글에서 오픈소스로 제공하는 GSON 라이브러리를 사용하기 위해 build.gradle에 다음 코드를 추가한다. GSON은 사용하기 매우 쉬우며 매우 유명한 JSON 라이브러리 중 하나이다.

```
compile 'com.google.code.gson:gson:2.8.2'
```

## 실행

다음 단계를 따라 JSON 형식을 파싱해보자.

① 많은 경우에 JSON 응답은 네트워크 요청에 대한 응답으로 사용된다. 이 예제에서는 이를 다음 JOSN 문자열로 가정하고 진행한다.

```
{
    "data": [{
            "id": "178867282641151111",
            "from": {
            "id": "1391934316",
            "username": "aanandshekharroy",
            "full_name": "Aanand Shekhar Roy",
            "profile_picture":
            "https://scontent.cdninstagram.com/t51.2885-19/
            10475071_605790259527941_865730435_a.jpg "
        },
            "text": "Testing api",
            "created_time": "1501571384"
    }, {
            "id": "178892289033060177",
            "from": {
            "id": "1391934316",
            "username": "aanandshekharroy",
            "full_name": "Aanand Shekhar Roy",
            "profile_picture": "https://scontent.cdninstagram.com/t51.2885-19/
            10475071_605790259527941_865730435_a.jpg "
        },
            "text": "My second test",
```

```
        "created_time": "1501571390"
    }],
    "meta": {
        "code": 200
    }
}
```

인텔리제이는 JSON 응답을 코틀린 객체로 변환해주는 플러그인을 제공한다. 여기에서는
RoboPojoGenerator 플러그인을 이용할 것이다. 다음 단계를 따라 인스톨해보자.

② 설정의 **Plugins** 메뉴로 들어간다.

③ **Browse repositories** 버튼을 클릭하면 다이얼로그가 나오면 Robopojo를 검색한다. 검색 결
과로 나온 RoboPOJOGenerator 플러그인을 설치하고 안드로이드 스튜디오를 재시작한다.

④ 이제 JSON 응답 기반의 클래스를 생성할 수 있게 되었다. 먼저 빈 패키지를 하나 생성하자. 여기서는 instagramcomments라는 패키지를 생성했다(앞의 예제 JSON 문자열이 인스타그램 코멘트 데이터이다).

⑤ 패키지명에 마우스 오른쪽 버튼을 클릭하면 나오는 메뉴에서 **New 〉 Generage POJO from JSON**을 클릭한다.

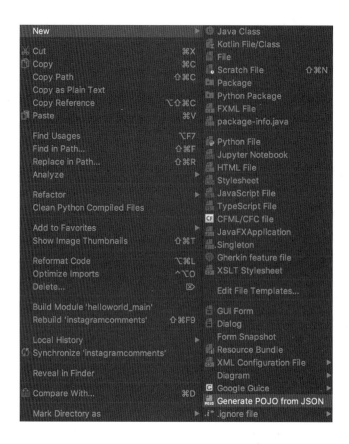

다이얼로그가 등장하면 JSON 문자열을 입력한다. 하단의 체크박스 중 **Kotlin**과 **Gson**에 체크하고 **Generate** 버튼을 클릭한다.

⑥ 그러면 다음과 같이 패키지 아래에 생성된 클래스들을 확인할 수 있을 것이다.

⑦ 생성된 클래스를 열어보자. 앞의 JSON 구조에서 가장 바깥의 클래스는 Response 클래스이다.

```kotlin
@Generated("com.robohorse.robopojogenerator")
data class Response(

	@field:SerializedName("data")
	val data: List<DataItem?>? = null,

	@field:SerializedName("meta")
	val meta: Meta? = null
)
```

```
@Generated("com.robohorse.robopojogenerator")
data class DataItem(

    @field:SerializedName("created_time")
    val createdTime: String? = null,

    @field:SerializedName("from")
    val from: From? = null,

    @field:SerializedName("id")
    val id: String? = null,

    @field:SerializedName("text")
    val text: String? = null
)
```

⑧ 이제 네트워크 응답으로 받은 JSON 문자열을 파싱해보자. 첫 번째 코멘트를 출력해볼 것이다.

```
fun main(args: Array<String>) {
    var response = URL("https://api.instagram.com/v1/media/1571595528561539504_
        5812999640/comments?access_token=5812999640.42ee6f0.
        9441d5bd909f40319bad89407ffd7082").readText()
    var gson = Gson()
    val comments = gson.fromJson(response, Response::class.java)
    println(comments.data?.get(0))
}

// 출력 : DataItem(createdTime=1501571384, from=From(fullName=null,
profilePicture=null, id=null, username=aanandshekharroy), id=17867282641151111,
text=Testing api)
```

보다시피 JSONObject를 이용하지 않고 JSON 문자열을 아주 쉽게 코틀린 객체로 파싱해서 이용했다.

# 파일 다운로드

안드로이드 앱을 개발하다 보면 종종 앱에서 파일을 다운로드 받아야 할 경우가 있다. 이를 구현하는 가장 기본적인 방법은 URL 커넥션을 열고 InputStream을 이용해 파일 데이터를읽고 FileOutputStream을 통해 로컬 파일로 저장하는 것이다. 이 모든 과정은 AsynkTask를 이용해 백그라운드에서 실행되어야 한다. 그러나 이미 구현되어 있는 것을 다시 만들 필요는 없다. 수많은 라이브러리들이 존재하고 이 중 많은 것들이 작업을 쉽게 만들어주며 깨끗한 코드를 생성할 수 있도록 도와준다.

구글에서 제공하는 네트워크 라이브러리인 Volley(https://developer.android.com/training/volley/index.html)를 사용하면 네트워크 통신을 매우 쉽고 빠르게 구현할 수 있다. 또다른 대표적인 라이브러리로는 OkHttp가 있다. 이는 매우 효율적이며 이후 설명할 Retrofit(HTTP API)과 함께 사용할 수도있다. 이번 절에서는 코틀린으로 작성된 네트워킹 라이브러리인 Fuel에 대해 살펴볼 것이다.

## 준비

안드로이드 스튜디오 3.x 버전을 이용해 새 프로젝트를 생성하고 빈 액티비티를 추가한다. 그리고 Fuel을 사용하기 위해 build.gradle에 다음 코드를 넣고 gradle sync를 수행한다.

```
compile "com.github.kittinunf.fuel:fuel:$fuel_version"
```

```
$fuel_version은 fuel의 최신 버전으로 치환한다.
```

## 실행

다음 단계를 따라 코틀린에서 파일 다운로드를 수행해보자.

① 먼저 뷰에 버튼을 하나 추가하고 클릭 이벤트 리스너를 정의한다. 다운로드가 어느 정도 진행되었는지를 보기 위해 프로그레스바도 배치한다.

```xml
<?xml version="1.0" encoding="utf-8"?>
<android.support.constraint.ConstraintLayout xmlns:android=
"http://schemas.android.com/apk/res/android"
```

```
    xmlns:app="http://schemas.android.com/apk/res-auto"
    xmlns:tools="http://schemas.android.com/tools"
    android:layout_width="match_parent"
    android:layout_height="match_parent"
    app:layout_behavior="@string/appbar_scrolling_view_behavior"
    tools:context=".MainActivity"
    tools:showIn="@layout/activity_main">

    <Button
        android:id="@+id/btn_download_file"
        android:layout_width="wrap_content"
        android:layout_height="wrap_content"
        android:layout_marginTop="32dp"
        android:layout_marginBottom="32dp"
        android:text="다운로드"
        app:layout_constraintBottom_toBottomOf="parent"
        app:layout_constraintLeft_toLeftOf="parent"
        app:layout_constraintRight_toRightOf="parent"
        app:layout_constraintTop_toTopOf="parent" />


    <ProgressBar
        android:id="@+id/progressBar"
        style="?android:attr/progressBarStyleHorizontal"
        android:layout_width="0dp"
        android:layout_height="wrap_content"
        android:progress="0"
        app:layout_constraintLeft_toLeftOf="parent"
        app:layout_constraintRight_toRightOf="parent"
        app:layout_constraintTop_toTopOf="parent" />


</android.support.constraint.ConstraintLayout>
```

② 이제 임시 파일을 다운로드해보자. https://httpbin.org/에서 제공하는 다운로드 목(Mock) API를 사용할 것이다. 다운로드를 위해 액티비티에 다음 코드를 넣어보자.

```
class DownloadFileActivity : AppCompatActivity(), AnkoLogger {
    override fun onCreate(savedInstanceState: Bundle?) {
        super.onCreate(savedInstanceState)
        setContentView(R.layout.activity_download_file)

        info("${filesDir.absolutePath} ${filesDir.canonicalPath}")
```

```
        btn_download_file.onClick {
            progressBar.progress = 0
            Fuel.download("https://httpbin.org/bytes/32768")
                .destination { response, url ->
                    File.createTempFile("abcd", ".tmp")
                }.progress { readBytes, totalBytes ->
                    val progress = readBytes.toFloat() /
                        totalBytes.toFloat()
                    info("progress: ${progress}")
                    progressBar.progress = progress.toInt() * 100
                }.response { req, res, result ->
                    info("status result: ${result.component1().toString()}")
                    info("status response: ${res.responseMessage}")
                    info("status request: ${req.url}")
                }
        }
    }
}
```

이 코드를 실행하면 다음과 같은 화면을 볼 수 있다.

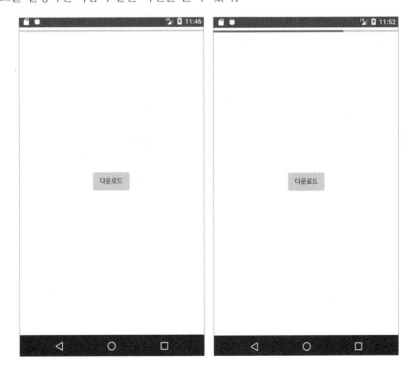

앞에 언급한대로 코드에서 Fuel 라이브러리를 사용했다. 해당 코드는 다음과 같다.

```
btn_download_file.onClick {
    progressBar.progress = 0
    Fuel.download("https://httpbin.org/bytes/102400")
        .destination { response, url ->
            File.createTempFile("abcd", ".tmp")
        }.progress { readBytes, totalBytes ->
            val progress = readBytes.toFloat() / totalBytes.toFloat()
            info("progress: ${progress}")
            progressBar.progress = (progress * 100).toInt()
        }.response { req, res, result ->
            info("status result: ${result.component1().toString()}")
            info("status response: ${res.responseMessage}")
            info("status request: ${req.url}")
        }
}
```

소스코드를 이용해 인터넷에서 이런저런 파일들을 다운로드 받아보자. 프로그레스를 이용해보기도 하고 없이 진행도 해보며 라이브러리 사용법에 대해 더 자세히 익혀보자. 다음 링크에서 Fuel이 제공하는 다른 기능들을 살펴볼 수 있다.

- https://github.com/kittinunf/Fuel

또한 Volley나 다른 네트워킹 라이브러리들을 사용해보고 각각의 차이점이 무엇인지 파악해보자.

# RxJava와 함께 Retrofit 사용하기

Retrofit은 안드로이드 앱 개발 시 가장 널리 사용되는 네트워킹 라이브러리 중 하나로 Jake Wharton에 의해 개발된 오픈소스 라이브러리이다. RxJava는 자바에서 ReactiveX를 구현한 오픈소스 라이브러리이다. RxJava는 리액티브 프로그래밍이나 이벤트 드리븐 프로그래밍을 하기에 매우 적합하게 만들어져있다. 이 절은 리액티브 프로그래밍(https://en.wikipedia.org/wiki/Reactive_programming)에 대해 다루지는 않으므로 이에 익숙하지 않다면 다음 링크를 통해 학습하도록 하자.

- https://github.com/ReactiveX/RxJava

이 절에서는 Retrofit과 RxJava를 연동해 사용하는 방법에 대해 살펴볼 것이다.

## 준비

안드로이드 스튜디오 3.x 버전을 사용한다. 그리고 build.gradle에 다음 의존성을 추가한다.

```
compile 'io.reactivex.rxjava2:rxandroid:$rxAndroidVersion'
compile "com.squareup.retrofit2:retrofit:$retrofit_version"
compile "com.squareup.retrofit2:adapter-rxjava2:$retrofit_version"
compile "com.squareup.retrofit2:converter-gson:$retrofit_version"
```

adapter-rxjava2 라이브러리가 retrofit의 응답을 observable로 반환하는 것을 도와줄 것이다. 각기 Github에서 최신 버전을 찾아 적용하자.

## 실행

RxJava와 Retrofit을 연계하는 것은 간단하다. 다음 단계를 따라해보자.

1️⃣ 다음과 같이 Retrofit의 인스턴스(네트워크 통신을 담당할)를 만든다.

```
val okHttpClient = OkHttpClient.Builder()
    .readTimeout(15000, TimeUnit.MILLISECONDS)
    .build();


val retrofit = Retrofit.Builder()
    .addCallAdapterFactory(RxJava2CallAdapterFactory.create())
    .addConverterFactory(GsonConverterFactory.create())
    .client(okHttpClient)
    .baseUrl("https://api.instagram.com/")
    .build()
```

2️⃣ 다음은 모든 Retrofit 콜을 정의하는 인터페이스이다. Retrofit의 호출 결과로 Observable을 반환하고 있다.

```
interface InstagramApiService {
    @FormUrlEncoded
    @POST("oauth/authorize")
    fun getRedirectCode(@Field("client_id") client_id: String,
                        @Field("redirect_uri") redirect_uri: String,
                        @Field("response_type") response_type: String):
        Call<String>
```

```kotlin
    @FormUrlEncoded
    @POST("oauth/access_token")
    fun getAccessToken(@Field("client_id") client_id: String,
                       @Field("client_secret") client_secret: String,
                       @Field("redirect_uri") redirect_uri: String,
                       @Field("grant_type") grant_type: String,
                       @Field("code") code: String)
        : Observable<InstagramLoginResponse>

    @GET("v1/users/{user_id}/media/recent/")
    fun getInstagramPosts(@Path("user_id") user_id: String?,
                          @Query("access_token") access_token: String?)
        : Observable<InstagramPostsResponse>

    @GET("v1/media/{media_id}/comments")
    fun getCommentsForInstagramPost(@Path("media_id") media_id: String?,
                                    @Query("access_token") access_token: String?)
        : Observable<InstagramCommentsResponse>
}

class Call<T>

data class InstagramLoginResponse(var value: String)

data class InstagramPostsResponse(var value: String)

class InstagramCommentsResponse(
    var data: List<DataItem?>? = null,
    var meta: Meta? = null)

data class DataItem(var createdTime: String?,
                    var from: From?,
                    var id: String?,
                    var text: String?)

data class Meta(var code: Int?)

data class From(var fullName: String?,
                var profilePicture: String?,
                var id: String?,
                var username: String?)
```

③ 이제 다음과 같이 서비스 객체를 생성한다.

```
val instagramApiService =
retrofit.create<InstagramApiService>(InstagramApiService::class.java)
```

④ 이제 api 메소드를 호출해보자. 응답을 처리하기 위해서는 Subscriber 객체가 필요하다.

```
val mediaId = "1571595528561539504_5812999640"
val accessToken = "5812999640.42ee6f0.9441d5bd909f40319bad89407ffd7082"

instagramApiService.getCommentsForInstagramPost(mediaId, accessToken)
    .subscribeOn(Schedulers.newThread())
    .observeOn(AndroidSchedulers.mainThread())
    .subscribe({ response ->
        info(response.toString())
    }, { throwable ->
        info(throwable.message)
    })
```

⑤ 백그라운드의 별도 스레드에서 네트워크 통신을 호출하도록 했다. 네트워크 통신이 완료되면 메인 스레드에서 결과를 처리하게 된다.

## RecyclerView를 이용해 무한 스크롤되는 리스트 만들기

페이스북, 인스타그램, 트위터 피드의 공통점은 무엇일까? 모두 수많은 컨텐츠를 가지고 있고, 아래로 스크롤하는 동안 그 컨텐츠를 계속해서 로드하고 보여주는 것이다. 사용자로 하여금 우리의 플랫폼을 편하게 사용하도록 하는 좋은 방법이라는 데에는 의심의 여지가 없다.

이 절에서는 RecyclerView를 이용해서 무한하게 로딩되는 리스트를 만드는 방법에 대해 알아본다. 이러한 구조에는 소셜미디어, 온라인 쇼핑몰 등의 컨텐츠를 기반으로 하는 애플리케이션의 많은 사례가 있다.

여기에서는 맨 처음 일부 데이터를 로드하고 컨텐츠 리스트의 맨 아래까지 스크롤되면 추가적인 데이터를 로드해 보여주는 간단한 앱을 만들 것이다.

## 준비

안드로이드 스튜디오 3.x 버전을 사용한다. 그리고 다음과 같이 build.gradle에 RecyclerView에 대한 의존성을 추가한다.

https://gitlab.com/aanandshekharroy/Anko-examples/ 레파지토리의 6-endless-list-using-recycler-view 브랜치에서 소스코드를 다운받을 수 있다.

## 실행

숫자 리스트를 보여주는 간단한 앱을 만들 것이다. 이 앱은 아래로 스크롤할수록 더 큰 숫자를 계속해서 보여줄 것이다.

① 먼저 다음과 같이 리스트 안에 보여질 아이템 뷰를 만든다. 파일명은 recycler_row.xml로 하겠다.

```xml
<?xml version="1.0" encoding="utf-8"?>
<LinearLayout xmlns:android="http://schemas.android.com/apk/res/android"
    android:layout_width="match_parent"
    android:layout_height="wrap_content"
    android:orientation="vertical">

    <TextView
        android:id="@+id/recycler_row_text_view"
        android:layout_width="match_parent"
        android:layout_height="wrap_content"
        android:padding="16dp" />

    <View
        android:layout_width="match_parent"
        android:layout_height="1dp"
        android:layout_alignParentBottom="true"
        android:alpha="0.1"
        android:background="@android:color/black" />
</LinearLayout>
```

② 그리고 메인 레이아웃에 RecyclerView를 배치한다.

```xml
<?xml version="1.0" encoding="utf-8"?>
<android.support.constraint.ConstraintLayout
    xmlns:android="http://schemas.android.com/apk/res/android"
    xmlns:app="http://schemas.android.com/apk/res-auto"
    xmlns:tools="http://schemas.android.com/tools"
    android:layout_width="match_parent"
    android:layout_height="match_parent"
    tools:context=".MainActivity">

    <android.support.v7.widget.RecyclerView
        android:id="@+id/recyclerView"
        android:layout_width="match_parent"
        android:layout_height="match_parent"
        android:scrollbars="vertical" />
</android.support.constraint.ConstraintLayout>
```

③ 이제 간단한 RecyclerView 어댑터를 만들자.

```kotlin
class RecyclerAdapter(val recyclerList: List<Int>)
    : RecyclerView.Adapter<RecyclerAdapter.ViewHolder>() {

    override fun onBindViewHolder(viewHolder: RecyclerAdapter.ViewHolder,
                                  position: Int) {
        viewHolder.bind(recyclerList[position])
    }

    override fun onCreateViewHolder(viewGroup: ViewGroup, position: Int)
        : RecyclerAdapter.ViewHolder {
        val view = LayoutInflater.from(viewGroup.context)
            .inflate(R.layout.recycler_row, viewGroup, false)
        return ViewHolder(view)
    }

    override fun getItemCount(): Int {
        return recyclerList.count()
    }

    class ViewHolder(itemView: View) :
        RecyclerView.ViewHolder(itemView) {
        val itemTextView: TextView =
            itemView.findViewById(R.id.recycler_row_text_view)
```

```
        fun bind(recyclerItemText: Int) {
            itemTextView.text = recyclerItemText.toString()
        }
    }

}
```

④ 액티비티에 데이터 리스트를 추가해주는 간단한 함수를 추가하자.

```
fun updateDataList(dataList: MutableList<Int>): List<Int> {
    kotlin.repeat(30) {
        dataList.add(dataList.size + 1)
    }
    return dataList
}
```

⑤ 이제 onCreate() 안에서 RecyclerView를 설정해준다. 최종 액티비티 코드는 다음과 같다.

```
class RecyclerViewActivity : AppCompatActivity() {

    val dataList = mutableListOf<Int>()

    override fun onCreate(savedInstanceState: Bundle?) {
        super.onCreate(savedInstanceState)
        setContentView(R.layout.activity_recycler_view)

        val layoutManager = LinearLayoutManager(this)
        val adapter = RecyclerAdapter(recyclerList =

        updateDataList(dataList))

        recyclerView.layoutManager = layoutManager
        recyclerView.adapter = adapter
        recyclerView.addOnScrollListener(object : RecyclerView.OnScrollListener() {
            override fun onScrolled(recyclerView: RecyclerView, dx: Int, dy: Int) {
                super.onScrolled(recyclerView, dx, dy)
                if (!recyclerView.canScrollVertically(1)) {
                    onScrolledToBottom();
                }
            }
```

```
        fun onScrolledToBottom() {
            val initialSize = dataList.size
            updateDataList(dataList)
            val updatedSize = dataList.size
            adapter.notifyItemRangeInserted(initialSize, updatedSize)
        }
    })
}

fun updateDataList(dataList: MutableList<Int>): List<Int> {
    kotlin.repeat(30) {
        dataList.add(dataList.size + 1)
    }
    return dataList
}
}
```

## 어떻게 동작하나

사용자가 목록의 맨 아래까지 스크롤했을 때 이벤트를 캐치해야하므로 OnScrollListener를 추가했다. 그리고 OnScrollListener의 onScrolled 메소드를 오버라이딩해 그 내부에서 canScrollVertically 메소드로 특정 방향으로 더 스크롤될 수 있는지를 판단한다. 이 메소드는 매개변수로 음수를 넣으면 위쪽으로, 양수를 넣으면 아래쪽으로 스크롤될 수 있는지를 true/false로 반환하는 메소드다. 예제에서는 양수를 넣어 아래쪽으로 스크롤이 가능한지를 판단했고 더이상 스크롤할 수 없는 경우 updateDataList 메소드를 호출해 목록에 데이터를 추가했다. 그리고 어댑터의 notifyItemRangeInserted를 호출해주면 뷰에서 아이템들이 추가된 것을 볼 수 있다.

## 안드로이드에서 백그라운드 작업을 위해 Anko 사용하기

Anko는 JetBrains에서 만든 라이브러리로 복잡한 기능에 대한 추상화와 수많은 헬퍼들을 통해 안드로이드 개발을 아주 쉽게 할 수 있도록 만들어준다. 그 중 하나는 백그라운드 작업을 처리하는 것이다. 이 절에서는 Anko를 이용해 간단하게 백그라운드 작업을 처리하는 방법에 대해 살펴본다.

## 준비

안드로이드 스튜디오 3.x 버전을 사용한다. 그리고 다음과 같이 build.gradle에 anko 의존성을 추가한다.

```
implementation "org.jetbrains.anko:anko:$anko_version"
```

## 실행

백그라운드에서 작업하는 것은 코틀린에서는 매우 간단한 일이다. 네트워크 요청을 하는 다음 예제를 보자. 네트워크 요청은 백그라운드에서 수행하지 않으면 NetworkOnMainThreadException을 만나게 된다. 네트워크 요청이 완료되면 토스트를 띄워 성공 메시지를 보여줄 것이다. 그러나 백그라운드 스레드에서는 UI를 조작할 수 없으므로 토스트를 띄울 때에는 UI 스레드에서 작업해야 한다. uiThread 메소드를 이용하면 UI 백그라운드 작업이 끝났을 때 UI 스레드에서 작업하도록 간단히 구현할 수 있다.

```
class MainActivity : AppCompatActivity() {
    override fun onCreate(savedInstanceState: Bundle?) {
        super.onCreate(savedInstanceState)
        setContentView(R.layout.activity_main)
        doAsync {
            val result = URL("https://api.instagram.com/v1/med
                ia/1571595528561539504_5812999640/comm ents?access_token=5812999640.42e
                e6f0.9441d5bd909f40319bad89407ffd7082").readText()
            uiThread {
                toast(result)
            }
        }
    }
}
```

URL().readText()는 네트워크 요청이라는 점 이외에도 상대적으로 긴 시간이 걸리는 작업이므로 백그라운드에서 처리하는 것이 바람직하다.

## 어떻게 동작하나

자바에서 백그라운드 작업을 수행하는 데에 AsyncTask 등을 이용해야 했지만 이는 그다지 효율적인 방법은 아니다. 이런 방법들은 액티비티의 라이프 사이클을 고려하지 않았기 때문에 화면 회전 시나 액티비티의 라이프사이클 이벤트 발생 시에 핸들링하는 것에 어려움이 있었다.

doAsync 메소드가 호출되는 동안 액티비티가 종료되었다면 uiThread 메소드는 호출되지 않는다. 이를 이용하면 액티비티가 실행 중인 동안에만 UI를 조작하는 코드가 동작하도록 할 수 있다.

## 코루틴을 이용한 멀티스레딩 구현

코루틴은 코틀린의 훌륭한 기능 중 하나이다. 다음은 문서에서 발췌한 코루틴의 정의이다.

"코루틴은 비동기적인 논블로킹(non-blocking) 코드를 작성하는 새로운 방법이다."

이는 사용상의 용이함을 가지고 있을 뿐만 아니라 스레드보다도 훨씬 강력하며, 특히 밀리세컨드 단위의 퍼포먼스가 중요한 모바일 환경에서 효율적이다. 여러 개의 스레드를 사용하는 것은 성능 이슈를 야기할 수 있지만 코루틴을 사용하면 성능 이슈 없이 수천개의 작업을 실행할 수 있다.

다음은 코틀린 공식 문서에서 발췌한 내용이다.

"코루틴은 가벼운 스레드라고 생각할 수 있다. 코루틴은 스레드와 마찬가지로 병렬로 실행될 수 있고 서로 커뮤니케이션하며 기다릴 수 있다. 가장 큰 차이점은 코루틴은 성능에 거의 영향을 주지 않고 수천개를 생성할 수 있을 정도로 실행 비용이 저렴하다. 반면 스레드는 실행과 유지에 많은 비용이 필요하다. 수천 개의 스레드는 최신 기기에서도 성능상의 큰 위협이 될 수 있다."

이 사실은 코루틴을 매우 돋보이게 하며 코틀린 팀은 코루틴을 사용할 수 있는 쉬운 문법을 제공했다. 이 절에서는 코루틴을 사용하는 방법에 대해서 살펴보자.

## 준비

코드를 작성하기 위해 안드로이드 스튜디오 3.x 버전을 사용한다. 코루틴은 모든 복잡성을 추상화한 라이브러리로 제공된다. 다음과 같이 build.gradle에 라이브러리 의존성을 추가하자.

```
compile "org.jetbrains.kotlinx:kotlinx-coroutines-core:0.19.2"
```

코루틴은 코틀린 1.3 이전의 버전에서는 아직 실험적인 기능이기 때문에 컴파일러에게 이를 사용한다는 것을 인지할 수 있도록 명시해주어야 한다. 이를 위해 다음과 같이 build.gradle에 추가해준다.

```
apply plugin: 'kotlin'
kotlin {
    experimental {
        coroutines 'enable'
    }
}
```

이제 모든 준비가 끝났다. 지금부터 우리의 프로젝트에서 코루틴을 이용할 수 있다.

## 실행

다음 단계를 따라 코루틴 사용법을 익혀보자.

1 코루틴을 시작할 수 있는 두 가지 함수가 있다.

```
launch { }
async { }
```

2 간단한 코루틴 함수를 작성해보자.

```
class CoroutineActivity : AppCompatActivity() {
    override fun onCreate(savedInstanceState: Bundle?) {
        super.onCreate(savedInstanceState)
        setContentView(R.layout.activity_coroutine)

        launch(CommonPool) {
            println("hello")
            delay(1000)
            println("world")
        }
    }
}
```

앞의 함수는 안드로이드 스튜디오의 콘솔에서 "hello"를 출력하고 1초 후에 "world"를 출력한다. Job을 반환하는 launch 함수를 사용했지만 결과값이 없으므로 반환되는 Job을 이용하지는 않았다. launch는 주어진 스레드풀 내에서 새 코루틴을 실행한다(기본적으로 코루틴은 공용 스레드풀을 이용해 실행된다). 코루틴을 사용하는 프로그램에도 여전히 스레드가 존재하지만 한 스레드는 많은 코루틴을 실행할 수 있으므로 많은 스레드가 필요하지는 않다.

③ 코루틴의 핵심은 서스펜딩 함수이다(일시적으로 중단가능한 함수). 코틀린에서는 suspend 키워드를 붙이는 것만으로 서스펜딩 함수를 정의할 수 있다. 다음 예제를 보자.

```
suspend fun timeConsumingMethod(arg: String) : Boolean {
    // …
}
```

④ 서스펜딩 함수는 코루틴이나 다른 서스펜딩 함수 내에서만 호출될 수 있다. 만일 다른 곳에서 호출하려 한다면 컴파일 에러를 만나게 된다.

Antonio Leiva는 서스펜딩 함수를 다음과 같이 정의했다.

"실행을 잠시 중단하고 자신의 작업을 끝내면 중단했던 작업을 계속할 수 있는 함수"

코루틴은 적어도 한 개이상의 서스펜딩 함수를 필요로 한다(이 예제에서는 delay가 서스펜딩 함수).

⑤ 다음으로 async 함수를 살펴보자. 개념적으로 async는 launch와 비슷하지만 deferred—가벼운 논블로킹 future(자바의 Future와 비슷한)—를 반환한다는 점에서 다르다. deffered로부터 결과를 얻기 위해서는 await() 함수를 이용해야 한다. deferred도 Job이므로 필요하다면 취소할 수도 있다.

⑥ 먼저 동시에 실행될 두 개의 서스펜딩 함수를 만들고 이들의 실행 결과를 합산할 것이다.

```
suspend fun longOperationOne(): Int {
    delay(1000L)
    return 10
}

suspend fun longOperationTwo(): Int {
    delay(1000L)
    return 20
}

val one = async { longOperationOne() }
```

```
val two = async { longOperationTwo() }
async {
    println("정답은 ${one.await() + two.await()}")
}
```

⑦ 앞의 예에서 우리는 자바의 Future와도 같은 deferred 객체를 얻었다. 그리고 이로부터 결과를 가져오기 위해 await 함수를 호출했다.

⑧ 핵심은 두 함수가 모두 비동기로 동시 실행되고 논블로킹이라는 점이다.

⑨ 이를 블로킹 함수로서 이용하고 싶다면 runBlocking 함수를 사용할 수 있다. 메인스레드를 블로킹하는 다음 예제를 보자.

```
val one = async(CommonPool) { longOperationOne() }
val two = async(CommonPool) { longOperationTwo() }

runBlocking {
    println("정답은 ${one.await() + two.await()}")
}
```

## 자세히 보기

스레드를 사용할지 코루틴을 사용할지 고민될 때 Roman(JetBrains의 엔지니어)의 한마디를 기억하자.

> "코루틴은 대부분의 시간을 기다리는 데 사용하는 비동기 작업을 위한 것이며 스레드는 CPU를 많이 사용하는 작업을 위한 것이다."

안드로이드의 컨텍스트에서 우리는 항상 UI를 업데이트하고 싶어 하지만 백그라운드 스레드에서는 할 수 없는 일이다. 코루틴은 이에 대한 해결책을 제시한다. 다음 예제를 보자.

```
launch(CommonPool) {
    val sum = lengthyJobOne.await() + lengthyJobTwo.await()
    myTextView.text = "합은 $sum."
}
```

이 코드에서 우리는 두 작업을 메인 스레드를 블로킹하지 않고 백그라운드에서 실행할 뿐만 아니라 UI 스레드에서 뷰를 업데이트할 수도 있다.

# chapter 12

# 람다와 딜리게이트

이 장에서는 다음과 같은 내용을 다룬다.

- 람다를 이용한 클릭 리스너
- 지연 위임 속성
- Delegates.observable
- Delegates.vetoable
- 사용자 정의 Delegate
- lateinit 사용
- SharedPreferences 사용
- 전역변수 만들기

## 소개

이 장에서는 코틀린의 기능적 측면에 대해서 살펴본다. 코틀린은 람다를 사용해 함수형 프로그래밍이 가능하다. 자바는 지금까지도 모던 랭귀지의 특성들을 도입하는 것이 더디지만 그래도 자바8에서 람다가 포함되었다. 그러나 아직 대부분의 안드로이드 디바이스들은 자바8을 지원하지 않으며, 따라서 안드로이드 개발자들은 이 기능들을 이용할 수가 없었다. 이번 장에서는 람다와 코틀린의 또 한가지 강력한 기능인 딜리게이트(위임)에 대해 학습한다.

## 람다를 이용한 클릭 리스너

안드로이드의 onClickListener는 비즈니스로직상 단 한 줄의 코드만 필요하더라도 많은 코드를 작성해야 한다. 코틀린이 안드로이드 프레임워크를 단순화시켜서 가장 좋아진 부분 중 하나는 onClickListener이다. 이 절에서는 기존의 onClickListener 코드를 람다를 사용하여 단순화하는 방법에 대해 알아본다.

### 준비

코드를 작성하고 실행하기 위해 안드로이드 스튜디오 3.x 버전을 사용한다. 그리고 코틀린을 지원하는 신규 프로젝트를 생성해 빈 액티비티를 하나 만든다.

이 절의 내용은 안드로이드 개발에 대해 이해하고 있음을 전제로 한다.

### 실행

다음 단계를 따라 람다를 이용해 클릭 리스너를 등록하는 방법에 대해 살펴보자.

① onClickListener를 등록할 수 있도록 버튼을 하나 배치한다. 다음 XML 레이아웃을 예제로 사용하겠다.

```xml
<?xml version="1.0" encoding="utf-8"?>
<android.support.design.widget.CoordinatorLayout xmlns:android=
"http://schemas.android.com/apk/res/android"
    xmlns:app="http://schemas.android.com/apk/res-auto"
```

```xml
    xmlns:tools="http://schemas.android.com/tools"
    android:layout_width="match_parent"
    android:layout_height="match_parent">

<android.support.design.widget.AppBarLayout
    android:layout_width="match_parent"
    android:layout_height="wrap_content"
    android:theme="@style/Widget.Design.AppBarLayout">

    <android.support.v7.widget.Toolbar
        android:id="@+id/toolbar"
        android:layout_width="match_parent"
        android:layout_height="?attr/actionBarSize"
        android:background="?attr/colorPrimary"
        app:popupTheme="@style/Widget.AppCompat.Toolbar" />
</android.support.design.widget.AppBarLayout>

<LinearLayout xmlns:android="http://schemas.android.com/apk/res/android"
    xmlns:app="http://schemas.android.com/apk/res-auto"
    xmlns:tools="http://schemas.android.com/tools"
    android:layout_width="match_parent"
    android:layout_height="match_parent"
    android:background="@android:color/white"
    android:orientation="vertical"
    app:layout_behavior="@string/appbar_scrolling_view_behavior">

    <Button
        android:id="@+id/btn1"
        android:layout_width="match_parent"
        android:layout_height="wrap_content"
        android:layout_margin="8dp"
        android:text="버튼1 " />

    <Button
        android:id="@+id/btn2"
        android:layout_width="match_parent"
        android:layout_height="wrap_content"
        android:layout_margin="8dp"
        android:text="버튼2" />

    <Button
        android:id="@+id/btn3"
```

```
                android:layout_width="match_parent"
                android:layout_height="wrap_content"
                android:layout_margin="8dp"
                android:text="Button3" />
    </LinearLayout>

</android.support.design.widget.CoordinatorLayout>
```

2 앞의 레이아웃은 다음과 같다.

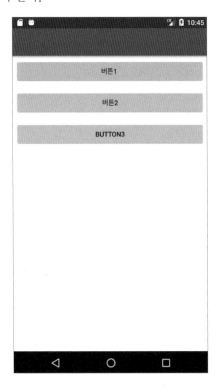

3 먼저 자바에서 앞의 세 버튼에 onClickListener를 등록하는 코드를 살펴보자.

```
public class HelloWorldActivity extends AppCompatActivity {
    protected void onCreate(Bundle savedInstanceState) {
        super.onCreate(savedInstanceState);
        setContentView(R.layout.activity_hello_world);

        final Button btn1 = (Button) findViewById(R.id.btn1);
        final Button btn2 = (Button) findViewById(R.id.btn2);
        final Button btn3 = (Button) findViewById(R.id.btn3);
```

```
        btn1.setOnClickListener(new View.OnClickListener() {
            public void onClick(View v) {
                Toast.makeText(HelloWorldActivity.this, "버튼 1 클릭",
                Toast.LENGTH_SHORT).show();
            }
        });
        btn2.setOnClickListener(new View.OnClickListener() {
            public void onClick(View v) {
                Toast.makeText(HelloWorldActivity.this, "버튼 2 클릭",
                Toast.LENGTH_SHORT).show();
            }
        });
        btn3.setOnClickListener(new View.OnClickListener() {
            public void onClick(View v) {
                Toast.makeText(HelloWorldActivity.this, "버튼 3 클릭",
                Toast.LENGTH_SHORT).show();
            }
        });
    }
}
```

④ 단순히 토스트 메시지를 보여주는 클릭 리스너를 등록하는 데에 너무 많은 코드가 필요하다는 것을 느낄 것이다. 그러면 이 코드를 1:1로 코틀린 코드로 바꿔보자.

```
class HelloWorldActivity : AppCompatActivity() {
    protected fun onCreate(savedInstanceState: Bundle) {
        super.onCreate(savedInstanceState)
        setContentView(R.layout.activity_hello_world)

        val btn1 = findViewById(R.id.btn1) as Button
        val btn2 = findViewById(R.id.btn2) as Button
        val btn3 = findViewById(R.id.btn3) as Button

        btn1.setOnClickListener(object : View.OnClickListener() {
            fun onClick(v: View) {
                Toast.makeText(this@HelloWorldActivity, "버튼 1 클릭",
                Toast.LENGTH_SHORT).show()
            }
        })
        btn2.setOnClickListener(object : View.OnClickListener() {
            fun onClick(v: View) {
                Toast.makeText(this@HelloWorldActivity, "버튼 2 클릭",
```

```
Toast.LENGTH_SHORT).show()
            }
        })
        btn3.setOnClickListener(object : View.OnClickListener() {
            fun onClick(v: View) {
                Toast.makeText(this@HelloWorldActivity, "버튼 3 클릭",
                Toast.LENGTH_SHORT).show()
            }
        })
    }
}
```

5 앞에서 학습했듯이 우리는 findViewById 대신에 코틀린의 합성 속성을 이용할 수 있다. 그리고 onClickListener를 람다로 대체해보자. 코드는 다음과 같다.

```
class HelloWorldActivity : AppCompatActivity() {
    override fun onCreate(savedInstanceState: Bundle?) {
        super.onCreate(savedInstanceState)
        setContentView(R.layout.activity_hello_world)

        btn1.setOnClickListener({ toast("버튼 1 클릭") })
        btn2.setOnClickListener({ toast("버튼 2 클릭") })
        btn3.setOnClickListener({ toast("버튼 3 클릭") })
    }
}
```

람다를 사용해서 코드가 매우 읽기 쉽고 간결하게 바뀌었다. 이렇듯 람다로 대체해 부가적인 코드들을 제거한다면 불필요하게 드는 시간과 노력을 줄일 수 있을 것이다.

## 어떻게 동작하나

람다는 선언되지 않고 표현식으로서 전달된다. 이러한 람다 표현식은 하나의 함수를 표현할 수 있다. 이를 이용해 익명 클래스를 대체할 수도 있다. 예를 들면 우리가 자바에서 setOnClickListner()에 넘겨주던 익명 클래스를 람다로 대체해 다음과 같이 사용할 수 있다.

```
someView.setOnClickListener({ view -> doSomething() })
```

더불어 람다에 전달할 매개변수가 없다면 화살표를 생략할 수 있으며, 호출하는 함수의 마지막 매개변수가 함수라면 다음과 같이 괄호 밖에서 사용할 수 있다.

```
someView.setOnClickListener() { doSomething() }
```

그리고 호출하는 함수의 매개변수가 함수 하나만 있다면 다음 코드처럼 괄호를 완전히 생략할 수도 있다.

```
button.setOnClickListener { doSomething() }
```

## 자세히 보기

코드를 더 줄이기 위해 Anko 라이브러리를 사용할 수도 있다. Anko가 제공하는 onClick 메소드를 이용하면 앞의 코드를 다음과 같이 작성가능하다.

```
class HelloWorldActivity : AppCompatActivity() {
    override fun onCreate(savedInstanceState: Bundle?) {
        super.onCreate(savedInstanceState)
        setContentView(R.layout.activity_hello_world)

        btn1.onClick { toast("버튼 1 클릭") }
        btn2.onClick { toast("버튼 2 클릭") }
        btn3.onClick { toast("버튼 3 클릭") }
    }
}
```

## 지연 위임 속성

지연 초기화(Lazy initialization)는 속성을 초기화하지 않고 남겨두었다가 실제로 그 속성이 필요해지는 순간 초기화를 수행하는 기법이다. 초기화 시간이 많이 걸리는 객체들이 여럿 있을 때 이용하면 앱 실행이 느려지는 문제를 해결할 수 있다. 이 절에서는 지연 위임(lazy delegate) 속성을 사용해 지연 초기화를 하는 방법에 대해 살펴본다.

## 준비

안드로이드 스튜디오 3.x 버전을 준비한다.

## 실행

다음 단계를 따라 지연 위임을 사용해보자.

① 먼저 지연 초기화가 되는 속성을 정의하는 방법에 대해 살펴보자. 문법은 다음과 같다.

```
val / var  <property name>: <Type> by <delegate>
```

② by lazy()를 사용해 초기화를 지연시킬 수도 있다.

```
class HelloWorldActivity : AppCompatActivity() {
    private val textView: TextView by lazy {
        findViewById(R.id.text_view) as TextView
    }

    override fun onCreate(savedInstanceState: Bundle?) {
        super.onCreate(savedInstanceState)
        setContentView(R.layout.activity_hello_world)

        textView.text = "ABC"
    }
}
```

지연 위임 초기화는 맨 처음 그 속성을 필요로 할 때에 초기화를 수행하고 이 값을 저장했다가 다음 접근부터는 저장된 값을 돌려준다.

## 어떻게 동작하나

위임 클래스는 다음과 같이 getValue와 setValue 메소드를 제공해야 한다.

```
class Delegate {
    operator fun getValue(thisRef: Any?, property: KProperty<*>): String {
        // 값 반환
    }
```

```
    operator fun setValue(thisRef: Any?, property: KProperty<*>, value: STring) {
        // 값 대입
    }
}
```

위임 속성의 getter나 setter는 각각 위임 클래스의 getValue/setValue를 호출한다.


# Delegates.observable

앞 절에서는 지연 위임 속성을 사용하는 방법에 대해 간단하게 살펴보았다. 이번 절에서는 Delegates.observable을 사용하는 방법에 대해 학습한다. 이러한 방법은 속성이 변경되었을 때 어떤 처리를 하는 용도로 사용할 수 있다.


## 준비

여기서는 코드를 작성하기 위해 인텔리제이를 사용하겠다. 코틀린 코드를 작성하고 실행할 수 있다면 어느 환경이든 관계는 없다.


## 실행

Delegates.observable은 생성자에서 초기값과 콜백을 넘겨받는다. 콜백은 원래 값과 업데이트된 값을 받는 람다이다. 다음 코드를 살펴보자.

```
fun main(args: Array<String>) {
    var a: String by Delegates.observable("", {_, oldValue, newValue ->
        println("원래 값: $oldValue, 업데이트된 값: $newValue")
    })

    a = "A"
    a = "B"
}

// 출력 :
// 원래 값: , 업데이트된 값: A
// 원래 값: A, 업데이트된 값: B
```

앞의 예제에서는 초기 값을 빈 문자열로 설정했다. 콜백은 a의 값을 업데이트할 때마다 호출되는데, 우리가 a의 값을 두 번 변경했으므로 출력이 2회 이루어졌다.

## 자세히 보기

Delegates.observable은 RecyclerView를 사용할 때 특히 유용할 수 있다. 변경된 항목만 업데이트할 수 있기 때문이다. 자세한 내용은 4장의 코틀린에서 RecyclerView 어댑터 만들기 절을 참고하기 바란다.

# Delegates.vetoable

Delegates.vetoable은 변경을 제한할 수도 있다는 차이점 외에는 앞서 설명한 Delegates.observable과 유사하다. vetoable 또한 값이 변경될 때마다 새로운 값과 변경되기 전의 값을 얻을 수 있다.

## 준비

여기서는 코드를 작성하기 위해 인텔리제이를 사용하겠다. 코틀린 코드를 작성하고 실행할 수 있다면 어느 환경이든 관계는 없다.

## 실행

다음 단계를 따라하며 대해 이해해보자.

1 먼저 vetoable 객체를 생성하는 방법에 대해 간단히 살펴보자.

```
fun main(args: Array<String>) {
    var person: Person by Delegates.vetoable(Person(10), { _, oldValue, newValue ->
        if (newValue.age > 25) {
            println("age는 25를 초과할 수 없습니다.")
            return@vetoable false
        }
        true
```

```
        })

        person = Person(26)
    }

    data class Person(var age: Int)

    // 출력 : age는 25를 초과할 수 없습니다.
```

② 보다시피 vetoable을 이용해 age 값이 25보다 크게 들어오는 경우 수정을 제한할 수 있다.

## 어떻게 동작하나

다음의 함수 선언을 보자.

```
public inline fun <T> vetoable(initialValue: T, crossinline onChange: (property:
KProperty<*>, oldValue: T, newValue: T) -> Boolean):
        ReadWriteProperty<Any?, T> = object : ObservableProperty<T>(initialValue) {
            override fun beforeChange(property: KProperty<*>, oldValue: T, newValue:
            T): Boolean = onChange(property, oldValue, newValue)
        }
```

vetoable()은 초기 값과 콜백을 넘겨받는 함수이다. 이 콜백은 값을 변경하려 시도할 때 호출되며 변경할 목표값과 변경 전의 값을 받는다. 콜백의 수행 결과로 값이 변경가능하면 true를, 변경 불가능하면 false를 반환한다.

앞의 예제 코드에서는 if 블록 안에서 false를 반환해야 했기에 return 뒤에 @vetoable을 붙여주었다(if 블록 또한 값을 반환해야하므로).

## 자세히 보기

vetoable 또한 RecyclerView에서 특히 유용하게 사용할 수 있다. 일반적으로는 데이터를 직접 리스트에 할당하고 어댑터의 notifyDatasetChanged 함수를 호출하지만 이는 매번 데이터를 다시 로드하므로 비효율성을 안고 있다. vetoable을 사용하면 값이 이전과 동일한지 검사해서 변경을 제한할 수 있다.

# 사용자 정의 Delegate

Delegate는 코틀린의 가장 강력한 특성 중 하나이다. 우리는 앞서 observable과 vetoable delegate에 대해 살펴보았다. 이 절에서는 자체적인 Delegate 클래스를 만드는 방법에 대해 살펴본다. 예제로서, 값을 한 번만 할당할 수 있는 Delegate 클래스를 만들어볼 것이다. 이 변수에 다시 값을 할당하려 한다면 예외를 발생시키도록 한다.

## 준비

여기서는 코드를 작성하기 위해 인텔리제이를 사용하겠다. 코틀린 코드를 작성하고 실행할 수 있다면 어느 환경이든 관계는 없다.

## 실행

① SingleInitializationProperty라는 이름의 Delegate 클래스를 만들어보자. 이 위임 속성은 값이 초기화되지 않은 채로 접근하면 예외를 던질 것이고 딱 한 번만 초기화가 가능하다. 2회째 값을 할당하려 시도한다면 예외를 던진다. 다음 코드를 보자.

```
class SingleInitializableProperty<T>() : ReadWriteProperty<Any?, T> {
    private var value: T? = null

    override fun getValue(thisRef: Any?, property: KProperty<*>): T {
        if (value == null) {
            throw IllegalStateException("값이 할당되지 않았습니다.")
        } else {
            return value!!
        }
    }

    override fun setValue(thisRef: Any?, property: KProperty<*>, value: T) {
        if (this.value == null) {
            this.value = value
        } else {
            throw IllegalStateException("값은 초기에 한 번만 할당될 수 있습니다.")
        }
    }
}
```

② 이제 우리의 Delegate 클래스를 만들었으니 이를 사용해보자. 먼저 초기화 없이 선언해본다.

```
fun main(args: Array<String>) {
    var a: String by SingleInitializableProperty()
    println(a)
}
```

이 코드를 실행하면 다음과 같은 예외를 확인할 수 있다.

```
Exception in thread "main" java.lang.IllegalStateException: 값이 할당되지 않았습니다.
```

③ 이번에는 값을 두 번 할당해보자. 각 대입문 이후 출력을 시도한다.

```
fun main(args: Array<String>) {
    var a: String by SingleInitializableProperty()
    a = "first"
    println(a)
    a = "second"
    println(a)
}
```

출력은 다음과 같을 것이다.

```
first
Exception in thread "main" java.lang.IllegalStateException:
값은 초기에 한 번만 할당될 수 있습니다.
```

## 어떻게 동작하나

보다시피 우리가 작성한 Delegate 클래스는 ReadWriteProperty 인터페이스를 구현했다. 이는 이 클래스가 사용될 변수는 기본적으로 var로 선언된다는 의미이다. 만약 불변 속성으로 정의하고 싶다면 ReadOnlyProperty 인터페이스를 구현하면 된다.

getValue 함수는 클래스 및 속성의 메타데이터를 매개변수로 받는다. setValue 함수는 할당될 값을 추가로 받는다. 만약 불변 속성으로 정의하려 ReadOnlyProperty를 구현했다면 getValue 함수만 구현하게 된다.

# lateinit 사용

lateinit은 매우 중요한 초기화 방법이다. 생성자에서 변수를 초기화하지 않으려면 lazy나 lateinit 키워드를 사용하는 방법이 있다. 이 절에서는 lateinit을 사용해 값을 초기화하는 방법 그리고 lazy 키워드와의 차이점에 대해 살펴본다.

## 준비

여기서는 코드를 작성하기 위해 인텔리제이를 사용하겠다. 코틀린 코드를 작성하고 실행할 수 있다면 어느 환경이든 관계는 없다.

## 실행

다음 단계를 따라해보면서 lateinit이 동작하는 방법을 이해해보자.

1 자바에서는 값을 선언하기만 하고 나중에 초기화하는 것이 가능했다. 반면 코틀린에서는 기본적으로 생성자에서 값을 초기화하지 않는다면 값을 선언함과 동시에 초기화해주어야 한다. 때문에 나중에 값을 할당한다면 다음과 같이 사용할 수 있다.

```
var student: Student? = null
```

혹은 다음과 같이 쓸 수도 있다.

```
val student = Student()
```

두 방법 모두 단점이 존재한다. 첫 번째 방법은 사용할 때마다 null 여부를 확인해야하며 두 번째 방법은 값을 변경할 수가 없다.

2 이 한계를 극복하기 위해서는 lateinit 키워드를 사용할 수 있다. 이 키워드를 사용해 속성을 선언하면 원하는 부분에서 초기화를 할 수 있다(속성의 값을 사용하기 전에는 초기화해야 한다). 이 방법은 의존성 주입을 위해서는 필수이다. 그렇다면 lateinit을 사용해 속성을 선언하는 예제를 살펴보자.

```
class MyTest {
    lateinit var subject: TestSubject
```

```
    @SetUp fun setup() {
        subject = TestSubject()
    }

    @Test fun test() {
        subject.method()
    }
}
```

③ 만약 초기화 전에 값에 접근하려 한다면 UninitializedPropertyAccessException을 만나게 된다.

Dagger를 이용한 의존성 주입을 사용하는 경우에는 다음과 같이 속성을 선언할 것이다.

```
@Inject
lateinit var mPresenter: EducationMvpPresenter
```

## 자세히 보기

속성을 나중에 초기화할 수 있는 또다른 방법인 lazy는 기본적으로 T 타입의 값을 반환하는 람다를 받아 Lazy⟨T⟩ 타입의 인스턴스를 반환하는 함수이다. 여기서 Lazy⟨T⟩가 Delegate 역할을 하게 된다. 다음 예제 코드를 보자.

```
public class Student {
    val name: String by lazy {
        "영교옹"
    }
}
```

지연 초기화를 이용하면 처음 이 속성을 이용하려 할 때까지 초기화를 연기할 수 있다. 이 값은 처음 접근할 때에만 초기화되며, 이후 접근 시에는 초기화된 객체를 캐싱하고 있다가 반환하기 때문에 val로 선언하여야 한다. 이러한 지연 초기화 기법들은 많은 시간을 필요로 하는 객체들의 초기화 시에 도움이 될 수 있는데, 대표적인 예로 앱이 실행되는 시간을 단축시키는 효과가 있다. 다만 val로 선언되므로 나중에 수정할 수 없는 단점이 존재한다.

# SharedPreferences 사용

SharedPreferences는 안드로이드에서 키-값의 형태로 단순한 데이터를 저장하기 위해 주로 사용된다. 코틀린은 특유의 고유한 언어 구조를 이용해 SharedPreferences를 더욱 이용하기 쉽게 만들어준다. 이 절에서는 코틀린이 SharedPreferences를 사용하는 데에 어떤 도움을 주는지 살펴볼 것이다.

## 준비

코드를 작성하고 실행하기 위해 안드로이드 스튜디오 3.x 버전을 사용한다.

## 실행

다음 단계를 따라하면서 SharedPreferences를 준비하고 사용해보자.

① 먼저 Prefs라는 이름의 클래스를 만들자. 앞으로는 이 클래스를 통해서만 SharedPreferences를 조작할 것이다. 이런 방법은 SharedPreferencs의 관리를 더 쉽게 만들어준다. SharedPreferences는 컨텍스트를 필요로 하므로 기본 생성자를 통해 컨텍스트를 전달하도록 한다.

```
class Prefs(mContext: Context) {
    val sharedPrefences = mContext.getSharedPreferences("com.ankoexamples.app",
                    Context.MODE_PRIVATE)
    val PREF_USERNAME = "pref_username"
}
```

② 사용자의 이름을 저장할 용도로 PREF_USERNAME을 정의했다. 앞서 우리는 코틀린에서는 속성에 getter와 setter를 명시적으로 만들어줄 수 있는 기능이 있음을 배웠다. 이를 이용하면 다음과 같이 속성을 통해 SharedPreferences로부터 값을 가져오고 저장할 수 있다.

```
class Prefs(mContext: Context) {
    val sharedPrefences = mContext.getSharedPreferences("com.ankoexamples.app",
        Context.MODE_PRIVATE)
    val PREF_USERNAME = "pref_username"

    var username: String
```

```
        get() = sharedPrefences.getString(PREF_USERNAME, null)
        set(value) = sharedPrefences.edit().putString(PREF_USERNAME, value).apply()
}
```

보다시피 getter에서 SharedPreferences로부터 값을 가져오고 setter에서는 값을 저장한다.

③ Prefs 클래스를 만들었다면 이제 액티비티나 프라그먼트 등에서 이를 사용할 수가 있다. 가장 좋은 방법은 Application 클래스에 Prefs 속성을 정의하고 액티비티나 프라그먼트 등에서 이 속성을 사용하는 것이다. 이 클래스는 불필요하게 여러번 인스턴스를 생성할 필요가 없기 때문이다.

```
class App : Application() {
    companion object {
        var prefs: Prefs? = null
    }

    override fun onCreate() {
        prefs = Prefs(this)
        super.onCreate()
    }
}
```

정적 변수로 사용하기 위해 companion object 블록 안에 Prefs 속성을 위치시켰다.

④ Prefs를 전역 변수로 만들고 lazy를 사용해 처음 접근할 때에만 초기화되도록 한다. 이렇게 하면 전역 prefs 변수에 대해 널체크를 피할 수 있다.

```
val prefs: Prefs by lazy {
    App.prefs!!
}

class App : Application() {
    companion object {
        var prefs: Prefs? = null
    }

    override fun onCreate() {
        prefs = Prefs(this)
        super.onCreate()
    }
}
```

⑤ 액티비티에서 이렇게 만든 Prefs를 이용해 SharedPreferences에 값을 저장하는 예제 코드를 보자.

```kotlin
class MainActivity : AppCompatActivity() {
    override fun onCreate(savedInstanceState: Bundle?) {
        super.onCreate(savedInstanceState)
        setContentView(R.layout.activity_main)
        prefs.username = "하마"
    }
}
```

⑥ 이제 마치 변수에 값을 할당하는 것처럼 SharedPreferences에 값을 저장하고 불러올 수 있게 되었다.

```kotlin
Log.d(TAG, prefs.username) // 하마
```

## 자세히 보기

SharedPreferencse의 apply() 메소드를 이용했으며 이는 변경사항을 메모리에 바로 반영하지만 디스크에는 비동기 작업을 수행하도록 한다. 반면 commit() 메소드를 이용한다면 디스크에도 바로 저장하게 될 것이다.

## 전역변수 만들기

이 절에서는 코틀린에서 전역변수를 만들고 사용하는 방법에 대해 살펴본다.

### 준비

여기서는 코드를 작성하기 위해 인텔리제이를 사용하겠다. 코틀린 코드를 작성하고 실행할 수 있다면 어느 환경이든 관계는 없다.

## 실행

이제 코틀린에서 전역변수를 만들어보자. 전역변수를 만드는 방법에는 두 가지가 있다. 하나씩 살펴보도록 하자.

1 첫 번째 방법은 클래스 정의 바깥에 선언하는 것이다. 그러나 이 방법은 다음과 같이 널 체크를 수행해야 한다.

```
println((student?.age)
```

2 널 체크를 피하기 위해서는 val을 이용해 변수를 선언해야 한다. 하지만 이는 변경 불가능한 객체가 되므로 원하는 바가 아닐 수 있다.

3 다른 방법은 lateinit 키워드를 사용하는 것이다. 다음 코드 예제를 보자.

```
lateinit var student: Student

student = Student()
println(student.age)
```

4 lateinit 키워드는 값을 초기화하거나 null을 대입하지 않고 변수를 선언할 수 있게 해준다. 그러나 이 변수를 사용하기 전까지는 초기화를 해주어야한다. 그렇지 않으면 UninitializedPropertyAccessException을 만나게 된다.

 lateinit 키워드는 원시 자료형에는 사용할 수 없다.

5 lateinit 키워드는 의존성 주입을 사용할 때 매우 유용하고 중요한 키워드이다. 이러한 방법을 이용하면 클래스 내부에서 전역으로 선언된 속성에 접근할 때 널 체크를 피할 수 있다.

# chapter 13

# 테스팅

이 장에서는 다음과 같은 내용을 다룬다.

- 코틀린 코드에 대해 단위 테스트 수행
- Mockito를 이용한 단위 테스트
- 통합 테스트
- 코틀린에서 JUnit Rule 작성(@Rule)
- Espresso를 이용한 인수 테스트
- 코틀린으로 assertEquals 작성

## 소개

테스트는 코드를 확장하고 유지보수하기 쉽게 만드는 소프트웨어 공학의 기본적인 기법이다. 안드로이드에는 기본적으로 두가지 유형의 테스트가 있다. 이 중 하나는 단위 테스트이고 다른 하나는 통합 테스트이다. 단위 테스트는 함수나 특정 기능들의 개별적인 코드 단위를 독립적으로 테스트하게 되고 통합 테스트는 안드로이드 에뮬레이터를 이용해서 테스트를 진행하게 된다. 안드로이드에서의 통합 테스트는 실제 안드로이드 디바이스나 에뮬레이터가 필요하기 때문에 테스트 속도가 상대적으로 느리다.

## 코틀린 코드에 대해 단위 테스트 수행

단위 테스트는 기본적으로 코드 기능 단위의 테스트이다. 이 테스트는 디바이스가 필요하지 않기 때문에 상대적으로 수행 속도가 빠르며, 그렇기 때문에 테스트사이클을 단축시켜 코드를 빠르게 리팩토링할 수 있게 해준다. 단위 테스트는 코드를 테스트하는 용도 이외에도 앱에 대한 훌륭한 문서로 취급될 수 있다. 이러한 사실을 인지하고 있다면 testIfConfirmationEmailIsSent()와 같은 메소드명이 이상하게 느껴지지만은 않을 것이다.

이 절에서는 단위 테스트를 작성하고 수행하는 방법에 대해 살펴보자.

### 준비

안드로이드 코드를 테스트할 것이므로 안드로이드 스튜디오 3.x 버전을 사용한다. 안드로이드 스튜디오는 단위 테스트에 대한 훌륭한 기능들을 제공한다. 다음 저장소에서 예제 코드를 다운로드 받을 수 있다.

- 저장소 : https://gitlab.com/aanandshekharroy/Anko-examples
- 브랜치 : 4-unit-tests

### 실행

다음 단계를 따라 코틀린으로 안드로이드 코드에 대한 단위 테스트를 작성하고 실행해보자.

① 새 안드로이드 프로젝트를 생성했다면 기본적으로 이미지처럼 테스트 패키지가 제공될 것이다. 이렇게 분리된 디렉토리 아래에서 쉽게 테스트 코드를 작성할 수 있다.

보다시피 (test)가 붙은 패키지가 단위 테스트가 작성될 패키지이고 (androidTest)가 붙은 패키지는 통합 테스트가 작성될 패키지이다.

② 기본적으로 ExampleUnitTest와 ExampleInstrumentedTest라는 두 개의 데모 테스트가 만들어져있다. ExampleUnitTest를 실행하려면 마우스 오른쪽 버튼 클릭 후 **Run ExampleUnitTest**를 선택한다. 테스트를 통과하면 다음과 같은 결과를 볼 수 있을 것이다.

이제 직접 단위 테스트를 작성해보자.

① 우리는 대부분의 프로젝트에서 유틸리티 클래스를 하나쯤은 작성하게 된다. 여기저기에서 사용되는 단순 로직 등을 매번 작성하기보다는 한 클래스에 두고 사용하는 것이 효율적이기 때문이다.

먼저 다음과 같은 유틸리티 클래스가 있다고 가정해보자. 이 클래스에는 addTwoNumbers라는 메소드가 있고 매개변수 a와 b의 합을 반환한다.

```
object Utility {
    fun addTwoNumbers(a: Int, b: Int): Int = a + b
}
```

② 에디터에서 이 클래스를 열어 클래스명에 커서를 위치시키고 alt(option) + 엔터를 누르면 다음과 같은 팝업이 나타난다. **Create test**를 선택하자.

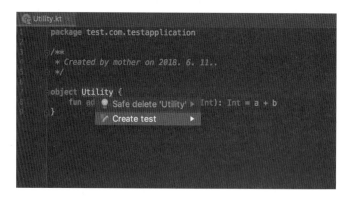

③ 그러면 다음과 같은 다이얼로그가 나타난다. 이 다이얼로그에서 어떤 메소드에 대한 테스트 를 작성할 것인지를 선택한다.

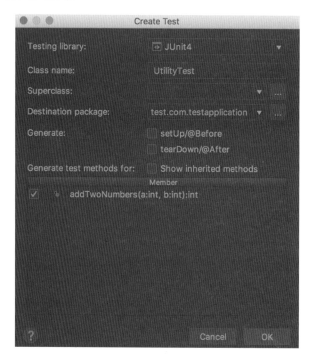

④ OK 버튼을 누르면 테스트 클래스를 작성할 패키지를 선택하라는 팝업이 뜬다. 단위 테스트 를 작성할 것이므로 test 디렉토리 아래의 패키지를 선택한다.

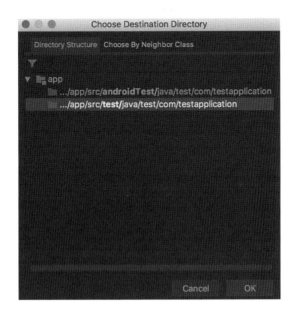

⑤ **OK** 버튼을 누르면 안드로이드 스튜디오가 테스트 클래스의 기본 틀을 자동으로 생성해준다. 이렇게 생성된 UtilityTest.kt는 다음과 같다.

⑥ 이제 결과값과 기대값을 비교해주는 assertEquals 구문을 몇 개 작성해보자.

```
class UtilityTest {

    @Test
    fun addTwoNumbers() {
        assertEquals(5, Utility.addTwoNumbers(2, 3))
        assertEquals(5, Utility.addTwoNumbers(4, 1))
```

```
        assertNotEquals(5, Utility.addTwoNumbers(2, 5))
    }
}
```

첫 번째 매개변수는 기대값이고 두 번째 매개변수는 함수의 결과값이다. 이 테스트를 수행하면 문제 없이 통과할 것이다.

## 어떻게 동작하나

클래스의 단위 테스트를 수행하면 @Test 어노테이션이 달린 모든 메소드들을 테스트할 것이다. @Before 어노테이션이 달린 메소드가 있다면 이 메소드는 테스트 메소드 수행 전마다 호출된다. @Before는 테스트 전 객체를 초기화해야 할 때 등의 상황에 유용하게 사용될 수 있다.

유의해야 할 점은 단위 테스트는 안드로이드 SDK의 구성요소를 사용할 수 없다는 것이다. 이를 사용하려면 통합 테스트를 수행하거나 Mockito 등의 목킹 프레임워크(목 객체를 생성해주는)등을 이용해 안드로이드 SDK의 구성요소들을 목킹한 후 유닛테스트를 수행해야 한다. 다음 절에서는 Mockito에 대해 살펴보도록 하자.


# Mockito를 이용한 단위 테스트

앞 절에서 살펴보았듯이 유닛 테스트에서는 일반적으로 안드로이드 컴포넌트를 사용할 수 없다. 이런 제약이 결국 테스트를 빠르게 수행할 수 있도록 하는 결정적 요인이기도 하다. 만일 테스트에서 안드로이드 컴포넌트를 사용하고 싶다면 우리에게는 다음 두 가지 선택지가 있다.

- 통합 테스트를 작성한다.
- Mockito같은 목킹 프레임워크를 이용한다. 목킹 프레임워크들은 안드로이드 컴포넌트의 목(Mock) 객체를만들어주기 때문에 디바이스 없이 유닛 테스트를 수행할 수 있다. 이를 이용하면 안드로이드 컴포넌트를 사용하는 테스트를 수행하는 데에 훨씬 적은 시간이 소요된다.

다음은 Vogella의 목 객체에 대한 정의이다.

"목 객체는 특정 메소드 호출의 결과값을 정의하는 인터페이스 혹은 클래스의 더미 구현체이다. 목 객체는 테스트 중에 특정 동작을 수행하도록 설정된다. 이들은 시스템과 상호 작용을 기록하고 테스트는 이를 검증할 수 있다."

이에 유념하여 Mockito를 이용한 단위 테스트를 작성해보자.

## 준비

안드로이드 코드를 테스트할 것이므로 안드로이드 스튜디오 3.x 버전을 사용한다. 안드로이드 스튜디오는 단위 테스트에 대한 훌륭한 기능들을 제공한다. 다음 저장소에서 예제 코드를 다운로드 받을 수 있다.

- 저장소 : https://gitlab.com/aanandshekharroy/Anko-examples
- 브랜치 : 4-unit-tests

먼저 다음과 같이 app 레벨의 build.gradle에 Mockito 의존성을 추가한다.

```
testImplementation 'org.mockito:mockito-core:2.8.47'
```

## 실행

일반적으로는 안드로이드 클래스들을 목킹하게 되지만 이번에는 간단한 클래스를 먼저 테스트해보도록 하자.

① 다음과 같이 유틸리티 클래스에 메소드를 추가하고 테스트 클래스에 새로운 테스트를 작성한다.

```
class Utility {
    fun functionUnderTest() {
        println("functionUnderTest")
    }
}

class UtilityTest {

    @Test
    fun test_functionUnderTest() {
        val classUnderTest = mock(Utility::class.java)
        classUnderTest.functionUnderTest()
        verify(classUnderTest).functionUnderTest()
    }
}
```

② 앞의 테스트 코드에서는 functionUnderTest 메소드를 호출하고 이 메소드가 호출되었는지를 검증하였다(보기 좋은 테스트 코드는 아니더라도 그냥 따라해보기 바란다). 이 테스트를 실행하면 다음과 같은 에러 메시지를 볼 수 있을 것이다.

```
org.mockito.exceptions.base.MockitoException:
Cannot mock/spy class test.com.testapplication.Utility
Mockito cannot mock/spy because :
 - final class
```

③ 이 에러의 원인은 코틀린에서는 모든 클래스가 기본적으로 final이기 때문이다. 그러므로 Mockito가 이 클래스를 확장해 목킹할 수 있도록 open class로 만들어줘야한다(내부 메소드들에 대해서도 마찬가지). 그러나 매번 테스트하고 싶은 클래스를 상속 가능하도록 만들어주는 것도 그다지 좋은 아이디어는 아니다. 이에 대한 간단한 해결책을 하나 소개한다.

- test/resources/mockito-extensions 디렉토리를 만든다.
- 그 안에 org.mockito.plugins.MockMaker라는 이름을 가진 파일을 생성한다.
- 파일의 내용으로 다음 텍스트를 넣는다.

```
mock-maker-inline
```

이제 테스트를 수행하면 문제 없이 통과할 것이다.

④ 검증 메소드에는 다음과 같이 여러 종류가 있다.

- verify(classUnderTest, never()).functionUnderTest() : 메소드가 호출되지 않았다는 것을 검증한다.
- atLeastOnce(), atLeast(2), times(5), atMost(3) 등 호출 횟수에 관해 사용할 수 있는 여러 가지의 메소드들이 있다.

⑤ SharedPreferences를 테스트하는 다른 테스트를 작성해보자.

```
@Test
fun testSharedPreference() {
    val sharedPreferences = mock(SharedPreferences::class.java)
    `when`(sharedPreferences.getInt("random_int", -1)).thenReturn(1)
    assertEquals(sharedPreferences.getInt("random_int", -1), 1)
}
```

when(...).thenReturn(...)은 대상 목 객체에서 when 구문 내부의 메소드가 호출되면 thenReturn() 안의 값을 반환하라는 뜻이다. 앞서 배웠듯이 when을 ``로 감싸는 이유는 when이 코틀린의 키워드이기 때문이다.

6 여러번 호출되었을 때 반환될 값을 각각 지정할 수도 있다.

```
@Test
fun testSharedPreference2() {
    val sharedPreferences = mock(SharedPreferences::class.java)
    `when`(sharedPreferences.getInt("random_int", -1))
        .thenReturn(1)
        .thenReturn(2)
    assertEquals(sharedPreferences.getInt("random_int", -1), 1)
    assertEquals(sharedPreferences.getInt("random_int", -1), 2)
}
```

보다시피 이 예제에서는 첫 번째 호출 시 1을, 두 번째 호출 시 2를 반환한다.

## 자세히 보기

spy 객체에 대해 살펴보자.

## Spy 객체

목킹 프레임워크들은 대부분 spy 메소드를 제공한다. spy 객체는 실제 객체를 감싸 그 객체의 메소드를 호출해준다. 이렇게만 보면 스파이 객체는 쓸모 없겠지만 여기에는 중요한 기능이 있다. spy 객체를 사용하면 목 객체에서만 할 수 있었던 객체의 상호작용(함수 호출 등)을 체크할 수 있게 된다. 다음 예제를 보자.

```
@Test
fun testSpyObject() {
    val list = List(2, init = { -1 })
    val spy = spy(list)
    assertEquals(spy.get(0), -1)
    verify(spy).get(0)
}
```

이 테스트는 정상적으로 통과되는 테스트이다.

앞의 코드에서 spy.get(0)은 -1을 반환한다. 실제 list 객체와 같은 것이다. 게다가 spy 객체에 verify를 사용해 함수의 호출을 체크하는 것도가능하다.

## Mockito의 제약사항

Mockito는 몇몇 제약을 가지고 있다. 예를 들면 static이나 private 메소드는 목킹을 할 수가 없다. 이를 해결하는 방법은 이 책에서 다루지 않으므로 좀더 자세한 정보를 얻고싶다면 다음 웹페이지를 참고하기 바란다.

- https://github.com/mockito/mockito/wiki/FAQ#what-are-the-limitations-of-mockito

# 통합 테스트

앞의 절에서는 단위 테스트를 작성하고 수행하는 방법에 대해 학습했다. 이번 절에서는 통합 테스트를 수행하는 방법에 대해 학습한다. 통합 테스트는 안드로이드 프로젝트의 androidTest 하위에 위치한다.

## 준비

통합 테스트는 실제 안드로이드 디바이스나 에뮬레이터를 필요로 하기 때문에 둘 중 하나를 준비해야 한다.

코드를 작성하기 위해서는 안드로이드 스튜디오 3.x 버전을 사용한다. https://gitlab.com/aanandshekharroy/Anko-examples의 5-instrumentation-tests 브랜치에서 소스코드를 다운로드 받을 수 있다.

통합 테스트를 작성하기 위해서 Espresso를 사용할 것이다. Espresso는 안드로이드 스튜디오에서 새 프로젝트를 생성했을 때 그 프로젝트에 이미 포함되어 있으며 사용법이 아주 간단하다.

 Espresso는 자동화된 테스트가 개발 생명 주기의 필수적인 부분이라고 생각하는 개발자를 위한 것이다. 이를 단순히 블랙박스 테스트에도 사용할 수 있지만 코드 베이스 테스트에 익숙한 개발자에게는 훨씬 강력한 도구가 될 수도 있다.

## 실행

다음 단계를 따라 통합 테스트를 수행하는 방법에 대해 학습해보자.

① 통합 테스트를 위해 먼저 간단한 앱을 만들자. Hello World!라는 텍스트와 그 아래에 버튼을 하나 배치한다.

② 바꾸기 버튼을 누르면 Hello World!가 Goodbye World!로 바뀐다.

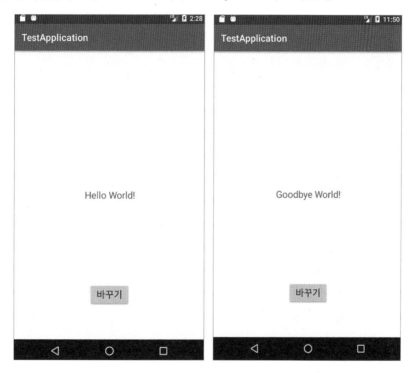

③ 이제 이 유즈케이스에 대해 테스트를 작성해보자.

다음은 Espresso test의 내용이다.

```kotlin
@LargeTest
@RunWith(AndroidJUnit4::class)
class MainActivityTest {

    @Rule
    @JvmField
    var mActivityTestRule = ActivityTestRule(MainActivity::class.java)

    @Test
    fun testButtonBehaviour() {
        val button = onView(withText("바꾸기"))
            .check(matches(isDisplayed()))

        button.perform(click())

        val textView = onView(withText("Goodbye World!"))
            .check(matches(isDisplayed()))

        textView.check(matches(withText("Goodbye World!")))
    }

}
```

testButtonBehaviour 메소드의 첫 번째 줄에서 Hello World!라는 글자가 보여지고 있는지를 테스트했다. 그리고 버튼을 클릭하고 Goodbye World라는 글자가 보여지는지 다시 한 번 테스트했다.

④ 이 테스트를 실행하려면 테스트 클래스에 마우스 오른쪽 버튼을 클릭하고 **Run MainActivityTest**를 선택한다.

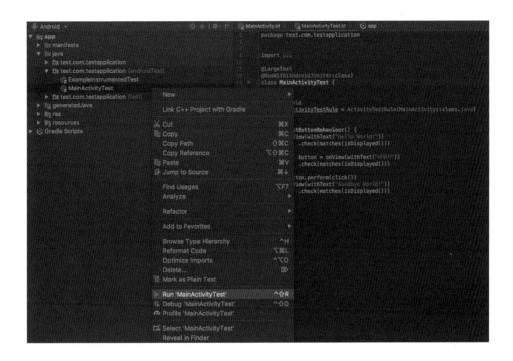

⑤ Run MainActivityTest를 선택했다면 어느 디바이스에서 테스트를 수행할 것인가를 선택하는 창이 나타난다. 앞서 준비한 디바이스를 선택한다.

⑥ 이제 선택한 디바이스에서 테스트가 수행되는 것을 볼 수 있다(코드 순서대로 디바이스에서 수행되는 모습을 확인할 수가 있다).

## 자세히 보기

통합 테스트를 실행하면 작은 테스트일지라도 통과까지 많은 시간이 소요된다. 현재는 TDD(Test Driven Development)가 대중화되고 있지만 통합 테스트 시에 TDD를 사용하는 것은 그리 좋은 방법이 아니다. 따라서 통합 테스트의 수는 최소한으로 유지하는 것이 좋으며 Mockito 또는 Rebolectric과 같은 목킹 프레임워크를 사용하는 편이 더 좋다.

 위키피디아에서는 TDD가 매우 짧은 개발 주기를 반복하는 것에 의존하는 개발 프로세스라고 정의했다. 여기서 요구사항은 작고 구체적인 테스트케이스이고 소프트웨어는 테스트케이스를 통과하도록 개선되어나간다.

# 코틀린에서 JUnit Rule 작성(@Rule)

룰(Rule)은 클래스의 모든 테스트에 적용되는 규칙을 추가하는 방법이다. 예를 들어, External Resource는 모든 테스트메소드 전후에 실행된다. 이러한 룰들은 테스트메소드 수행 전 데이터베이스나 네트워크 연결을 설정하거나 테스트 완료 후 연결을 끊는 일에 사용할 수 있다. @Before와 @After를 사용할 수도 있지만 ExternalResource를 사용하면 코드의 재사용이 용이해진다.

## 준비

코드 작성을 위해 안드로이드 스튜디오 3.x 버전을 사용한다.

## 실행

이 절에서는 ExpectedException을 JUnit 룰로 사용한다. 이는 어떤 예외가 예상되고 이에 따른 결과를 명확하게 표현할 수 있도록 도와준다. 특정 오류 메시지와 사용자 정의 필드등에 대한 테스트를 수행할 수 있으므로 @Test(expected = …) 어노테이션을 사용하는 것보다 훨씬 다양하게 사용할 수 있다.

다음 단계를 따라 테스트를 작성해보자.

① 먼저 예외를 던지는 간단한 함수를 작성한다.

```
fun methodThrowsException() {
    throw IllegalArgumentException("나이는 정수여야합니다.")
}
```

② ExpectedException을 새 룰로 정의하고 테스트를 작성한다.

```
@Rule
var thrown = ExpectedException.none()

@Test
fun testExceptionFlow() {
    thrown.expect(IllegalArgumentException::class.java)
    thrown.expectMessage("나이는 정수여야합니다.")
    Utility.methodThrowsException()
}
```

③ 이 테스트를 수행하면 다음과 같은 오류 메시지를 보게 될 것이다.

```
org.junit.internal.runners.rules.ValidationError: The @Rule 'thrown' must be public.
```

④ 이 오류는 JUnit이 테스트 클래스 필드나 getter 메소드를 통해 해당 룰을 허용하기 때문에 발생한다. 그러나 코틀린에는 자바에서의 필드가 없고 속성(property)만이 존재한다.

⑤ 이를 자바 필드로 인식하게 하려면 다음과 같이 @JvmField 어노테이션을 사용하면 된다.

```
@Rule
@JvmField
var thrown = ExpectedException.none()
```

⑥ 이제 이 테스트를 수행하면 통과하게 된다.

## 어떻게 동작하나

이제 우리는 코틀린이 자바의 필드가 아닌 속성을 가지고있다는 것을 알고있다. 그러나 자바와의 호환성을 위해서 @JvmFeld 어노테이션을 사용하면 코틀린 컴파일러가 속성의 getter와 setter 를 생성하지 않고 해당 속성을 필드로 사용하게 바꾸어준다.

그러나 이 어노테이션에는 다음과 같은 몇가지 제약이 존재한다.

- private 속성에는 사용할 수 없다.
- open, override, const 지정자를 사용한 속성에 사용할 수 없다.
- 위임된 속성에는 사용할 수 없다.

## Espresso를 이용한 인수 테스트

Espresso는 안드로이드 생태계에서 가장 유명한 UI 테스팅 프레임워크 중 하나이다. Espresso는 2013년 구글에 의해 공개되었으며, 테스트 수행 전에 액티비티가 떠있는지를 판단한다거나 백그 라운드 작업이 끝났는지를 체크하는 등의 복잡한 행위를 가능하게 해준다. Espresso이전에는 이런 일들이 어려웠으며 UI 테스트 자체도 매우 어렵게 여겨졌다.

이 절에서는 Espresso를 이용해 인수 테스트를 수행하는 방법에 대해 살펴본다.

인수 테스트는 소프트웨어 테스트의 한 단계로 시스템의 수용성을 테스트하는 것이다. 이 테스트는 시스템이 실제 운영환경에서 사용할 수 있을 정도로 비즈니스 요구사항을 잘 수용하고 있는지를 확인하는 것이 목적이다.

## 준비

코드를 작성하기 위해 안드로이드 스튜디오 3.x 버전을 사용한다. https://gitlab.com/aanandshekharroy/Anko-examples의 5-instrumentation-tests 브랜치에서 소스코드를 다운로드 받을 수 있다.

## 실행

Espresso에는 크게 다음의 세 가지 구성요소가 존재한다.

- ViewMatchers : 현재 뷰 계층에서 id, 이름, 자식 관계 등을 통해 다양한 방법을 통해 뷰를 찾을 수 있으며, containsString같은 Hamcrest matcher들도 사용할 수 있다.
- ViewActions : 클릭, 타이핑, 텍스트 지우기 등의 뷰에 대한 액션을 수행할 수 있다.
- ViewAssertions : 현재 뷰의 상태가 조건을 만족하는지를 체크할 수 있다.

다음 단계를 따라 Espresso를 사용해 인수 테스트를 수행하는 방법에 대해 이해해보자.

1️⃣ 다음은 텍스트 매처의 한 예이다(텍스트 매처는 ViewMatchers의 한 종류로 뷰의 텍스트가 주어진 텍스트와 일치하는지를 판단한다).

```
onView(withId(R.id.textView))
    .check(matches(withText(not(containsString ("Hello")))))
```

2️⃣ 이제 간단한 테스트를 만들어보자. 이 테스트는 버튼을 클릭했을 때 HelloWorld!가 Goodbye World!로 바뀌는지를 확인할 것이다.

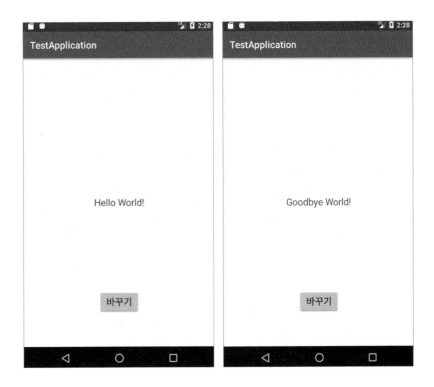

3 다음은 이 테스트의 요구사항에 맞게 작성된 Espresso 테스트 코드이다.

```
@LargeTest
@RunWith(AndroidJUnit4::class)
class MainActivityTest {

    @Rule
    @JvmField
    var mActivityTestRule = ActivityTestRule(MainActivity::class.java)

    @Test
    fun testButtonBehaviour() {
        // Hello World!라는 텍스트를 가진 뷰가 보여지는지 확인한다
        onView(withText("Hello World!"))
            .check(matches(isDisplayed()))

        // 바꾸기라는 텍스트를 가진 버튼이 있는지 확인한다
        val button = onView(withText("바꾸기"))
            .check(matches(isDisplayed()))

        // 버튼을 클릭한다
```

```
        button.perform(click())

        // Goodbye World!라는 텍스트를 가진 뷰가 보여지는지 확인한다
        onView(withText("Goodbye World!"))
            .check(matches(isDisplayed()))
    }

}
```

④ 첫 줄에서는 한 개의 액티비티에 대한 테스트를 할 수 있도록 룰을 작성했다. 이 룰은 해당 액티비티를 열고 테스트를 수행한 후에는 액티비티를 종료시킨다. testButtonBehaviour 메소드는 버튼 클릭 전 텍스트뷰가 Hello World!라는 텍스트를 표시하고 있고, 클릭 후에는 Goodbye World!로 바뀌는지를 테스트한다.

⑤ instrumentation API를 이용하면 갓 객체(God object)-Context-를 가져올 수도 있다.

```
var targetContext: Context = InstrumentationRegistry.getTargetContext()
```

⑥ 만일 인텐트로부터 액티비티를 실행하기를 원한다면 다음과 같이 ActivityTestRule의 세 번째 매개변수를 false로 주면 된다.

```
@Rule
@JvmField
var intentActivityRule: ActivityTestRule<MainActivity> =
    ActivityTestRule(MainActivity::class.java, true, false)

@Test
fun testIntentLaunch() {
    val intent = Intent()
    intentActivityRule.launchActivity(intent)
    onView(withText("Hello World!"))
        .check(matches(isDisplayed()))

}
```

Espresso의 멋진 기능 중 하나는 실제 행위를 기록하는 것이다(Record Espresso Test). 이 기능은 앱과의 모든 인터랙션을 기록하고 조건을 입력해 테스트를 작성할 수 있도록 도와준다.

1 메뉴의 **Run 〉 Record Espresso Test**를 선택한다.

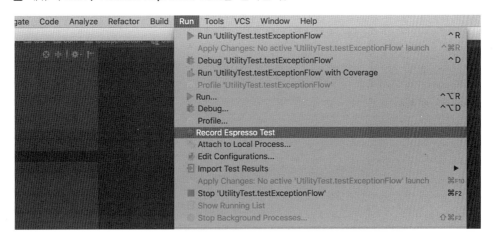

2 그러면 디바이스를 선택하는 팝업이 나타나고 디바이스를 선택한 후 **OK**를 클릭하면 디바이스에 앱이 실행됨과 함께 안드로이드 스튜디오에 다음과 같은 다이얼로그가 뜨는 것을 볼 수 있다.

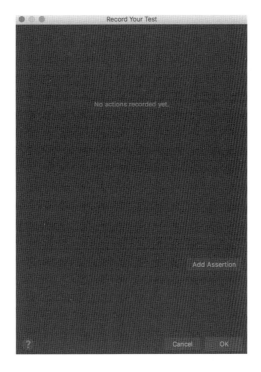

3 OK를 클릭하면 앱과의 인터랙션을 기록하기 시작하며 자동으로 테스트가 생성된다.

## 자세히 보기

테스트 내부의 룰 속성에 @JvmField 어노테이션을 사용한 것에 유념하자. 이유는 앞의 "코틀린에서 Junit Rule 작성(@Rule) 절에서" 언급하였다.

## 코틀린으로 assertEquals 작성

assertEquals 문은 테스트 코드 여기저기에서 사용된다. 기본적으로 기대값과 결과값이 인수로 사용되며 두 값이 일치하는지를 검사한다. 두 값이 일치하면 테스트를 통과하고 그렇지 않으면 실패하게 된다.

원시 자료형에 대해 assertEquals를 사용하는 것은 간단하지만 사용자 정의 객체 등에 사용하는 방법은 조금 더 번거롭다. 예를 들어 다음과 같은 테스트는 통과하지 못한다.

```
assertEquals(MyObj("abc"), MyObj("abc")
```

이 절에서는 assertEquals 문의 용법에 대해 알아보자.

### 준비

코드를 작성하기 위해 안드로이드 스튜디오 3.x 버전을 사용한다. https://gitlab.com/aanandshekharroy/Anko-examples의 5-instrumentation-tests 브랜치에서 소스코드를 다운로드 받을 수 있다.

### 실행

다음 단계를 따라 assertEquals에 대해 이해해보자.

① 다음 코드는 통과하지 못하는 테스트 코드다.

```
assertEquals(MyObj("abc"), MyObj("abc")
```

② 차이점을 분석해보면 둘은 서로 다른 객체이기 때문에 테스트가 실패했음을 알 수 있다.

③ 그렇기때문에 우리는 MyObj 클래스의 equals 메소드를 오버라이딩 해줄 필요가 있다. 그리고 다음 사항들을 체크하자.

- 비교 대상 객체가 같은 객체인지를 판단할 때 === 연산자를 사용한다(reference equality).
- 비교 대상 객체의 javaClass가 같은 javaClass 인지를 판단한다
- 두 객체의 내용이 같은지를 판단한다

```kotlin
class MyObj(var name: String?) {

    override fun equals(other: Any?): Boolean {
        if (this === other)
            return true

        if (other?.javaClass != javaClass)
            return false

        other as MyObj
        if (name != other.name)
            return false

        return true
    }

}
```

이제 MyObj 객체의 내용이 같다면 테스트는 통과할 수 있을 것이다.

# chapter 14

# 코틀린으로 웹서비스 만들기

이 장에서는 다음과 같은 내용을 다룬다.

- 톰캣에서 애플리케이션 실행하기
- RESTful 서비스를 위한 의존성 설정
- REST 컨트롤러 생성
- 스프링 부트를 위한 애플리케이션 클래스 생성

## 소개

안드로이드, 스프링 등 여러 프레임워크에서 코틀린들 지원하기 시작하면서 코틀린의 비중이 날로 높아지고있다. 자바가 지배적이었던 안드로이드 생태계에서는 이미 코틀린이 인기를 얻고 있고 점차 많은 곳에서 코틀린을 지원하기 시작했다. 코틀린은 안드로이드 개발에 국한되지 않고 서버/클라이언트 영역 모두를 아우르는 웹 애플리케이션 개발이 가능하다. 이 장에서는 코틀린을 이용해 웹 서비스를 만드는 것에 대해 살펴보겠다. 코틀린은 JVM과 100% 호환되므로 기존에 자바 애플리케이션 개발을 위해 사용했던 Spring Boot, Vert.x, JSF와 같은 프레임워크들을 사용할 수 있다.

## 톰캣에서 애플리케이션 실행하기

이 절에서는 톰캣을 설치하고 설정하는 방법과 톰캣에서 애플리케이션을 실행하는 방법에 대해 살펴보자.

 아파치 톰캣은 아파치 재단에서 관리되는 오픈소스 자바 서블릿 컨테이너로, 톰캣 서버라는 이름으로도 불린다. 톰캣은 Java EE 명세를 구현하고 Java Servlet, JSP, Java EL, WebSocket 등을 포함하고 있으며, 자바 코드가 실행될 수 있는 순수한 HTTP 웹서버 환경을 갖추고있다. –Wikipedia–

### 준비

여기서는 톰캣 설치와 설정 및 실행 방법을 데비안 계열의 리눅스 운영체제를 기준으로 설명한다.

### 실행

다음 단계를 따라 톰캣에서 애플리케이션을 실행하는 방법에 대해 알아보자.

 ① 먼저 다음 웹페이지에서 톰캣 8을 다운로드받는다.

- http://tomcat.apache.org/download-80.cgi

② 다운로드된 파일의 압축을 푼다.

```
tar xvzf apache-tomcat-8.0.9.tar.gz
```

③ 압축이 풀린 디렉토리를 적절한 위치로 옮긴다.

```
mv apache-tomcat-8.0.9 /opt/tomcat
```

④ 시스템에 JDK가 설치되어 있는지 확인하자.

```
java -version
```

⑤ 만약 The program 'java' can be found in the following packages:와 같은 메시지가 출력된다면 다음 명령어를 통해 JDK를 설치한다.

```
sudo apt-get install openjdk-7-jdk
```

⑥ 설치가 되었다면 홈 디렉토리의 .bashrc에 다음 줄을 추가한다.

```
export JAVA_HOME=/usr/lib/jvm/java-7-openjdk-amd64
export CATALINA_HOME=/opt/tomcat
```

⑦ .bashrc를 저장하고 다음 코드를 실행해 변경사항을 적용한다.

```
. ~/.bashrc
```

⑧ 이제 톰캣과 자바가 설치되어있어야 한다. 톰캣을 실행하기 위해 다음 명령어를 실행한다.

```
$CATALINA_HOME/bin/startup.sh
```

그러면 다음과 비슷한 결과가 출력될 것이다.

```
Using CATALINA_BASE: /opt/tomcat
Using CATALINA_HOME: /opt/tomcat
Using CATALINA_TMPDIR: /opt/tomcat/temp
Using JRE_HOME: /usr/lib/jvm/java-7-openjdk-amd64/
Using CLASSPATH:
/opt/tomcat/bin/bootstrap.jar:/opt/tomcat/bin/tomcat-juli.jar
Tomcat started.
```

⑨ 브라우저로 다음 주소를 열어 톰캣이 잘 실행되었는지 확인하자.

- http://127.0.0.1:8080

 윈도우에 톰캣을 설치하려면 다음 주소를 참고하기 바란다.
- https://www.ntu.edu.sg/home/ehchua/programming/howto/Tomcat_HowTo.html

## RESTful 서비스를 위한 의존성 설정

이 절에서는 RESTful 서비스를 개발하기 위한 토대를 마련할 것이다. 먼저 의존성을 설정하고 우리의 첫 스프링 부트 애플리케이션을 실행할 것이다. 스프링 부트는 코틀린을 지원하므로 쉽게 작업할 수가 있다.

### 준비

웹서비스 개발을 위해서 인텔리제이를 사용할 것이다. 인텔리제이는 다음 주소에서 다운로드 받을 수 있다.

- https://www.jetbrains.com/idea/

### 실행

다음 단계를 따라 RESTful 서비스를 개발하는 데 필요한 의존성을 설정해보자.

① 먼저 인텔리제이에서 신규 프로젝트를 생성한다. 의존성 관리를 위해 그레이들 빌드 시스템을 사용할 것이다. 좌측의 리스트에서 Gradle을 선택하고 우측에서 Java와 Kotlin(Java)를 체크한다.

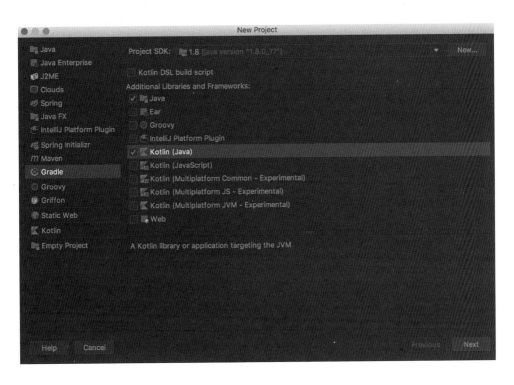

② Next를 클릭하고 적절한 정보를 기입한 뒤 프로젝트를 생성한 뒤 스프링 부트를 사용하기 위해 build.gradle을 다음과 같이 작성하고 gradle sync를 수행한다.

```
buildscript {
        ext.kotlin_version = '1.1.60'
        ext.spring_boot_version = '1.5.4.RELEASE'
        repositories {
                jcenter()
        }
        dependencies {
                classpath "org.jetbrains.kotlin:kotlin-gradle-
                    plugin:$kotlin_version"
                classpath "org.jetbrains.kotlin:kotlin-allopen:$kotlin_version"
                classpath "org.springframework.boot:spring-boot-gradle-
                    plugin:$spring_boot_version"
        }
}
apply plugin: 'kotlin'
apply plugin: "kotlin-spring"
apply plugin: 'org.springframework.boot'
jar {
```

```
        baseName = 'gs-rest-service'
        version = '0.1.0'
}
sourceSets {
        main.java.srcDirs += 'src/main/kotlin'
}
repositories {
        jcenter()
}
dependencies {
        compile "org.jetbrains.kotlin:kotlin-stdlib:$kotlin_version"
        compile 'org.springframework.boot:spring-boot-starter-web'
        testCompile('org.springframework.boot:spring-boot-starter-test')
}
```

③ 다음과 같은 디렉토리 아래에 App.kt 파일을 생성한다.

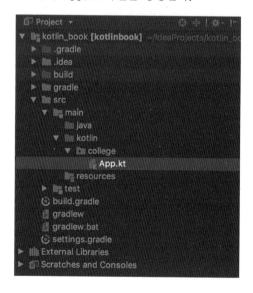

App.kt를 패키지 하위에 두는 것은 중요한 일이다. 그렇지 않으면 다음 경고 메시지를 만나게 된다.

```
** WARNING ** : Your ApplicationContext is unlikely to start due to a
`@ComponentScan` of the default package.
```

④ App.kt에 다음 코드를 작성해넣고 실행해보자.

```kotlin
@SpringBootApplication
open class App {
}

fun main(args: Array<String>) {
    SpringApplication.run(App::class.java, *args)
}
```

⑤ 다음과 같은 출력로그를 찾을 수 있다면 정상적으로 실행된 것이다.

```
Started AppKt in 3.114 seconds (JVM running for 3.543)
```

⑥ 위와 같이 스프링 부트 애플리케이션을 실행했다면 내장 톰캣 서버가 실행되었을 것이다. 이제 웹브라우저로 http://localhost:8080 페이지를 열어보자. 다음과 같은 화면을 볼 수 있을 것이다.

⑦ 위와 같은 오류 페이지가 나타나는 이유는 아직 아무 페이지도 작성하지 않았기 때문이다.

## REST 컨트롤러 생성

이전 절에서는 RESTful 서비스를 개발하기 위한 준비를 끝마쳤다. 그리고 http://localhost:8080 페이지를 열면 404 오류 페이지를 볼 수 있었다. 이번 절에서는 REST 컨트롤러를 생성해 우리가 원하는 페이지를 볼 수 있는 기반을 만들어보겠다.

## 준비

이전 절에서 생성한 프로젝트를 이어서 사용한다.

## 실행

이 절에서는 REST 컨트롤러를 만들고 이를 통해 학생 정보를 보여주도록 한다. 여기서는 별도의 데이터베이스는 이용하지 않고 메모리에 있는 데이터를 사용하도록 한다.

① 다음과 같이 role_number와 name 속성을 가지고있는 Student 클래스를 만들자.

```kotlin
class Student() {
    lateinit var roll_number: String
    lateinit var name: String

    constructor(roll_number: String, name: String) : this() {
        this.roll_number = roll_number
        this.name = name
    }
}
```

② 이제 메모리 데이터베이스로서 동작할 StudentDatabase라는 클래스를 만든다.

```kotlin
@Component
class StudentDatabase {
    private val students = mutableListOf<Student>()
}
```

@Component 어노테이션이 붙어있는 것에 유념하자. 이 어노테이션이 사용된 객체는 스프링에 의해 생명 주기가 관리된다.

③ 이 데이터베이스 클래스가 초기화될 때 데이터를 초기화할 수 있도록 다음과 같이 @PostConstructor 어노테이션을 사용할 것이다.

```kotlin
@Component
class StudentDatabase {
    private val students = mutableListOf<Student>()
```

```
    @PostConstruct
    private fun init() {
        students.add(Student("2013001", "하마"))
        students.add(Student("2013165", "코끼리"))
    }
}
```

④ 데이터베이스를 조회하는 몇가지 메소드를 추가하자.

• getStudents : 모든 학생 리스트를 반환한다.

```
fun getStudents() = students
```

• addStudent : 학생 정보를 데이터베이스의 목록에 추가한다.

```
fun addStudent(student: Student): Boolean {
                students.add(student)
                return true
}
```

⑤ 이 데이터베이스를 이용해보자. 먼저 요청을 받을 REST 컨트롤러를 생성한다. Student Controller라는 클래스를 만들고 @RestController 어노테이션을 추가한다. @RestController 는 MVC RESTful 웹서비스를 만들 때 선호되는 어노테이션이다.

⑥ 그리고 이 클래스에 스프링의 의존성 주입 기능을 이용해 앞서 만든 데이터베이스 클래스를 주입한다. 다음은 여기까지 진행된 StudentController 클래스의 코드이다.

```
@RestController
class StudentController {
    @Autowired
    private lateinit var database: StudentDatabase
}
```

⑦ 컨트롤러에 웹페이지의 루트(/)로 진입했을 때의 처리 로직을 작성한다. 이 페이지에서는 데이터베이스로부터 학생 리스트를 가져와서 보여줄 것이다. 이를 위해서는 @RequestMapping 어노테이션으로 주소를 맵핑해주고 학생 리스트를 반환하는 간단한 메소드를 작성하기만 하면 된다.

```
@RequestMapping("", method = arrayOf(RequestMethod.GET))
fun students() = database.getStudents()
```

⑧ 다음은 완성된 StudentController 코드이다.

```
@RestController
class StudentController {
    @Autowired
    private lateinit var database: StudentDatabase

    @RequestMapping("", method = arrayOf(RequestMethod.GET))
    fun students() = database.getStudents()
}
```

이제 애플리케이션을 실행하고 웹브라우저에서 http://localhost:8080 페이지를 열어보면 다음과 같은 응답을 볼 수 있을 것이다.

```
[{"roll_number":"2013001","name":"하마"},{"roll_number":"2013165","name":"코끼리"}]
```

보다시피 스프링 부트를 이용하면 아주 쉽게 JSON 응답을 돌려주는 REST API를 만들어낼 수가 있다.

⑩ 이제 roll number로 학생의 상세 정보를 보여주는 API를 추가해보자.

먼저 데이터베이스 클래스에 학생의 상세 정보를 반환하는 메소드를 추가한다.

```
fun getStudentWithRollNumber(rollNumber: String): Student? {
    return students.find { s -> s.roll_number == rollNumber }
}
```

그리고 컨트롤러에 다음 메소드를 추가한다.

```
@GetMapping("/student/{roll_number}")
fun studentWithRollNumber(@PathVariable("roll_number") rollNumber: String) =
    database.getStudentWithRollNumber(rollNumber)
```

⑪ 웹브라우저에서 http://localhost:8080/student/2013001를 열어보면 다음과 같은 응답을 확인할 수 있을 것이다.

⑫ 데이터베이스에 학생 정보를 추가하는 API를 만들어보자. 이 API는 POST 메소드로 추가할 것이다.

```
@RequestMapping("/add", method = arrayOf(RequestMethod.POST))
fun addStudent(@RequestBody student: Student) =
    if (database.addStudent(student)) student
    else throw Exception("오류 발생")
```

## 자세히 보기

지금까지는 IDE에 의존해 스프링 부트 애플리케이션을 실행했다. 그러나 결국 우리는 IDE로부터 독립적으로 애플리케이션을 실행해야 한다. 고맙게도, 그레이들을 이용하면 다음과 같은 명령으로 아주 간단하게 실행가능한 JAR 파일을 생성할 수 있다(프로젝트 루트에서 실행한다).

```
./gradlew clean bootRepackage
```

이렇게 해서 생성된 jar 파일은 보통 build/libs 아래에 위치하게 된다. 이제 이 파일을 실행시켜보자.

```
java -jar build/libs/gs-rest-service-0.1.0.jar
```

IDE에서 실행했을 때와 마찬가지로 다음로그를 찾을 수 있다면 성공적으로 실행된 것이다.

```
Started AppKt in 2.847 seconds (JVM running for 3.349)
```

# 스프링 부트를 위한 애플리케이션 클래스 생성

SpringApplication 클래스는 애플리케이션을 시작하는 데 사용된다. 우리는 앞 절에서 이미 SpringApplication 클래스를 사용했었다. 이번 절에서는 스프링 부트용 애플리케이션 클래스를 만드는 방법에 대해 살펴본다.

## 준비

"RESTful 서비스를 위한 의존성 설정" 절을 참고해서 새 프로젝트를 생성한다.

## 실행

스프링 부트를 사용해 보았다면 이미 @Configuration, @EnableAutoConfiguration, @ComponentScan 등의 어노테이션에 익숙할 것이다. 이 어노테이션들은 자주 사용되므로 스프링 부트는 @SpringBootApplication이라는 편리한 어노테이션을 제공한다.

앞서 build.gradle에 의존성을 정의할 때에 kotlin-spring 플러그인을 사용했기 때문에 애플리케이션 클래스를 open으로 만들 필요가 없다.

다음은 스프링 부트 애플리케이션의 예제이다.

```
@SpringBootApplication
class App

fun main(args: Array<String>) {
    SpringApplication.run(App::class.java, *args)
}
```

이 스프링 부트 애플리케이션은 두 매개변수를 받아 내장된 톰캣 서버를 실행시켜주는 run 메소드를 실행한다.

모든 준비가 끝났다면 다음 명령으로 스프링 부트 애플리케이션을 실행할 수 있다(프로젝트 루트에서 실행한다).

```
./gradlew bootRun
```

정상적으로 실행된다면 다음과 같은 출력을 볼 수 있을 것이다.

끝에 Started AppKt in 3.463 seconds (JVM running for 4.008)와 같은 로그를 찾을 수 있다면 애플리케이션이 성공적으로 실행된 것이다.

이를 독립적인 JAR로서 실행시키고싶다면 다음 명령어로 JAR 파일을 생성할 수 있다.

```
./gradlew clean bootRepackage
```

이제 다음 명령어로 생성된 jar 파일을 실행한다.

```
java -jar build/libs/gs-rest-service-0.1.0.jar
```

# 찾아보기